KB144860

언어 다양성과 불평등

언어 다양성과 불평등

정의로운 사회를 위한 사회언어학

잉그리드 필러 지음

장인철 옮김

사회평론아카데미

일러두기

1 이 책의 원제는 'Linguistic Diversity And Social Justice: An Introduction To Applied Sociolinguistics(언어 다양성과 사회 정의: 응용 사회언어학 입문)'이지만, 책의 내용을 분명하게 드러내기 위해 한국어판 제목은 『언어 다양성과 불평등: 정의로운 사회를 위한 사회언어학』으로 했다.

2 원서의 주는 아라비아숫자로, 옮긴이 주는 괄호에 넣고 '옮긴이'라고 표시했다.

3 원서에서 로마자로 음독한 단어는 한글로 음독했고, 영어로 뜻을 병기한 부분은 한국어로 병기했다.

옮긴이의 말

　2016년 겨울, 갓 출판된 원서의 마지막 페이지를 닫으며 이 책을 번역해야겠다고 생각했다. 그 의무감을 실행에 옮기고 비로소 책으로 출간되기까지 적지 않은 시간이 걸렸다. 결심에서 출간까지 8년 남짓의 기간을 굳이 언급하는 이유는 이 책의 가치와 의미가 한국 사회에 여전히 유효하기 때문이다.

　언어는 단지 개인의 머릿속에서 일어나는 인지적인 과정이 아니라 의미를 생성하고 교환하는 사회적 실천이다. 잉그리드 필러는 사회적 실천으로서 언어에 위계가 있어, 가치 있는 언어를 잘 구사하지 못하는 사람은 차별받을 여지가 크다는, 어찌 보면 당연한 사실을 재확인한다. 더 나아가 그녀는 언어가 매개가 된 불평등은 기존 사회에서 계급, 젠더, 종교, 인종, 장애 등의 이유로 취약할 수밖에 없는 계층에게 더 크게 나타날 수 있다는 교차성의 의미를 계속해서 강조한다. 그러나 지금까지 사회 정의와 불평등에 관한 연구에서 언어의 사회문화적이며 정치경제학적인 측면은 부차적인 것으로 간주되어 왔을 뿐이다.

　오늘날 한국 사회는 세계화와 다양한 형태의 이주로 언어와 문화 다양성이 높아지고 있다. 동시에 언어와 문화의 차이로 인해 사회적 자원에 대한 접근과 분배, 문화적 재현과 관련된 갈등이 심해지고 있다. 특히 이주민은 한국어 구사 능력에 따라 법, 의료, 노동, 가족 등 사회 제도와 지원에 대한 접근성이 달라지며, 이는 사회 불평등의 원인이 되기도 한다. 반면, 한국에서 국제어로서 영어의 위세와 원어민 영어에 대한 열망은 여전하여, 영어 교육에 대한 투자는 사회경제적 지위에 따라 계층화되고 있다. 언어가 우리의 일상과 제도적 실천을 매개한다는 점을 상기한다면, 사회 불평등에서 언어의 역할을 살펴보는 것은 부수적인 일이 될 수 없다.

이 책은 언어를 매개로 나타나는 다양한 불평등을 사회언어학 연구 결과를 통해 소개하고 비판적 인식과 개입을 촉구한다. 사회언어학 분야에 사회 정의 개념을 본격적으로 도입하며, 다양한 사례로 독자의 이해를 높이고자 하는 탁월한 학술 입문서이기도 하다. 이러한 학술 가치를 인정받아 2017년 미국출판협회의 언어학 분야 프로즈 어워드(Prose Award)와 영국응용언어학회(BAAL) 학술서적상을 수상하였다.

이 책은 학술서의 성격을 띠지만, 사회언어학 분야에 있지 않은 독자들도 충분히 이해할 만한 내용이다. 교육, 노동, 복지, 보건, 정치 등 다양한 영역에서 일어나는 불평등과 사회 정의에 관심 있는 시민들이 읽어봄 직하다. 이 책을 통해 문화 다양성과 다문화 사회에서 언어가 무엇인지에 대한 사회언어학적 질문이 더욱 중요해지는 계기가 되었으면 한다.

이 책의 번역과 관련해서 몇 가지 일러둘 사실이 있다. 원저의 제목을 직역하면 '언어 다양성과 사회 정의: 응용 사회언어학 입문'이다. 하지만 이 책의 주요 내용은 다중언어사회에서 언어로 인해 생겨난 부당함, 불합리, 차별 등 불평등한 사례를 다루므로 번역서의 제목을 『언어 다양성과 불평등: 정의로운 사회를 위한 사회언어학』으로 정하였다.

원문에서 형평(equity), 평등(equality), 공정(fairness), 정의(justice)와 관련된 명사, 형용사, 반의어 등이 자주 사용되지만, 개념들을 명확히 정의하기보다 맥락에 맞게 사용하는 경향이 있었다. 번역에서도 해당 용어의 개념적 정확성보다는 맥락에 맞게 의미를 전달하는 데 초점을 맞추었다. 언어와 관련된 내용이라 전 세계 다양한 언어, 특히, 소수 민족의 언어에 대한 한국어 명칭을 찾는 데 어려움이 있었다. 공용어, 공식어, 계승어, 민족어, 목표 언어 등 언어와 관련된 용어도 다양하게 등장하는데, 'national language'의 경우 한 국가의 실질적인(de facto) 공식어의 역할을 하면 '국어'로, 소수 민족 언어인 경우는 '민족어'로 번역하였다. 'dominant language'는 한 사회에서 많이 쓰이는 언어라는 의미를 담고 있지만, 언어의 위계를 강조하는 이 책의 의도를 담아 '지배어' 혹은 '지배 언어'로 번역하였다. 지배 언어는 이 책에서 제시하는 다소 낯선 용어인 '종속된(subordinate)' 언어와 대비된다. 마지막으로 최근 세계 응용언어학계에서 큰 관심을 끌고 있는 'translanguaging'은 '횡단언어하기'로 번역하였다. '횡단언어하기'가 민족어 혹은 명명된 언어의 경계를 넘어서고자 하는 의도를 충분히 담지 못할 수 있지만, '트랜스랭기징'으로 음차하기보다 한국어 용어를 제안하고 통용하는 것이 한국에서 학문하기의 자세인 듯하다.

이 책을 번역하는 데 많은 분의 도움이 있었다. 우선, 부족한 글을 정성껏 다듬어 주신 사회평론아카데미 편집부에 감사드린다. 특히, 낯선 지역과 민족, 언어 명칭을 수고스럽게 찾아주셨다. 김성우, 이정아, 장은영 선생님은 이 책을 번역하는 데 용기를 주셨고, 번역어의 선정에서 초고에 대한 검토까지 결결이 도움을 주셨다. 서울대학교 영어교육과 대학원 박사과정 김송하, 정혜은 선생님도 지도교수의 초고를 꼼꼼히 검토해 주셨다. 앞으로의 학문적 여정에 도움이 되었기를 바란다. 항상 이해가 쉽지 않은 글의 첫 독자가 될 수밖에 없는 소원, 세은, 연서에게는 사랑한 스푼이 담긴 미안한 마음을 전한다.

무작정 시작한 번역이 생각보다 고된 일임을 알게 되었다. 그럼에도 불구하고 앞으로 다가올 혹은 이미 도래한 다중언어사회에서 이 책이 작은 파문을 일으킬 수 있기를 바란다.

2024년 6월 관악 연구실에서 장인철

감사의 말

무엇보다 다루그(Darug)과 구링가이(Guringai) 원주민들에게 감사드린다. 이 책 작업 대부분은 오래전부터 그들이 지켜왔던 땅에서 이루어졌다. 과거와 현재의 원로에게 경의를 표하며, 다른 모든 호주 원주민과 토레스 해협 제도 주민들에게도 존경의 마음을 전하고 싶다.

『언어 다양성과 불평등(Linguistic Diversity and Social Justice)』은 지속적인 대화의 결과이다. 응용 사회언어학 분야의 학술적 대화의 일부이며, 이 책에서 언급한 모든 연구자에게 빚을 지고 있다. 또한, 이 책은 나의 이전 저서인 『문화 간 의사소통(Intercultural Communication)』(Piller, 2011)에서 다룬 문화 간 의사소통에서의 불평등에 관한 논의의 연장선상에 있다. 이 책을 읽고 피드백을 주신 모든 분께 감사드린다.

이 책에 담긴 많은 대화는 학술 블로그인 '움직이는 언어(Language on the Move)'에서 먼저 이루어졌다. 움직이는 언어를 활기차고 의미 있는 온라인 논의의 장으로 만들어 준 블로그 팀원, 기고자, 번역자, 독자 모두에게 진심으로 감사드린다. 또한 많은 대화가 오스트레일리아 매쿼리대학교 '언어와 세계화' 독서 모임에서도 이루어졌다. 과거와 현재의 모든 회원들의 공헌과 헌신에 감사드린다.

항상 그렇듯, 전 세계 여러 곳에 있는 나의 가족과 친구들이 언어 다양성과 사회 정의에 대한 나의 생각을 형성하는 데 중요한 역할을 했다. 인생을 그들과 함께할 수 있다는 것은 큰 축복이다.

한정된 지면에 일일이 감사를 표하기에는 너무나도 많은 사람의 도움을 받았다. 하지만 전체 원고를 교정해 준 안젤라 투르진스키아지미(Angela Turzynski-Azimi), 삽화를 그려 준 사다미 콘치(Sadami Konchi), 긴 시간 작업을 기다려 준 옥스퍼드대학출판부의 할리 스테빈스(Hallie Steb-bins)에게는 꼭 감사의 마음을 전하고 싶다.

차례

1장

서론

언어 다양성은 사회에 어떤 영향을 미치는가

오스트레일리아 시드니에 살다 보니 시드니가 세계에서 가장 다양한 언어가 사용되는 도시라는 이야기를 참 많이 듣는다. 2014년도 뉴스 기사를 보면 "아프리칸스어, 텔루구어, 히브리어, 오어(吳語) 등 다양한 언어가 폭넓게 사용되는 것으로는 전 세계 어느 대도시도 시드니를 따라올 수 없다."라고 자랑한다. 오스트레일리아에서 시드니와 영원한 경쟁 관계에 있는 도시가 멜버른인데, 멜버른도 뒤질세라 "전 세계 나라 수보다 더 많은 언어가 멜버른에서 사용된다."라며 "언어 다양성을 자랑스러워할 만도 하다."라고 선언한다. 시드니와 멜버른 같은 오스트레일리아 대도시만 언어 다양성을 두고 경쟁하는 것이 아니다. 태평양 건너 캐나다 언론도 "언어 다양성으로 따지자면 토론토가 최고이며 밴쿠버와 몬트리올이 뒤따른다."라며 언어 다양성으로 도시들의 순서를 매긴다. 캐나다 아래 미국으로 가더라도 "뉴욕은 인구수도 많을 뿐만 아니라 전체 인구의 47%가 적어도 두 개 이상의 언어를 구사해서, 예전부터 미국에서 가장 다양한 언어가 사용되어 온 도시이다."라며 언어 다양성을 놓고 경쟁 대열에 합류한다. 대서양 건너 영국도 사정이 다르지 않다. 영국 언론에 따르면, 맨체스터는 '서유럽에서 가장 다양한 언어가 사용되는 도시'이고, 런던은 '다중언어 수도'로 칭송된다.[1]

언어 다양성을 한 사회의 중요한 특징으로 보고 긍정적으로 평가하는 언론 보도 뒤편에는 다중언어 사회의 어두운 면을 보여 주는 보도도 있다. 2014년 중반부터 오스트레일리아 언론은 문화적으로나 언어적으로 다양한 배경을 가진 청년들이 오스트레일리아에서 태어난 청년들보다 뛰어난 자질이 있음에도 불구하고 실업에 처할 가능성이 크다고 보도한다. 미국에서는 같은 기간 동안 미국 역사상 최초로 학교에서 유색 인종 학생 수가 백인 학생 수를 넘어섰다고 보도하는데, 미국 사회는 이를 기념할 만한 일로 받아들이는 것 같지 않다. 백인 중산층은 인종적으로 다양한 지역을 떠나거나, 인종적·언어적으로 다양성의 정도가 낮은 사립 학교로 자녀를 전학시키기도 한다. 그 결과 인종 다양성이 아니라 차별이 나타나고 있다. 영국에서는 국내법과 국제법에 따라 관공서에서 영어에 서툰 고객을 위해 통·번역 서비스를 제공해야 하는데, 언론은 지속해서 다양한 언어 사용으로 발생하는 비용이 과도하고 그 비용이 계속 증가하고 있다는 기사를 내고 있다.[2]

언어 다양성에 대한 이러한 언론 보도는 참으로 모순적이다. 전 세계 많은 도시의 언어 다양성을 인정하고 열거하고 심지어 칭송하기까지 하면서도, 동시에 언어 다양성을 다양한 사회적 병폐와 연관된, 그래서 확산을 막을 필요가 있는, 심지어는 두려움을 일으키는 것으로까지 묘사한다. 언어 다양성이 본질적으로는 좋은 것이지만 사회적으로는 문제라는 이 모순적인 담론 공간에서 정작 언어 다양성이 우리 사회에 의미하는 것이 무엇인지에 대한 공적인 논의는 부재하다. 언어 다양성은 제도적으로, 지역적으로, 국가적으로, 그리고 전 지구적으로 우리 사회 구조에 어떠한 영향을 미치고 있을까? 언어를 능숙하게 구사하는 정도에 따라 사회 참여는 어떻게 달라질까? 간단히 말해, 언어와 사회 불평등은 어떠한 관계가 있는 것일까?

언어 다양성과 사회 정의가 어떻게 교차하는지 탐색하는 질문들은 논의할 만한 주제가 아니라고 여겨서인지, 이 질문들이 공적인 장에서 다루어지는 경우는 거의 없다. 두리뭉실하게는 언어 다양성을 칭송하지만, 오스트레일리아에서는 취업에서 불이익을 받는 언어적, 문화적 비주류 청년이 존재하고, 미국에서는 학업 성취도가 평균 이하인 다양한 배경의 학생들이 다니는 학교가 존재하고, 영국에서는 의료와 법률 서비스에 장벽을 느끼는 이민자가 존재한다. 이처럼 언어 다양성과 관련된 사회 문제가 발생하는 이유는 언어 다양성과 사회 정의에 대한 진지한 논의가 없었기 때문이다. 지금까지 살펴본 언론 기사에서 문제의 본질이 무엇인지는 명확히 논의하지 않는다. 오스트레일리아에서 '문화적으로나 언어적으로 다양한 배경'의 청년이 취업 시장에서 배제되는 이유가 영어 실력이 충분하지 않아서일까? 아니면 인종이나 출신 국가 때문일까? 미국에서 다양한 배경의 학생들이 다니는 학교의 학업 성취도가 낮은 이유가 다양한 언어를 사용하면 질 좋은 교육을 제공할 수 없기 때문일까? 아니면 다양한 배경 학생들이 사회경제적 지위가 낮기 때문일까? 영국에서 통·번역 서비스 비용이 증가한 원인으로 영어를 배우려 하지 않는 이민자들을 비난해야 할까? 아니면 통·번역 서비스 비용은 유럽 연합이 추구해 온 세계화와 자유무역, 그리고 그것이 보장하는 경제적 혜택을 누리기 위해 사회가 마땅히 부담해야 할 대가일까?

언어는 인종, 사회경제적 지위, 체류 자격, 젠더 등과 복잡하게 얽혀 있어 이러한 질문에 답하는 것이 물론 쉬운 일은 아니다. 하지만 공적인 장에서 언어 다양성의 복잡한 사회적 속성에 대해 진지하게 논의한 적도 언어와 불평등에 대한 논의가 첨예한 문제가 된 적도 없다. 이 책의 의도는 언어 다양성이 사회에 미치는 영향을 체계적으로 탐색해 보는 것이다. 이를 통해, 언어 불평등 또한 사회 불평등의 형태로 인정하고 진지하게 다루어져야 하며 언어 불평등을 해소하기 위해 지속적인 논의가 필요하다는 점을 환기하려고 한다.

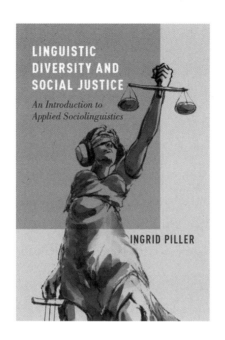

사회 정의

이 책 원서의 표지에는 법의 원칙을 상징하는 정의의 여신 그림이 있
다. 알다시피 정의의 여신은 공평하고 공정한 판결을 하기 위해 안대로
눈을 가리고 있다. 눈을 가려 사회적 지위를 나타낼 수 있는 옷차림이나
인종을 나타내는 피부색과 같이 법의 심판을 받으러 온 자의 신체적 특
징이나 외모에 기인한 편견에 영향받지 말라는 것이다. 그런데 사다미
콘치(Sadami Konchi)가 그린 표지 그림 속 정의의 여신은 귀마개도 쓰고
있다. 우리가 말하는 방식이 정체성의 중요한 일부분이라면, 공정한 판
결을 위해서는 눈을 가릴 뿐만 아니라 귀도 막을 필요가 있다는 것이다.
정의의 여신 앞에 선 자가 유창한 표준 영어, 혹은 정의의 여신이 사용하
는 언어를 표준어로 구사하며 자신을 변호할 수도 있지만, 적절한 단어
를 찾지 못해 더듬더듬 말하거나 정식 교육이라는 특권을 받지 못한 사

람들이 쓰는 억양으로 자신을 변호할 수도 있다. 정의의 여신이 귀를 막지 않는다면 말하는 자의 사회경제적 지위, 교육 수준, 민족, 젠더, 나이, 출신 국가 등을 가늠할 수 있다. 르네상스 시대 위대한 영국 극작가인 벤 존슨(Ben Jonson)은 "언어는 한 사람을 가장 잘 보여 주니, 말하여라. 그러면 내가 너를 알 수 있으리라."라며 언어가 외모보다 더 많은 것을 드러낼 수 있다고 지적한다.[3] 귀마개가 없다면 정의의 여신이 아무리 안대를 쓰고 있더라도 의미가 있는지 모르겠다.

물론 정의의 여신은 현실에 존재하지 않는다. 공정한 재판이라는 것을 현실에서는 찾아보기 힘들어서 우리는 정의의 여신을 바라는 것일 수도 있다. 그토록 해소하고자 하는 불평등의 원인이 겉모습이라는 사실을 안대를 쓴 정의의 여신을 통해 인식하게 되는 것처럼 귀마개를 쓴 모습을 통해 언어 다양성 또한 불평등의 원인이라는 점을 알게 된다.

언어는 사회적 지위를 결정하는 중요한 요소이다. 말이든 글이든 뉴미디어든 우리가 말하는 방식 때문에 기회의 문이 열릴 수도 있고 닫힐 수도 있다. 이전부터 비표준어 화자가 공평한 기회를 박탈당한다는 점을 지적해 온 사회언어학자에게 이는 새로운 사실이 아니다. 하지만 과거보다 언어적으로 매우 다양한 사회가 된 21세기 초반, 언어와 불평등의 관계에 대한 우리의 이해는 아직도 체계적이지 못하다. 따라서 이 책의 첫 번째 목적은 현대 사회의 변화된 언어 환경을 고려하면서, 최근 연구 결과를 통해 언어 다양성이 사회 정의와 어떻게 교차하는지 살펴보는 것이다.

이 책의 두 번째 목적은 사회 정의에 관한 논의에 언어 다양성의 자리를 만들어 보는 것이다. 사회 정의에 관한 논의는 보통 젠더, 인종, 민족, 성적 지향, 종교, 나이 등과 관련된 부당함과 차별에 초점을 맞춘다. 하지만 언어 때문에 개인, 공동체, 국가 차원에서 배제가 일어날 수 있다고 논의되는 경우는 거의 없다.[4] 우리 사회를 보다 긍정적인 방향으로 변화시키고자 한다면, 언어 다양성과 사회 정의 사이의 관계에 대해 이해하고, 언어로 인해 일어나는 부당함과 차별을 인지할 필요가 있다.

사회 정의는 고대부터 다른 모든 가치에 바탕이 되는 덕목으로 여겨졌다.[5] 플라톤(Platon)은 『국가(The Republic)』에서 국가의 부정을 극복할 때 사회와 개인이 덕을 쌓을 수 있다고 주장하며, 정의가 모든 덕목의 근간이라는 점을 보여 주었다. 이 책이 바탕으로 하는 사회 정의의 관점은 낸시 프레이저(Nancy Fraser)의 사상이다. 낸시 프레이저에 따르면, 정의는 경제적 재분배, 문화적 인정, 정치적 대표성으로 구성된다.[6] 이를 바탕으로 이 책에서는 언어 다양성이 경제적 불평등, 문화적 지배, 정치적 참여 불균형과 맺는 관계를 탐색한다.

정의에 관한 생각은 부당한 처우를 받은 경험을 바탕으로 형성된다. 따라서 언어 다양성과 부당함에 대한 논의는 언어 다양성이 어떻게 경제적 불평등, 문화적 지배, 정치적 참여 불균형과 관련되는지에 대한 것이 될 수밖에 없다. 이 책은 '완벽한 정의' 혹은 '초월적 정의'가 무엇인지에 대한 철학적인 질문에 답하고자 하는 시도가 아니다. 오히려 현실 문제와 부당함에 대한 해결책과 대안을 찾고자 하는 실용적인 접근을 취한다. 경제학자 아마르티아 센(Amartya Sen)이 말하는 '자기실현적' 정의에 대한 탐색인 것이다.[7]

이 책은 개인, 공동체, 국가 사이의 불평등이 심화하는 것은 바람직하지 못하다는 전제에 기반해 있다. 넓게 보면, 사회 정의를 성취하고자 하는 노력은 19세기 노동 운동과 유럽 혁명의 산물이다. 20세기 상당 기간 사회 정의는 범좌파에서 중도 성향에 이르는 정치 진영의 중요한 정책 목표였지만, 미국에서는 레이거노믹스로, 영국에서는 대처주의로, 베를린 장벽이 무너지고 냉전이 종식되면서부터는 전 세계 대부분 지역에서 폐기되었다. 신자유주의가 사회 정의를 실현하고자 하는 노력을 폐기한 결과 20세기 후반에서 21세기 초반 사이에 개인, 공동체, 국가 간 불평등이 상당히 심화하였다.

최근에 이러한 상황에 변화의 조짐이 보이기 시작했다. 빈부 격차는 윤리적인 문제뿐만 아니라 자원 고갈, 기후 변화, 전 지구적 폭력과 전쟁 증가와 밀접하게 연관된 인류 생존과 직결된 문제라는 사실을 인식하기 시작했다. 유엔은 "사회 모든 측면에서 사회 정의를 추구하지 않으면, 폭력, 억압, 혼돈으로 얼룩진 미래를 실질적으로 받아들이게 될 수밖에 없을 것이다."라고 경고한다. 철학자 브라이언 배리(Brian Barry)가 간명히 지적하듯, 현대 사회의 도전은 '정의 아니면 파산'이다.[8]

책의 개괄

언어 차이가 초래하는 부당함을 이해하고 해결하는 것은 현대 사회 정의에 대한 논의에서 중요하다. 이 책은 경제적 불평등, 문화적 지배, 정치적 참여 불균형을 언어적 차원에 초점을 맞춰 논의한다. 이를 위해 선행 연구와 언론에서 보고된 현실에서 실제로 일어난 다양한 언어적 부당함의 사례를 살펴볼 것이다.

언어 다양성과 불평등에 대해 논의하기 위해서는 우선 언어 다양성이 특별한 현상이 아니라는 것을 분명히 할 필요가 있다. 2장에서는 우리 삶에서 다양한 언어를 사용하는 일이 일상적이고 보편적인 현상임을 자세히 설명하고, 다양한 언어가 모두 같은 위치에 있는 것이 아니라 계층화되는 경향이 있음을 밝힌다. 3장에서는 언어 다양성이 사회 문제와 밀접하게 연관될 수밖에 없는 이유로 특정 언어가 다른 언어에 비해 사회 문화적으로 중요하게 여겨지는 언어 종속화에 관해 설명한다. 1장에서 3장은 언어 다양성이 사회 정의와 교차하는 방식에 관한 개념적 논의이다. 이어지는 장들에서는 구체적인 상황에서 언어 다양성이 불평등과 맺는 관계를 살펴본다.

유엔에 따르면 부당한 차별을 흔히 경험할 수 있어 적극적인 사회 정책이 필요한 영역으로 첫째, 노동과 고용, 둘째, 교육과 지식, 셋째, 의료 서비스와 사회 보장과 안전한 환경, 넷째, 시민 참여와 정치 참여를 제시한다.[9] 4장에서 6장에 걸쳐 해당 영역에서 언어 다양성이 불평등에 미치는 영향을 살펴본다. 4장은 노동, 5장은 교육, 6장은 인간 안보와 정치 참여에 대한 내용이다.

일반적으로 사회 정의는 민족국가라는 틀 안에서 논의된다. 개인이든 단체든 시민의 권리를 보장하는 책임은 민족국가에 있다. 4장에서 6장은 민족국가의 틀 안에서 언어 다양성이 사회 정의와 교차하는 지점에 초점을 맞춘다. 언어 다양성과 사회 정의 사이의 교차성을 이해하기 위한 중요한 요소가 다양성의 인정과 수용인데, 이는 자유민주주의의 핵심이다. 따라서 이 책에서 논의 대부분은 자유민주주의로 조직된 민족국가를 중심으로 한다.[10]

오늘날 사회 정의는 민족국가라는 틀 속에서 구성되지만, "인간성이라는 공통의 요소를 담지하는 사회 정의에는 분명히 보편적인 차원이 있다."[11] 민족국가 내에서 불평등을 해결하는 데 제약을 가장 많이 겪는 시민이 가장 부당한 대우를 받기 마련이다. 불평등은 국가 내 개인과 단체 사이에 존재하지만, 국가 사이에서도 존재한다. 글로벌 북부(Global North)의 부유한 나라와 글로벌 남부(Global South)의 빈곤한 나라 간 불평등은 국가 내 개인과 집단 간 불평등과 함께 정의롭지 못한 사회를 초래하는 근본적인 부분이다. 7장은 국가 간 정의로 시선을 넓혀 전 지구적 불평등에서 언어 다양성의 역할을 탐색해 본다.

이 책의 분석 대부분은 배제, 차별, 불이익을 매개하는 수단으로서 언어의 역할에 대한 것이다. 마지막 장에서는 언어 정의가 무엇이며, 정의로운 사회를 위해 언어가 할 수 있는 역할이 무엇인지 궁구해 본다.

대화에 참여하기

이 책은 지속적인 대화의 일부분으로 볼 수 있다. 이 책 속 많은 주장과 분석은 사회언어학 블로그인 '움직이는 언어(Language on the Move, www.languageonthemove.org)'에서 학술적 포스팅으로 먼저 출판되었다. 책을 읽다가 언제든지 블로그를 통해 관련 대화에 참여할 수 있다. 책의 마지막에 있는 주에 '대화에 참여하기' 표시가 있으면, 웹사이트 링크를 통해 움직이는 언어에 있는 관련 포스팅을 직접 방문할 수 있고 다양한 소셜 미디어로 로그인하여 포스팅도 할 수 있다. 추가적인 이미지, 음성, 영상 자료도 발견할 수 있을 것이다.

'대화에 참여하기'에서 후속 연구를 제안하기도 한다. 이 경우 자신만의 자료를 모아서 분석해 보면 좋을 것이다. 분석 결과를 학술 블로그 포스팅 형태로 움직이는 언어에 투고해 볼 수도 있다. 투고와 심사 과정에 관한 내용은 www.languageonthemove.com/language-on-the-move에서 확인할 수 있다.

2장

계층화된 언어 다양성

언어, 다중언어주의, 언어 다양성

이 책의 제목은 '언어와 사회 정의' 혹은 '다중언어주의와 사회 정의'가 될 수도 있었다. 한 공간에서 사용되는 서로 구별되는 언어를 다루니 이중언어주의 혹은 다중언어주의와 관련된 것으로 보일 수도 있다. 이에 대해 간단히 답하자면, 한 언어가 다른 언어와 구별되는 지점을 파악하기란 쉽지 않을뿐더러, 설령 구별이 되더라도 사회 정의와 관련된 문제는 언어 간뿐만 아니라 언어 내의 언어 사용과 관련되기도 한다. '악센트 있는 말을 구사하는(speaking with accents)'[1] 경우를 생각해 보면 된다. 명확히 구분되는 언어 간에도 그렇지만 한 언어 내에서도 차별과 불평등은 일어난다. 이 점에 대해 보다 자세히 알아보자.

현재 많은 사회언어학자는 '이중언어주의', '삼중언어주의', '다중언어주의'와 같은 용어가 언어는 분명하게 구분되어 손쉽게 셀 수 있으며 구획화가 가능하다는 인식을 일으킨다고 비판한다.[2] 물론 어떤 수준에서 언어가 서로 구분되고 구획되는 것은 사실이다. 서론에서 시드니의 언어 다양성을 언급한 신문 기사가 "아프리칸스어, 텔루구어, 히브리어, 오어 등 다양한 언어가 폭넓게 사용되는 것으로는 전 세계 어느 대도시도 시드니를 따라올 수 없다."라고 한 것처럼, 언어 간 경계는 명확할 수 있다. 아프리칸스어, 텔루구어, 히브리어, 오어는 분명 서로 다른 언어이다. 아프리칸스어는 남아공의 인도유럽 어족 언어이며, 텔루구어는 인도의 드라비다 어족의 언어이고, 히브리어는 이스라엘 셈 어족의 언어이며, 오어는 중국 어족의 언어이다. 이 네 가지 언어를 구사할 줄 아는 사람은 다중언어 사용자(혹은 구사하는 언어의 개수를 정확히 표시하자면 사중언어 구사자)이며, 이 네 가지 언어가 사용되는 곳은 다중언어 공간이다.

하지만 언어 사이의 명확한 경계는 언어가 서로 접촉하면서 언어 범주화의 측면과 개별 언어 사용자의 측면 모두에서 변화하기 시작한다. 이는 두 가지 방식으로 작동한다. 우선 아프리칸스어, 텔루구어, 히브리어, 오어는 분명 서로 다른 언어지만 서로 얽히면서 경계가 점점 불명확해진다. 예를 들어 아프리칸스어의 어휘 중 95%가 네덜란드어와 중복되는 데서 보듯이 네덜란드어와 밀접하게 연관되어 있고, 오어는 하나의 독립된 언어라기보다 중국어 방언 중 하나로 여겨진다.[3] 그렇다면 아프리칸스어와 네덜란드어, 오어와 표준 중국어(Mandarin Chinese)를 구사하는 이중언어 화자가 아프리칸스어와 오어를 구사하는 이중언어 화자와 같은 이중언어 화자로 볼 수 있는지에 대해서 논쟁의 여지가 생긴다.

이러한 아프리칸스어와 네덜란드어의 관계, 오어와 표준 중국어의 관계는 이주(과거 네덜란드 사람들은 남아공으로 이주했다) 혹은 언어 접촉(어원이 네덜란드어가 아닌 5%의 아프리칸스어 어휘는 아프리카 언어와의 접촉을 통해 유입된 것이다)의 결과이다. 역사적인 관점에서 명확해 보이는 언어 접촉과 변화의 과정은 지금도 진행되고 있다. 언어 사용자는 특정 언어를 말하기 위해서라기보다 의사소통하기 위해 언어를 사용할 뿐이다. 오늘날 시드니의 아프리칸스어는 새로운 언어 접촉의 흔적을 남길 것이다. 더 나아가 어느 순간이 되면 아프리칸스어를 하는지 영어를 하는지 혹은 두 언어를 섞어 사용하는지, 두 언어를 얼마나 빨리 바꿔 가며 사용하는지 판단하기가 힘들어질 것이다. 반대로 남아공에서 시드니로 이민하는 사람이 늘어나면 이민자들이 실제로 아프리칸스어를 구사하는가와 상관없이 시드니 사람들의 의사소통 레퍼토리에도 영향을 미치게 된다. 정작 시드니 사람들은 아프리칸스어가 자신들의 의사소통 레퍼토리의 일부가 되고 있는 것도 인식하지 못한다. 예를 들어, 내가 사는 시드니 외곽 슈퍼마켓이나 상점에는 '빌통(biltong)'이 매대에 놓여 있다. 빌통은 1830년대 케이프타운 식민지를 떠나 아프리카 내륙으로 진출하던 볼트레커(voortrekker)라고 불리던 개척자들이 개발했다고 전해지는 절인 고기 종류이다. 오늘날 남아공 전통 음식이라고 여겨지는 빌통은 네덜란드어에서 엉덩이를 뜻하는 'bil'과 혀를 뜻하는 'tong'에서 파생되었다. tong과 영어의 tongue의 어원이 같겠다는 점은 쉽게 유추할 수 있을 것이다.[4]

이러한 예에서 명확해지듯이 언어가 이름을 가지고 있다고 해서 실생활 혹은 일상적인 언어 사용에서 언어가 항상 명확하게 나누어지는 것은 아니다. 추상적인 수준에서는 '아프리칸스어', '텔루구어', '히브리어', '오어'가 어떤 언어를 지칭하는지 명확할 수 있지만, 시드니 슈퍼마켓의 '빌통'이라는 단어처럼 일상적인 언어를 접하는 순간 명확했던 언어 간 경계는 모호해진다. 빌통은 아프리칸스어 단어일까? 남아공 단어일까? 네덜란드어 단어일까? 독일어 단어일까? 영어 단어일까? 오스트레일리아 단어일까? 전 세계가 쓰는 단어일까? 어떻게 보면 여기에 언급한 모든 언어의 단어일 수도 있고, 언급되지 않은 언어의 단어일 수도 있다. 이는 어떤 언어인지 따지는 것 자체가 오히려 생산적이지 않다는 사실을 보여 준다.

사회적으로 시드니 아프리칸스어 화자가 아프리칸스어를 말하는 방식(예를 들어, 영어를 많이 섞어 가며 말하든, 두 언어를 분리해서 말하든)은 상대적으로 중요하지 않을 수 있다. 시드니에서 사회적으로 더 중요한 것은 영어를 말할 때 묻어나는 아프리칸스어의 흔적이며 이러한 흔적이 영어를 말하는 방식과 관련되어 어떻게 평가되는가이다. 즉, 시드니에서 사회적으로 중요한 것은 다중언어주의 그 자체가 아니라 영어 내 존재하는 다양성으로, 영어 '원어민'의 말하기 방식과 언어 접촉의 명확한 흔적이 담긴 영어 말하기 방식(예를 들어, 외국어 악센트)을 구별하고 더 나아가 서로 다른 영어 말하기 방식을 위계적으로 줄 세우는 것이다.

요약하자면, 여기서 나의 관심은 언어 차이, 더욱 구체적으로는 사회적으로 중요한 언어 차이이지 한 사회에서 사용되는 언어 개수가 아니다. 내가 '언어 다양성'이라는 용어를 사용할 때 강조하고자 하는 바는 그 차이가 관습적으로 명명된 언어에 대한 것일 수도 있고 아닐 수도 있다는 것이다. '언어 다양성'의 기본은 한 개인은 의사소통 맥락에서 언어적 자원을 자신의 의도에 맞게 사용한다는 것이다. 이는 아프리칸스어나 오어, 혹은 두 언어를 섞어서 사용하는지, 혹은 각 언어 내부에 변이가 있는지 등과는 관련이 없다.

다양성에서의 위계

'빌통'이라는 단어를 알고 있는지는 오늘날 시드니 사람들이 자신을 차별화하는 방식 중 하나일 뿐이다. 모든 사회에서 언어 다양성은 언제 어디서나 존재하고, 한 개인의 언어 레퍼토리는 자기 정체성의 중요한 부분이다. 언어 레퍼토리는 유년기에서 청소년기를 거치면서 형성되는데, 악센트를 잃거나 새로운 언어 스타일을 체득하거나 어떤 용어를 잊어버리거나 새로운 말하기 방식을 배우는 등 평생 크고 작은 변화를 겪는다. 추상적인 언어 X가 아니라 의사소통하기 위해서 자신의 의도에 따라 사용하는 언어적 자원이라는 의미에서 언어는 외모, 사상과 믿음, 삶의 방식처럼 나를 형성하는 데 중요한 역할을 한다. 다양성은 모든 사회가 구성되는 방식이다. 철학자 조지 허버트 미드(George Herbert Mead)가 말하듯, "우리는 서로 무한히 다르지만, 이 다름 때문에 상호작용할 수 있는 것이다. 사회는 다양성 속에서 하나가 된다."[5]

언어 다양성이 언제 어디서나 존재하고 인구 집단에서 균등하게 분포되어 있으며, 개인은 자신의 언어 레퍼토리를 가지고 있지만 상호작용은 사회 구성원이 공유하는 토대를 바탕으로 이루어진다면, 언어 다양성은 사회 정의와 관련된 문제를 일으킬까? 이 질문에 간단히 답하자면, 몇몇 언어는 다른 언어보다 더 평등하다고 여겨지며, 이러한 점에서 언어적 차이는 전혀 중립적이지 않으며 오히려 위계적으로 구조화되어 있다.

이 질문에 더욱 자세히 답하기 위해 예를 하나 들어 보자. 지난 몇 년 동안 영어권 국가 미디어들은 자신들 나라 사람들이 다른 나라에 비해 다중언어 구사 능력이 부족해서 미래에는 세계 경제 활동 기회를 잡는 데 뒤처질 것이라는 우려를 계속해서 보도하고 있다. 학교에서 학생들이 외국어를 공부하지 않아서 국내외 취업 기회를 상실할 것이라는 우려이다. 또한 외국어 능력이 부족해서 국제 무역 기회가 줄어들고 국제적으로 정치적 영향력이 제한되며 국가 안보도 위협받을 것이라고 한다. 고용주는 직원을 못 채우고, 정보기관은 중요한 정보 획득에 실패하고, 정책 입안자는 손을 놓아 버리거나 금전적 지원을 해서라도 학생들을 해외로 보내지만 정작 학생들은 현지 언어에 대한 지식이 전혀 없을 뿐만 아니라 공부할 마음도 없는 암울한 상황이 그려지기도 한다.[6]

이러한 암울한 뉴스 보도를 보면 어떻게 같은 시기 미디어에서 언어 다양성에 대한 긍정적인 뉴스와 공존할 수 있는지 의아하다. 1장에 제시된 미디어 보도들은 영어권 국가의 주요 도시가 매우 다양한 언어가 사용되는 언어 다양성의 보고라고 했다. 그런데 다중언어 능력 부족 현상이 만연해 있다고?![7]

이러한 모순은, 영어권 국가의 평론가나 정치인이 미국인, 오스트레일리아인, 영국인은 영어 외에 다른 언어는 모른다고 한탄할 때 그들의 머릿속에는 다중언어주의에 주목하는 평론가가 상정하는 인구 집단과 다른 인구 집단이 있다는 사실과 관련이 있다.

옥스퍼드대학교 아랍어 교수인 클라이브 홀스(Clive Holes)는 영국 사회에서 아랍어 언어 능력의 상이한 가시성(visibility)에 대해 설명한다.[8] 아랍어가 공적, 사적 영역에서 상당한 수요가 있는 언어임에도 불구하고 영국 대학에서 아랍어를 배우는 학생은 거의 없다. 배우더라도 대부분 아랍어를 접해 본 적이 없는 중산층 학생들이다. 그들이 배우는 아랍어는 아랍권에서 사용되는 구어 아랍어와는 다른, 문자 언어 중심의 텍스트와 표준어 형태의 '아랍 대학 스타일'이다.[9]

동시에 영국에서 많은 사람이 가정에서 아랍어를 배운다. 2011년 인구조사에 따르면 잉글랜드와 웨일스 지역에서 15만 9,290명이 아랍어를 주된 언어로 사용한다고 답했다.[10] 홀스 교수에 따르면 이들은 아무런 배경지식도 없이 대학에서 아랍어를 배운 사람들보다 훨씬 유용한 언어 능력을 가진 사람들이다. 그런데 아랍어를 주된 언어로 사용하는 사람들은 아랍어를 필요로 하는 직업에서 고려되지 않는다. "바로 이들이 정말 중요한 국가의 인적 자원임에도 불구하고 우리는 이들을 온전히 활용하고 있지 못하죠."라고 홀스 교수는 지적한다.

이러한 사례는 언어 능력이 화자의 정체성에 따라 다르게 평가된다는 사실을 보여 준다. 다양한 언어가 사용되는 사회에서 의사소통하는 방식이 서로 다르게 평가되면서 부당한 일이 일어나는 것이다. 법적 지위, 젠더, 인종, 계급 등의 이유로 차별받는 사람들이 사용하는 언어는 많은 경우 사회에서 좋은 평가를 받지 못하면서, 다양성이 있는 사회에서 언어는 차별을 지속해서 양산하는 요소가 된다.

요약하자면, 언어 다양성을 포함한 다양성은 모든 인류 사회의 특징이다. 하지만 사회 다양성이라는 보편적 원칙은 계층화라는 원칙과 같이 나타난다. 즉, 언어 다양성의 사회적 의미는 '다르지만 평등하다'가 아니다. 이어서 살펴볼 언어 피라미드 메타포가 보여 주듯, 오히려 언어 다양성은 훨씬 자주 불평등의 원인이 된다.

언어 피라미드

아브람 드 스완(Abram de Swaan)은 『세계의 말들(Words of the World)』에서 세계 언어 체계를 피라미드 모양으로 제시한다. 대다수 언어는 피라미드 가장 아래에 모여 있다. 5,000~6,000개 정도로 대략 전 세계 언어의 98%를 차지하는데, '주변부 언어(peripheral language)'로 불린다. 주변부 언어는 "읽고 쓰기보다 대화와 이야기의 언어이며, 기록보다 기억과 추모의 언어"로 지역 단위 의사소통에 사용된다.[11] 넓은 주변부 언어 층의 위에는 '핵심부 언어(central language)'가 자리한다. 핵심부 언어는 보통 민족국가에서 공식어로 초·중등 교육, 미디어, 정치, 행정에 사용된다. 드 스완은 핵심부 언어를 전 세계 약 100개 정도로 추정한다. 핵심부 언어 위층은 국제 교류와 원거리 의사소통에 이용되는 '초핵심부 언어(super-central language)'가 차지한다. 마지막으로 피라미드의 정점에 하나의 언어가 있는데 바로 영어이다. 드 스완은 영어를 '하이퍼 핵심부 언어(hyper-central language)'로 부른다.

드 스완은 세계 언어 체계 피라미드를 의사소통의 범위를 나타내기 위해 고안하였다. 주변부 언어 화자는 자신이 사는 지역 공동체를 넘어서 의사소통하기 위해 핵심부 언어를 배워야 하고, 핵심부 언어 화자는 자신이 사는 국가를 넘어서 의사소통하기 위해 초핵심부 언어를 배워야 하며, 초핵심부 언어 화자는 전 세계 사람들과 의사소통하기 위해서 하이퍼 핵심부 언어인 영어를 배워야 한다. 의사소통 범위가 넓을수록 언어의 가치는 올라간다. 언어 피라미드는 세계 언어 체계가 위계적으로 구성되어 있음을 보여 준다.

전 세계 언어 체계를 위계적으로 개념화할 수 있듯 지역 언어 체계도 위계적으로 나눌 수 있다. 공동체에 나타나는 언어 위계를 파악하려면 사적 영역과 공적 영역에서 어떤 언어가 사용되는지 비교해 보면 된다. 시드니 교외 오번시(Auburn)의 사례를 보자. 오번은 중동 출신의 다양한 무슬림 민족들이 거주하는 이민자 중심 지역으로 알려져 있다. 오번의 민족 다양성을 반영하듯 지역에서 볼 수 있는 시의회의 모토도 "다양한 문화, 하나의 공동체(Many Cultures, One Community)"이다. 무슬림 이민자들이 사는 대표적인 지역이라는 오번의 위상은 호평받았던 오스트레일리아 경찰 드라마 시리즈 『이스트 웨스트 101(East West 101)』[12]의 배경이 이곳이라는 점에서도 확인할 수 있다. 『이스트 웨스트 101』은 시드니 동쪽의 부유한 교외 지역과 이민자들이 많이 사는 가난한 서쪽 지역의 갈등을 동양과 서양 문화 간 갈등과 중첩해 보여 준 작품이다.

오번 사람들은 가정에서 매우 다양한 언어를 사용한다. 2011년 인구조사에 따르면,[13] 아랍어를 가장 많이 사용하며(5,186명), 영어(4,455명), 튀르키예어(3,825명), 중국어(3,427명), 광둥어(2,693명), 페르시아어(1,899명), 우르두어(1,347명)가 뒤따른다. 화자가 100명 이상인 언어만 내림차순으로 나열하더라도 타밀어, 힌디어, 베트남어, 필리핀어, 펀자브어, 한국어, 벵골어, 이탈리아어, 그리스어, 스페인어, 인도네시아어, 러시아어, 크로아티아어가 있다. 타이어, 폴란드어, 사모아어, 몰타어, 신할리즈어, 세르비아어, 헝가리어, 마케도니아어, 프랑스어, 아시리아어, 포르투갈어, 독일어, 일본어 또한 각각 12가구 이상에서 사용된다.

오번의 가정 언어는 지역 언어 피라미드에서 사용되는 언어 중 가장 아래층에 자리한다. 이들 언어의 의사소통 범위는 언어를 사용하는 가정 내로 제한된다. 다음 층위는 공적 영역에서 사용되지만, 비공식적인 언어가 차지한다. 즉, 길거리에서 들을 수 있거나 레스토랑과 상점 상호, 행사 전단지, 지역 신문, 임대 광고 같은 상업적 표지와 같이 공공장소에서 볼 수 있는 언어이다. 오번에서 이 층위는 영어, 중국어, 아랍어, 페르시아어, 튀르키예어가 차지한다. 피라미드의 정점에는 공적 영역에서 사용되는 공식적인 언어가 있다. 거리명, 학교나 기차역 등 공공 기관의 안내판 같은 공식적인 표지나 교육과 행정에 필요한 의사소통에 사용되는 언어이다. 오번의 지역 언어 피라미드 정점에는 하나의 언어만 존재하는데 바로 영어이다.

세계 언어 피라미드와 지역 언어 피라미드는 서로 얽혀서 복잡한 양상을 만든다. 세계에서 가치 있는 언어가 지역에서도 가치 있는 것은 아니다. 예를 들어, 일본어는 드 스완의 세계 언어 피라미드에서 '초핵심부 언어'이지만, 오번에서는 가정 언어의 하나로 피라미드의 가장 아래에 위치할 뿐이다. 반대로 위성 티브이와 인터넷에서 다양한 언어가 사용되면서 오번에서 지위가 낮은 가정 언어가 세계 언어 피라미드에서 위상이 올라가고 있다.

세계가 서로 연결되면서 오번시의 제도권 내 공식 의사소통도 영어로만 이루어지지 않는다. 오번시가 운영하는 주차장의 주차권에는 독일어, 영어, 이탈리아어, 프랑스어가 순서대로 인쇄되어 있다. 영어 문구만 보자면 그 내용은 "주차권을 차에 두지 마시오. 접거나 열에 직접적으로 닿지 않도록 주의하시오. 주차 가능 여부는 주차장 안에서 확인 가능합니다."이다.

주차권이 이처럼 네 개의 언어로 발부되는 이유는 애초에 이 주차권이 오번을 포함한 오스트레일리아 시장이 아닌 유럽 시장을 대상으로 만들어졌기 때문이다. 주차권 생산 업체인 데지그나(Designa)는 독일에 본사를 둔 주차 관리 회사이다.[14] 오번시의 맥락에서, 공식적인 의사소통에 이처럼 다양한 언어를 사용하면서 언어 피라미드는 두 가지 측면에서 복잡해진다. 우선, 최정점에 있는 영어의 유일무이한 위상에 대한 도전으로 해석될 수 있다. 동시에 지역에서 우세한 아랍어, 튀르키예어, 중국어, 페르시아어, 우르두어 같은 언어가 사용되지 않은 것은 이들 언어의 가치를 인정하지 않은 것으로 볼 수 있다.

주차권에 사용된 언어는 새롭지도 않고 일상적인 일이라 관심을 가질 필요도 없어 보일 수 있다. 하지만 이런 일상적인 텍스트에서의 언어 선택 문제는 중요하다. 규준이 무엇인가라는 의미에서 생각해 보면, 언어 선택은 '정상적'인 것이 무엇인가에 대한 표현일 뿐만 아니라, 정상성에 대한 우리의 기대를 형성하는 데 영향을 미치기 때문이다. 흔히 영어로만 쓰인 주차권은 오스트레일리아를 영어 단일언어 공간으로 정상화한다. 독일어, 영어, 이탈리아어, 프랑스어를 사용하고 이들 언어는 지배적인 유럽 언어의 규준이 된다. 하지만 규준과 다중언어 현실 사이에는 불일치가 있으며, 실제 사용되는 지역 언어의 가치가 인정되지 못하는 경우도 많다.[15]

수많은 국가, 지역, 공동체의 언어 피라미드로 구성되는 세계 언어 피라미드는 언어에 기반한 불평등의 핵심이다. 위계에서 상위에 있는 언어의 화자는 그렇지 않은 화자보다 더 많은 기회를 누린다. 언어 피라미드는 일차적으로 해당 언어의 의사소통적 가치에 기반한다. 하지만 오번의 지역 언어 피라미드 예에서 보듯이, 언어의 의사소통적 가치는 가정 영역과 공공 영역, 사적 공간과 제도적 공간, 권력 기관과 비권력 기관 같이 언어와 관련된 공간과 이데올로기적으로 얽혀 있다. 더 나아가 언어의 위계를 유지하는 또 다른 방식은 다양성을 피라미드의 낮은 곳에만 두는 담론과 관련이 있다.

'다양한' 사람은 누구인가

'다양성'에 대한 이야기는 더 이상 낯설지 않으며 좋은 것으로 여겨지기도 한다. 다양성 담론은 제도권 내 다양성 정책에서 볼 수 있듯이 '포용성'이나 심지어 경쟁력이라는 관점 아래 기관이 실행하는 바를 측정하는 것까지 포함할 정도로 그 범위가 넓다. 하지만 '다양성은 좋은 것'이라는 전제를 아무런 의문 없이 받아들이는 다양성 담론은 그 의미가 모호할 뿐만 아니라 '다양성'이 실제로 의미하는 바가 무엇인지조차 분명하지 않다. 다음 두 가지 예를 보자.

오스트레일리아에서 '문화적으로나 언어적으로 다양한(culturally and linguistically diverse)' 혹은 그 첫 글자를 딴 CALD라는 용어는 정부 기관에서 광범위하게 사용된다. 뉴사우스웨일스 지역위원회(The NSW Community Relations Commission)는 '문화적으로나 언어적으로 다양한'이라는 용어를 "종교, 인종, 언어, 민족에 따라 다르지만 앵글로색슨, 앵글로켈트인, 원주민, 토레스 해협 제도 사람을 제외한 개인이나 단체를 나타내는 광의적 용어"로 정의한다.[16] 이 용어는 원래 '영어권 배경이 아닌(non-English-speaking background; NESB)'이라는 용어가 충분히 포용적이지 못하다고 여겨지면서 도입된 것이다. '문화적으로나 언어적으로 다양한'은 언어적 배경을 넘어 '오스트레일리아에서 태어난 이민자 후손, 많은 남아시아 혹은 아프리카 국가, 과거 영국의 식민지 지배를 받았던 국가와 같이 영어가 광범위하게 사용되지만, 오스트레일리아 정부 제도와 사회 구조에 익숙하지 않은 국가에서 온 사람'들까지 포함할 수 있다.

CALD라는 용어에는 언어, 인종, 민족, 종교와 관련된 기준들이 혼재되어 있다. "CALD 고객이 가게로 걸어 들어오면 어떻게 해야 할까?"와 같은 전단지 제목에서 보듯이 CALD에 포함되는 사람은 영어 능력이 부족한 것으로 여겨진다. 이 고객 지침은 직원들에게 환영하고, 웃고, 쉬운 영어를 사용하고, 천천히 말하고, 지켜보며, 차분히 응대하라고 권고한다.[17] 이처럼 좋은 의도를 가진 지침에도 두 가지가 전제되어 있다. 첫째, 잠재적으로 '문화적으로나 언어적으로 다양'하다고 여겨지는 대상은 직원이 아니라 고객이다. 둘째, 이른바 예상되는 언어 장벽으로 "차분히 응대하라"라는 말에서 보듯이, '문화적으로나 언어적으로 다양한' 고객과의 상호작용은 일종의 비상 상태와 같다. 사실 오스트레일리아에서 '문화적으로나 언어적으로 다양한' 사람들 대다수는 영어를 상당히 잘한다. 심지어 이민자의 후손이나 영국의 식민지 지배를 받았던 국가 출신 CALD는 영어 원어민에 가깝다. 이처럼 영어 능력에 대한 잘못된 판단은 5장에서 보다 자세히 살펴볼 바와 같이 서비스 제공에 부정적인 영향을 미친다. 이번 장에서는 새로운 이민자와 오래된 이민자, 초기 이민자와 이민자의 후손, 비영어권 국가 출신 이민자와 영어를 공용어로 사용하는 국가 출신 이민자를 묶어 하나의 포괄적이며 관료적인 범주에 넣어 버리는 것에 관한 담론적 효과에 초점을 맞출 것이다.

논리적으로 혹은 앞서 논의한 바를 떠올려 보면 모든 사람은 문화적으로나 언어적으로 다양하다고 볼 수 있다. 영어 화자, 즉 앵글로켈트인 배경을 가진 사람이 제외된 다양성이란 '언어적, 인종적, 민족적으로 주류에 속하지 못했다'는 것을 에둘러 표현한 것일 뿐이다. 이러한 다양성 담론은 특정 언어 사용 형태를 당연하고 기준이 되는 것으로 놓고 다른 언어 사용 형태는 '다양하다'고 여기면서 사회 계층화를 심화시키는 이분법적이고 분리적인 기제가 되기 쉽다.

다양성에 대한 찬양은 진보적 의제로 혼동되기 쉽다. 하지만 CALD라는 용어에서 보듯이, 현대의 다양성 담론은 차이를 공고히 하고, 경계와 위계를 만들어 내며, 사회 불평등을 떠받치는 사회적 과정의 일부이다. 다양성 담론은 한 집단은 '정상적'이고 다른 집단은 '다양하다'라고 표시하면서 불평등을 만드는 동시에 그 불평등을 은폐함으로써 정의롭

지 못한 상태를 심화시킨다.[18]

'다양한' 사람은 누구이며, '다양한' 집단에 포함되지 않는 사람은 누구인가 하는 질문은 다양성 정책과 정부 용어를 분석할 때만 아니라 연구를 구상하고 설계하는 데도 유용하다. 예를 들어, 영국의 언어 교육에 관한 최근 학술 논문에서는 연구 참여자를 '새로운 다양성', '오래된 다양성', '아주 오래된 다양성'이라는 새로운 개념적 범주로 나누었다.[19] '새로운 다양성'에 속한 연구 참여자는 1990년대 이후 영국으로 이주한 최근 이민자로 이전에 영국 사회에서 뚜렷한 존재감이 없었던 배경 출신으로 정의되었다. '오래된 다양성'에 속한 연구 참여자는 20세기 영연방 국가 간 이주의 결과로 1990년대 이전 이민의 역사를 가진 집단 구성원으로 정의되었다. 저자에 따르면, 영국 무슬림이나 시크교도가 이에 속한다.

그렇다면 '아주 오래된 다양성'에 속하는 연구 참여자는 누구인가? 대표적으로 유대인이 여기에 속한다고 볼 수 있다.

이러한 시기 구분은 연대기적이라고 볼 수 있지만, 실제로는 다양성의 범주에 속하지 않는 집단을 자의적으로 분류해 버리는 사례 중 하나일 뿐이다. 아시다시피 유대인들은 1066년 윌리엄 1세와 함께 프랑스에서 영국으로 처음 들어갔다. 수 세기에 걸친 반유대인 정서와 억압을 견뎌 오다가 튜더 왕조 이후에야 영국에서 그 존재를 인정하기 시작했다. 이후 유대인들은 15세기 스페인과 포르투갈, 19세기 동유럽에서 두 번에 걸쳐 영국으로 대규모 이주를 했다.[20]

주목해야 할 점은 유대인들과 비슷한 시기에 이주한 이민자 집단의 후손들은 '다양한' 집단에 속하지 않는다는 사실이다. '다양하지 않은' 이민자와 그 후손들에는 1세기 로마 정복자들, 4세기부터 현재의 독일 북부와 덴마크 남부에서 이주한 앵글로색슨족, 8세기 스칸디나비아에서 침략해 들어간 바이킹족, 1066년 윌리엄 1세와 영국을 침략한 노르만족, 16세기 유럽 대륙의 박해를 피해 이주한 위그노교도를 비롯한 다양한 유

럽 개신교도들이 있다.[21]

이러한 사례에서 보듯이 다양성이라는 개념은 특정 집단에 속한 사람들만이 '다양하다'라는 암묵적인 전제에 기반해 있다. '다양한' 사람들은 백인, 기독교인, 영어 원어민과는 다른 사람들임을 암시한다. 더 나아가 '다양성'은 한 개인의 삶을 결정하는 중요한 요소가 된다. 유대인, 무슬림, 시크교도의 후손은 그들의 조상이 몇 세기 전에 이주했음에도 불구하고, 그 이주의 역사가 지속해서 그들의 삶에 영향을 미친다. 반대로 다양한 이주의 역사를 가진 백인 후손에게는 이주의 역사가 별로 중요하지 않다.

지금까지 논의한 다양성 담론이 가지는 문제는 두 가지이다. 첫째, 사실 관계가 잘못되었다. 다양성은 모든 사회의 특성이고 '다양한 개인' 혹은 '다양한 집단'이라고 말할 수 있는 범위 또한 '다양하다.' 둘째, 집단 내 개인적 차원에서든 집단 간 차원에서든 사회적 지배 집단을 '다양성'에 포함하지 않음으로써 '기준'이 되는 집단과 '다양하다'라고 여겨지는 집단 사이의 불평등이 재생산된다. 다양성 담론이 '우리'와 '그들'이라는 경계를 의문 없이 받아들이는 것 그 이상 그 이하도 아니라면, 사회 현상을 이해하기 위한 분석에도 적합하지 않으며, 인류가 가지는 공통성에도 무지한 개념이다.[22]

초다양성 바라보기

기원전 12세기 트로이 전쟁에 관한 고대 그리스 서사시 『오디세이아(Odysseia)』에서는 크레타섬을 이렇게 묘사한다. "크레타라 불리는 땅은 포도주같이 어두운 바다에 둘러싸여 흰 물결 치고, 풍경이 멋지며, 땅이 비옥하고, 과거를 잘 기억하는 사람들이 살며, 자랑할 만한 도시가 90개나 있고, 여러 언어가 뒤섞여 사용된다."[23] 방방곡곡을 여행하던 영웅 오디세우스는 크레타섬을 이렇게 묘사하였다. 3,000년 전이지만 다양한 언어가 사용되었던 크레타에 대한 칭송은 서론에서 보았던 오늘날 다중언어 도시에 대한 것과 다르지 않다.

3,000년 전 언어 다양성을 통해, 이 책에서 반복해서 주장하는 '다양성은 모든 인간 사회의 특징'이라는 점을 다시 한번 확인할 수 있다. 인류학자 워드 구디너프(Ward Goodenough)는 1976년 논문에서 오히려 "다문화주의가 보편적인 인간 경험이다."라고 말했다.[24] 그러나 언어 다양성은 상대적으로 새로운 현상이며 최근에서야 증가하고 있으며, 오늘날 우리는 '초다양성(superdiversity)'이라고 일컫는 완전히 새로운 형태의 다양성과 마주하고 있다는 일련의 주장들이 등장하고 있다. '초다양성'은 2007년 인류학자 스티븐 베르토벡(Steven Vertovec)이 "지난 20년간 전 지구적으로 더 많은 사람이 더 많은 지역에서 더 많은 다른 지역으로 이주하며, 완전히 새롭고 더 복잡한 사회적 형태가 나타나기 시작"했고, 그 결과 "한 사회에서 이전에 경험한 것의 수준과 형태를 넘어서는 복잡성"이 나타났다며 만들어 낸 용어이다.[25]

'초다양성'이라는 개념은 사회학자를 비롯한 많은 사람의 일상적인 경험과 들어맞는다고 생각해서인지 응용 사회언어학을 비롯한 많은 사회과학 분야에서 논의되기 시작했다. 프랑수와 그린(François Grin), 클라우디오 스프레도(Claudio Sfreddo), 프랑수아 바양쿠르(François Vaillan-court) 같은 경제학자들은 '주관적 다양성(subjective diversity)'이라는 개념을 가져왔다. 그들은 전 세계에서 사용되는 언어의 수에 근거한 '객관적 다양성(objective diversity)'은 감소하고 있지만, 일상적으로 언어 다양성을 경험하는 사람들, 즉 '주관적 다양성'은 증가하고 있다고 주장한다. 증가하고 있는 것은 다양성의 수준과 복잡성 그 자체가 아니라 다양성에 대한 인식이라는 것이다.[26]

초다양성이 실제 사회 변화라기보다는 인식의 문제라는 점은 이주 연구자인 마티아스 차이카(Mathias Czaika)와 헤인 데 하스(Hein de Haas)에 의해서도 확인된다. 이들은 1960년부터 2000년까지 세계은행의 세계 양국 간 이주 데이터베이스(Global Bilateral Migration Database)[27] 자료를 분석하여 초다양성이 주장하듯 전 지구적인 이주가 규모, 다양성, 지리적 범위, 전반적인 복잡성에 있어서 실제로 증가했는지를 살펴보았다.[28]

이주 규모는 초다양성을 지지했던 사람들의 인식과 다르게 나타났다. 1960년에 전 세계 인구의 3.06%가 국제적 이주를 경험했는데, 2000년에 이 수치는 2.73%로 떨어졌다.

우리 경험도 그렇고 사회학자들이 초다양성이라는 용어를 만들어 낼 정도로 주관적 다양성은 증가했는데, 전 지구적 이주에 관한 수치는 그렇지 않을 수 있는지 의아해할 수 있다. 그 의아함은 이주 출발국과 이주 도착국에 관한 자료를 보면 풀린다. 마티아스 차이카와 헤인 데 하스는 국제 이주의 규모뿐만 아니라 복잡성, 즉 보다 많은 국가에서 보다 많은 국가로 이주하는 양상을 반영하는 이주 루트의 다양성을 살펴보았다. 우선, 이주 출발국의 수가 증가한 것은 사실로 나타났다. 무엇보다 1960년 당시 국가 간 이주가 불가능했던 소비에트 연방 국가들에서 냉전 종식과 함께 이주가 가능해졌기 때문이다. 하지만 이주 도착국은 집중되는 경향을 보였다. 1960년에서 2000년이 되면서 아프리카, 아시아, 남미로 떠나는 이주민의 수는 줄어들고, 오스트레일리아, 뉴질랜드, 유럽, 북미로 오는 이주민의 수는 늘어났다. 이주 선호 국가도 줄어들어 2000년에 미국, 독일, 프랑스, 캐나다, 오스트레일리아, 걸프 지역 국가가 포함되었다.

결국, 전 세계 모든 국가가 아니라 사회학자들이 '초다양성'을 관찰할 만한 국가들이 있는 것이다. 마티아스 차이카와 헤인 데 하스가 지적하듯, "이민이 다양해지고 있다는 생각은 일정 부분 유럽 중심주의 세계

관을 드러낸다."

유럽에서 다른 대륙으로의 이주가 감소하면서 이주 방향성에 큰 변화가 생겨나고 있다. 유럽은 전 지구적으로 이민자와 정착민들을 보내던 곳에서 이주자들을 끌어당기는 곳으로 그 위치가 변화하였다. 그 결과 북미와 태평양 연안의 유럽 정착민이 형성한 사회뿐만 아니라 유럽에서도 인종적으로나 문화적으로 이질적인 이민자들의 존재가 증가하기 시작하였다. 즉, 이민자들의 출신 국가 그 자체가 증가했다기보다, 이민자들의 문화적·민족적 배경이 점점 더 비유럽적이게 된 것이다.[29]

워드 구디너프가 "다문화주의가 보편적인 인간 경험이다."라는 주장을 하게 된 로마넘(Romónum) 같은 태평양의 작은 섬처럼 상대적으로 고립된 마을의 다양성과 고대 크레타나 오늘날 런던과 같이 다양한 이주민들이 유입되는 대도시의 다양성은 질적으로 다를 수밖에 없다.[30] 하지만 왜 전자는 하나의 기준이 될 만한 사회 조직으로 상상하고 후자는 새롭고 특별한 것으로 여기는 것일까? 왜 상당한 수준의 다양성을 가진 고대 크레타보다 제한된 다양성을 가진 로마넘의 사회 조직을 더욱 전형적인 인간의 경험으로 여기는 것일까? 이는 우리가 너무도 당연히 로마넘 마을 사회를 구디너프가 실제로 발견한 것보다 훨씬 동질적이며 다양하지 않을 것이라고 상상하고 있었기 때문이다.

역사적으로 새로운 형태의 다양성이라는 '초다양성'이라는 개념은 의도하지 않았지만, 부정적인 면이 있다. 앞서 살펴보았듯이, '다양하지 않다'라고 상상된 기준에서 벗어나는 사람들에게서만 다양성을 찾으려고 한 것처럼 말이다. 지금의 다양성이 전례 없는 것이라면 '다양성을 줄이고자'하는 시도는 동시대 사회 문제를 해결하려는 합리적인 정치적 대응으로 볼 수 있다. 하지만 다양성이 새로운 것이 아닌 것처럼 다양성을 줄이고 구성원들을 상상된 하나의 동일한 범주에 넣으려는 시도 또한 새로운 것이 아니다. 사실 다양성을 줄이고자 하는 시도는 언어 다양성과 관련된 불평등의 주된 형태이다.

동일성의 발명

2013년 이스탄불의 아야 소피아 박물관(Hagia Sophia Museum)을 방문할 기회가 있었다. 웅장한 박물관 건물에는 유구하지만 굴곡진 역사가 있다. 박물관은 서기 360년 콘스탄티누스 1세에 의해 정교회 교회로 지어졌다. 콘스탄티누스 1세가 도시 이름을 비잔티움에서 콘스탄티노플로 바꾸고 비잔틴 제국의 수도로 만든 직후였다. 1,000년 넘게 교회였던 아야 소피아는 1453년 투르크족이 도시를 정복하면서 이슬람 사원이 되었다. 이후 거의 500년 동안 이슬람 사원이었다가 1935년 박물관으로 바뀐다. 이때 도시 이름도 이스탄불로 변경되었다.

아야 소피아 박물관에서 나는 그 유명한 '할프단(Halfdan)' 룬 문자를 보고 싶었다.[31] 아야 소피아 박물관 난간에 바이킹 룬 문자로 새겨진 희미하고 작은 낙서인데 9세기 즈음 쓰인 것으로 추정된다. 오늘날 알아볼 수 있는 부분은 'alftan' 정도인데, 고대 노르웨이인의 이름인 'Halfdan'으로 오늘날 '누구 여기 왔다 감(XY was here)'이라는 낙서처럼 '할프단이 여기에 새겼다(Halfdan carved these runes)'라는 어구의 일부로 보인다.

어떻게 중세 바이킹이 스칸디나비아에서 당시 비잔틴 제국의 수도이자 지구에서 가장 발달한 도시였던 콘스탄티노플, 즉 오늘날 이스탄불까지 오게 되었을까? 할프단은 바랑 수비대(Varangian Guard) 용병으로 추정된다. 바랑 수비대는 비잔틴 제국 황제의 개인 경호원으로 복무한 엘리트 용병 부대였다. 북유럽에서 차출한 바랑 수비대의 민족적 구성은 매우 다양해서 러시아인, 스칸디나비아인, 독일인, 영국인, 켈트인이 있었다고 전해진다.[32] 비잔틴 제국 황제는 지역에 연고가 없는 외국인 경호원을 더 신뢰했다. 젊은이들이 고향인 북유럽을 떠나 오늘날 튀르키예까지 용병으로 일하러 온 이유에 대해 정확히 알려진 바는 없지만, 고향에는 일할 자리가 없고 대도시라는 매력이 복합적으로 작용했다고 추정할 수 있다. 당시 중세 콘스탄티노플에는 전 세계 사람들이 모여들어 다양한 언어와 문화가 넘쳐날 만큼 매혹적인 도시였다.

아야 소피아 박물관의 바이킹 낙서를 1,000년 전 '초다양성'의 증거로 볼 수도 있다. 다양성의 역사를 이렇게 발견하기 쉬운데, 왜 현대의 사람들만 '주관적 다양성'을 경험하고 있다고 이야기하는 것일까? 물론, 오늘날의 우리가 고대 크레타를 경험할 수 없고, 오늘날의 런던만 볼 수밖에 없는 것과 관련이 있다. 하지만 오늘날의 '주관적 다양성'만 이야기하는 가장 큰 이유는 이스탄불의 사회언어적 역사에서 보듯이 (언어) 다양성의 역사는 기록에서 줄곧 배제되었기 때문이다.

언어 다양성이 역사로 기록되지 않는 이유는 간단하다. 언어 기록이라는 게 그 자체로 일시적인 속성이 있기 때문이다. 말은 하는 순간 사라져 버린다. 대부분의 인간 역사는 글로 기록된 정사인데, 일상적인 언어 실천을 기록할 일은 거의 없다. 물론 오늘날 연구자들은 비공식적인 대화를 녹음하거나, 손으로 쓴 임대 광고와 같은 언어 경관에 나타나는 일상 텍스트를 수집하거나, 다양한 공동체에서 참여 관찰하거나, 소셜 미디어에서의 디지털 상호작용 자료 표본을 수집하면서 언어적 '초다양성'에 대한 증거를 모은다.[33] 하지만 이러한 자료 유형을 남기는 것은 과거에 가능한 일이 아니었다. '할프단 낙서'가 보여 주듯, 설사 살아남았더라도 언어 다양성에 관한 내용은 간과되거나 무시되었다. 돌에 새겨져서 상대적으로 오랫동안 유지되었지만 1,000년 넘게 아무런 관심을 받지 못하다가 1964년에서야 엘리자베스 스바르스트룀(Elisabeth Svärdström)에

의해 '발견'되었다.

하지만 일상 언어의 일시적 속성은 역사 기록에서 언어 다양성을 발견하지 못하는 이유의 일부일 뿐이다. 언어 다양성의 증거가 역사 기록에서 체계적으로 삭제된 것 또한 중요한 이유이다.

할프단은 고대 노르웨이 룬 문자로 낙서하고 바랑 용병 동료들과 고대 노르웨이어로 대화했겠지만, 콘스탄티노플의 주된 언어이자 공용어는 (중세) 그리스어였다. 비잔틴 제국 사람들은 자신을 로마인이라고 생각했기 때문에, 라틴어도 광범위하게 사용되었다. 콘스탄티노플 이주민과 방문객의 언어가 사용되기도 했다.

동지중해의 온전한 모습은 도시 인구 분포에서 나타났다. 고대 후기 콘스탄티노플에는 발칸 지역, 소아시아 서부, 키프로스에서 온 그리스어 화자, 이탈리아, 일리리아, 북아프리카에서 온 라틴어 화자, 북유럽 출신으로 게르만어를 하는 게피드족(Gepid), 고트족(Goth), 헤룰리족(Heruli), 동부 고원 지대에서 온 아르메니아인, 아람어(Aramic)를 하는 팔레스타인인과 시리아인, 유대인, 콥트 이집트인 등이 있었다.[34]

기독교가 지배하던 콘스탄티노플은 분명 '초다양'했다.

콘스탄티노플의 언어 구성은 메흐메드 2세(Mehmed II)의 오스만 제국이 도시를 함락한 1453년 5월 29일 변화한다. 기독교 도시는 무슬림의 도시가 되었고, 아야 소피아는 교회에서 이슬람 사원이 되었다. 이뿐만 아니라 지배어도 그리스어와 라틴어에서 아랍어, 페르시아어, 튀르키예어가 되었다. 하지만 콘스탄티노플이 '초다양한' 언어가 사용되는 도시라는 사실은 변하지 않았다. 메흐메드 2세는 이슬람과 서구 세계 양쪽에서 과학과 예술에 대해 교육받았고, 튀르키예어는 물론 아랍어, 그리스어, 히브리어, 라틴어, 페르시아어로 읽고 쓸 수 있었다. 그를 가르쳤던 스승이 유명한 쿠르드족 교수 아흐메트 쿠라니(Ahmet Kurani)였다.[35] 새로운 오스만 제국 수도에서, 아랍어는 기도와 종교의 언어였고, 페르시아어는 법정의 언어였고, 튀르키예어는 군대의 언어였다. 그리스어는 강등되어 피지배층이 된 사람들의 언어가 되었다. 전처럼 콘스탄티노플 거주민들은 다양한 언어를 사용하였다. 메흐메드 2세는 전쟁으로 폐허가 된 도시를 부흥시키기 위해, '신하를 자신의 모든 영토에 보내어' "원하는 사람 누구든지 이스탄불로 오라. 집, 농장, 정원의 주인이 되게 해 주겠다."[36]라는 전령을 전하도록 했다. 하지만 이것만으로 도시의 인구를 늘리기에는 부족해서, 강제로 사람들을 데려오기도 했다. 자발적이든 비자발적이든 새로운 정착민이 사용했던 언어로는 아르메니아어, 헝가리어, 이탈리아어, 라디노어(Ladino), 러시아어, 세르비아어가 있었다.

여러 세기 동안 이스탄불의 공용어이자 지배어였던 튀르키예어 자체도 상당히 혼종적인 언어였다. 오스만 튀르키예어는 아랍어와 페르시아어뿐만 아니라 당시 다양한 민족의 용광로 같았던 이스탄불의 많은 언어로부터 영향을 받아 변화하였다.

도시의 다중언어주의와 튀르키예어의 다중언어적인 특징은 1923년 튀르키예 공화국이 공표되면서 끝이 난다. 새로운 튀르키예는 오스만 제국의 '동양적인' 과거와 단절하고 현대적인 유럽 일부가 되기를 원했다.[37] 자연스러웠던 다중언어주의는 '적폐'이자 동양적인 것으로 치부되었다. 튀르키예어 이외의 다른 언어 사용은 억압되었다. 국가 주도의 억압적인 언어 정책의 가장 큰 희생자는 쿠르드어였다. 튀르키예는 튀르키예어만을 사용하는 단일언어 국가가 되고자 했고, 튀르키예어도 '현대화'되어 다른 언어, 특히 동양과 관련된 아랍어와 페르시아어의 흔적을 모두 없애고자 하였다. 이러한 현대화가 튀르키예 언어 개혁의 명시적인 목표였다.[38]

튀르키예 언어 개혁에서 가장 잘 알려진 것이 아랍 문자를 제거하고 라틴 문자로 정서법을 변경한 것이었다. 그러자 현대 튀르키예 사람은 자신의 문자 역사 기록을 읽을 수 없게 되었다. 언어 개혁의 또 다른 대상은 아랍어와 페르시아어 어휘로, '튀르키예어스러운' 단어나 '현대적인' 유럽어의 차용어로 대체되었다.

이러한 언어 개혁이 얼마나 무의미했는지는 문헌학자를 제외하고 모두가 잊고 있었던 '도시'라는 단어만 보더라도 알 수 있다. 오스만 튀르키예어에서 도시는 شہر(şehir)였다. 페르시아어 شہر(šahr)와 명확히 연관이 있었던 이 단어를 언어 개혁가들은 현대 튀르키예어에 포함할 수 없었고 '순수한' 튀르키예어 단어를 찾기로 한다. 그래서 발견한 것인 고대 'kent'라는 단어이다. 아이러니는 'kent'라는 단어는 이슬람 정복 이전 중앙아시아의 공용어였던 소그드어(Sogdian)에서 차용했다는 사실이다.

튀르키예 학자 제프리 루이스(Geoffrey Lewis)는 튀르키예 언어 개혁을 '재앙 같은 성공(catastrophic success)'이라고 묘사하였다.[39] 무엇보다 현대 튀르키예어 화자는 1930년대 이전 자신들의 언어적 문화적 유산과 단절되었다. 튀르키예를 단일언어 국가로 만든 개혁의 유명하고 일견 아이러니한 예가 튀르키예 공화국을 공포한 아타튀르크(Atatürk)가 1927년에 한 중요한 연설을 현대 튀르키예 사람들이 이해할 수 있도록 현대 튀르키예어로 '번역'해서 들려줘야 한다는 사실이다.

나는 이스탄불을 방문했을 때 '초다양성'의 예를 발견하고 지나칠 수 없었다. 가게 문에는 러시아어로 скидка('sale', 판매 중)이라는 표지가 붙어 있고, 관광객을 대상으로 하는 레스토랑에는 주요 관광객의 언어로 된 메뉴판이 있었으며, 손으로 쓴 아랍어 للإيجار('for rent', 임대) 표지와 쿠르드족 음악 노점상을 보았다. '초다양성'이 비잔티움과 콘스탄티노플의 특징이었는데, 이스탄불이 된 이 도시가 우리가 생각하는 것보다 오랜 시간 동안 '초다양'했다는 사실은 쉽게 잊힌다.[40]

언어를 동질하게 하는 일은 과거에만 일어나는 것처럼 보일 수 있다.

하지만 동질화된 언어는 계속해서 하나의 규범이 되면서 오늘날까지 영향을 미치며 대표적인 불평등의 형태가 될 수 있다. 표준어로 언어를 동질화하면서 이를 이상적인 언어 형태로 상상하고, 그 기준에 따라 개인화자의 언어 레퍼토리를 판단하게 되는 것이다.

요약

이번 장에서 우리가 언어 다양성에 대해 생각하는 방식과 그러한 표상이 만들어 내는 불평등과 부당함에 대해 살펴보았다. 추상적인 차원에서 언어 다양성은 좋은 것으로 여겨지지만, 구획되고 성문화된 언어가 아닌 언어 다양성에 대해 생각하고 말하는 방식은 거의 없다. 명명된 언어는 개별 화자의 다양한 언어 레퍼토리와 관련이 없는 이상적이고 추상화된 형태일 뿐이다. 언어 접촉과 언어 변화의 특징을 담은 레퍼토리처럼 상상되고 표준화된 형태에서 벗어난 언어 다양성은 보통 잘 드러나지 않는다.

언어 다양성은 간과될 뿐만 아니라 계층화되어 있기도 하다. 어떤 언어나 그 화자는 다른 언어나 그 화자보다 더 가치 있다고 여겨지면서 또다른 형태의 언어 지배를 낳는다. 어떤 맥락에서 '언어 다양성'은 '언어 종속화'를 은폐하기 위해 사용하는 용어일 수도 있다.

언어 다양성이 실제 인류 역사에서 보편적인 경험에도 불구하고 현대의 새로운 것으로 여겨지는 것도 부당한 사례이다. 역사적 망각으로 역사 기록에 나타나는 언어 다양성을 발견하지 못할 뿐만 아니라 피지배 집단을 적법한 사회 구성원으로 인정하지 않기 위해 역사 기록에서 적극적으로 삭제되기도 한다.

요약하자면, 명명된 언어라는 상상된 관점으로 개인의 언어 레퍼토리를 바라보면서 언어 다양성을 삭제하고 레퍼토리를 위계적으로 줄 세우고 단지 특정 레퍼토리만 다양하다고 보며 언어 다양화를 계층화하는 일은 우리가 오래도록 가져온 언어에 대한 신념이다. 이러한 언어 다양성에 대한 신념이 초래하는 불평등과 부당함에 대해 다음 장에서 더 자세히 살펴보자.

3장

종속된 언어 다양성

2장에서는 모든 사람은 자신만의 언어 레퍼토리를 가지고 있으므로 언어 사용에서 다양성은 고유한 것임을 살펴보았다. 하지만 이처럼 보편적인 언어 다양성을 자주 망각하기도 한다. 하나의 표준어만 사용하는 것이 규범이고 이를 벗어나는 것은 문제라고 생각하는 것이다. 이번 장에서는 언어에 대한 규범적 태도가 형성되는 담론적 과정을 더욱 자세히 살펴본다. 우선 보편적인 언어 다양성이 어떻게 망각되는지 혹은 너무 쉽게 은폐되는지를 탐색한다. 이어서 다양한 언어 사용을 특정 화자의 특성으로 부여하는 과정을 살펴보며, 이것이 다중언어 사용자의 사회적 위치에 미치는 영향을 논의한다.

언어 사회학자들은 다양한 언어가 사용되는 사회에서 언어 다양성이 상대적으로 드러나지 않는 이유를 '단일언어 아비투스(monolingual habitus)' 혹은 '단일언어 사고방식(monolingual mindset)'으로 설명한다. '단일언어 아비투스'라는 용어는 교육학자 잉그리드 고골린(Ingrid Gogolin)이 독일 내 가정에서 독일어가 아닌 언어를 사용하는 학생들이 증가하고 있음에도 불구하고 학교 교육에서는 독일어 사용을 고수하는 교육 조직의 제도적 특징을 설명하기 위해 사용하였다. '아비투스'라는 개념은 프랑스 사회학자 피에르 부르디외(Pierre Bourdieu)에게서 가져온 것으로 '견고하지만 변화 가능한 성향 체계' 혹은 '실천과 표상을 생성하고 조직하는 원칙'으로 정의된다. 영어에서는 '단일언어 아비투스'보다 '단일

언어 사고방식'이라는 용어가 더 자주 사용된다. 마이클 클라인(Michael Clyne)은 오스트레일리아의 다중언어 현실과 영어로 표상된 단일언어라는 이상 사이의 불일치를 설명하기 위해 이 용어를 사용하였다.[1]

단일언어 아비투스와 단일언어 사고방식은 갑자기 나타난 것이 아니다. 다양한 실천과 담론을 통해 지속적으로 생성 유지된다. 이 과정에서 제도적인 측면과 공적인 측면, 즉 제도가 언어 다양성을 조직하는 방식과 미디어에서 언어 다양성이 논의되는 방식이 무엇보다 중요하다. 3장에서는, 언어 다양성을 먼저는 은폐하고 그다음에는 문제화함으로써 언어 다양성을 종속시키려는 제도적 혹은 공적 담론을 살펴본다.

이번 장의 초점은 오늘날 언어 종속화의 과정이며, 살펴보게 될 사례 연구도 21세기 초반 이후 자료이다. 본격적인 논의를 시작하기 전에 한 가지 명심해야 할 바는 단일언어 사고방식은 오늘날의 새로운 현상이 아니며 영어권의 전통도 아니라는 점이다. 작가이자 번역가였던 트레비사의 존(John of Trevisa, 1342-1402)이 중세 영어에 대해 남긴 유명한 문구에서 나타나듯이 말이다.

> […] 처음에는 데인인과 이후에는 노르만족이 섞이고 어울리면서, 곳곳에서 언어가 파괴되고, 몇 명은 말을 더듬거리나, 지저귀거나, 거칠게 포효하거나, 으르렁거리거나, 쩍쩍거리거나, 이를 가는 등 희한하게 말을 한다.[2]

이 글은 데인인과 노르만족이 '섞이고 어울리면서' 생겨난 말의 방식을 문제가 있는 것으로 만들어 버린다. 트레비사의 존은 언어 다양성이 확연하고 무시할 수 없을 지경이 되자 이러한 언어 사용을 손상된 것('파괴되고'), 동물의 소리('지저귀거나', '거칠게 포효하거나, 으르렁거리거나', '쩍쩍거리거나'), 혹은 어쩔 수 없는 신체적 반응('이를 가는')으로 묘사한다.

트레비사의 존의 글은 언어 다양성을 예외이자 문제로 보는 오래된 담론 형성의 역사에서 하나의 단편적인 예일 뿐이다. 이러한 과정이 현대의 제도와 공적 담론에서 어떻게 작동하는지 살펴보자.

언어 속지주의

모든 개인의 언어 레퍼토리는 단일 표준 언어라는 기준에서 벗어난 것이지만, 다중언어주의와 언어 접촉에 의한 레퍼토리는 그 기준에서 더 많이 벗어난 것으로 생각한다. 단일 표준 언어가 기준이고 상상된 단일 표준 언어에서 벗어나는 것은 문제라고 보는 방식은 언어와 장소 사이의 긴밀한 연관성 때문이다.

영토마다 언어를 표시한 지도를 본 적이 있을 것이다. 아메리카 대륙의 지도를 떠올려 본다면, 캐나다 동부 프랑스어 지역을 제외하고는 북미는 영어로, 중앙아메리카와 남아메리카의 절반 이상은 스페인어로, 나머지 절반의 많은 부분을 차지하는 브라질은 포르투갈어로, 기아나, 수리남, 프랑스령 기아나가 위치한 곳에서는 영어, 네덜란드어, 프랑스어로 표시할 것이다. 해당 국가에 민족어를 표시한 지도부터 특정 지역의 전통적인 소수 민족 언어를 표시한 지도까지 있다.

언어 지도는 전 세계 언어의 분포를 알려줄 뿐만 아니라 특정한 담론적 기능을 수행한다. 즉, 언어 사용에서 언어와 영토와의 연관성이 중요하고 당연한 것으로 생각하게끔 한다. 이러한 속지주의는 언어에 대한 법률적 기초이기도 해서 언어 정의와 관련한 가장 근본적인 사고방식이다.

언어 다양성과 관련된 법률이 존재하는 곳에서 통상적으로 법률은 특정 언어와 특정 영토를 연관시키는 속지주의를 따른다. 보통 특정 언어 관련 법 제도가 적용되는 영토는 민족국가이다. "공화국의 언어는 프랑스어이다."라는 프랑스 헌법 제2조가 그러하다.[3]

다수의 언어에 대해 법적 권리를 부여하는 정치 체제도 속지주의에 근거해서 언어 관련 법 제도를 적용한다. 특정 언어와 특정 장소를 연관시키는 속지주의에 따라 다중언어주의를 인정하는 국가에는 벨기에, 캐나다, 스위스가 있다. 예를 들어, 벨기에는 이주 역사에 따라 언어 영토를 나눈다. 네덜란드어를 쓰는 플랑드르 지방과 프랑스어를 쓰는 왈론 지방은 단일언어 사용권이고, 네덜란드어와 프랑스어를 쓰는 브뤼셀은 이중언어 사용권이다. 또한 프랑스어 사용이 보장되는 네덜란드어 지역, 네덜란드어 혹은 독일어 사용이 보장되는 프랑스어 지역, 프랑스어 사용이 보장되는 독일어 지역 등 단일언어 사용권이지만 다른 언어 사용이 보장되는 지역도 있다. 이러한 구분이 언뜻 복잡해 보이지만 벨기에의 실제 언어 다양성에 비추어 보면 상당히 추상화된 형태이다. 무엇보다 개별 화자는 '잘못된' 영토에 위치할 수 있다. 가령 플랑드르 지방에 사는 프랑스어 사용 가족은 왈론 지방에 사는 프랑스어 화자와 같은 법적 지위를 누릴 수 없다. 또한 법률로 규정한 언어는 벨기에의 변이형이 아니라 다른 곳에서 표준화된 형태이다. 전통적으로 벨기에에서 말해지는 네덜란드어와 독일어는 표준어가 아니라 플라망어와 알자스어이다. 해당 지역의 언어를 표준 독일어와 표준 네덜란드어로 지정하면서 플라망어와 알자스어 사용과는 동떨어지게 된다. 마지막으로 '전통적으로' 벨기에에서 사용되지 않는 언어나 변이형은 설 자리를 잃는다. 아랍어, 베르베르어, 이탈리아어, 포르투갈어, 스페인어, 튀르키예어와 같은 언어를 1960년대 이후 벨기에에서 상당한 수의 사람들이 사용하지만 이 언어는 특정한 영토를 부여받지 못해 지금까지 '제대로 자리 잡지 못하고 있다.'[4]

「지역어와 소수어에 대한 유럽 헌장(European Charter for Regional and Minority Languages)」에서 보듯이, 법률이 언어 다양성을 보장하고 소수 언어 사용을 권장하더라도, 법률의 논리는 여전히 속지주의를 따른다. 헌장은 전 세계적으로 언어 정의에 관한 법률 중 가장 진보된 것으로 평가받으며, 지역어와 소수어 사용을 보장하고 권장하며 공적 영역과 사적 영역에서 해당 언어를 사용할 수 있어야 한다고 규정하고 있다. 헌장에 서명하면, 교육, 법, 행정, 공공 서비스, 언론, 문화, 경제, 사회 영역에서 지역어와 소수어의 사용을 촉진하기 위한 다양한 조처를 해야 한다. 하지만 보장의 범위는 '지역어와 소수어가 사용되는 영토'로만 한정되며, 해당 영토는 해당 언어의 '역사적 토대'가 있어야 한다. 헌장에 따르면 두 가지 종류의 언어는 보장의 범위에서 제외된다. 첫째, 이디시어와 로마니어와 같이 유럽에서 역사적으로 오랫동안 사용되었지만 특정한 영토와 연계가 되지 않은 언어이다. 둘째, 근대 국가가 형성 이후에 특정 영토로 이주해 왔지만 지역에 민족 거주지를 이뤄 정착하지 않은 화자의 언어이다.[5]

요약하자면, 언어 속지주의는 특정 언어를 추상화하여 특정 장소와 연관시키는 집단적 신념으로, 많은 언어 권리의 법률적 바탕이 된다. 하지만 개인은 추상화된 특정 언어를 사용하는 것이 아니라 자기 나름의 다양한 레퍼토리를 사용한다는 점을 고려한다면, 속지주의에 대한 신념은 재현과 관련하여 적어도 두 가지 문제를 낳는다. 첫째, 실제 화자의 언어 사용을 보여 주지 못한다. 플라망어가 네덜란드어가 되고, 알자스어가 독일어가 되는 것이 그 예이다. 둘째, 특정 영토와 '역사적 연관성'이 없다고 간주되는 화자의 언어 실천은 적합한 것이 되지 못한다. 그 결과 '외래 소수 민족(allochthonous minority)'이라고 불리기도 하는 많은 수의 '새로운' 소수 민족은 '자생 소수 민족(autochthonous minority)'이라고 불리기도 하는 적은 수의 '역사적인' 소수 민족이 누리는 법적인 보장을 누릴 수 없는 불합리한 상황에 놓이게 된다. 예를 들어 독일에 5만 명의 데인인과 6만 명의 소르브족(Sorb)의 언어적 권리와 문화적 권리는 독일

법률과 지역어와 소수어에 대한 유럽 헌장을 포함한 유럽 법률로 보장되지만, 독일에 거주하는 300만 투르크족은 이러한 권리를 누릴 수 없다. 심지어 러시아어 화자가 (1945년 이전) '역사적' 소수 민족이자 (1989년 이후) '새로운' 소수 민족이 된 핀란드에서는 상황이 더 이상하다. 전자에게는 국가와 유럽이 보장하는 언어와 문화적 권리가 보장되지만, 후자는 그렇지 않다.[6]

언어 실천을 '자리 잡은 것'과 '자리 잡지 못한 것'으로 고정해 버리는 속지주의는 언어 지도와 언어 관련 법률에서 명확히 나타난다. 이러한 속지주의가 집단적인 신념 체계로 확고하게 유지되기 위해서는 다양한 대중 담론 속에서 지속해서 반복적으로 생성되어야 한다. 이러한 대중 담론에 대해 살펴보자.

언어의 공간적 분리

언어 속지주의에 대한 신념은 강고하지만, 도시 공간에서 언어 다양성은 무시하기 힘들 정도가 되었다. 언어를 영토별로 나누기 쉽지 않은 벨기에도 수도 브뤼셀을 어떻게 할 것인가가 골칫거리였고, 결국 국가 내에서 유일한 이중언어 지역으로 지정하였다. 도시 공간은 다양한 언어가 사용되며 사회적으로도 복잡해서, 복잡성을 명확히 구획하는 것이 거의 불가능하다. 구획화하고자 하는 시도가 있는 곳에는 극단적인 정치적, 사회적, 경제적 폭력이 발생하거나, 게토화와 집단 학살을 빚기도 한다.

그런데도 다양한 문화가 존재하는 도시에서 공간적 분리는 계속된다. 오늘날의 다문화 혹은 고도로 다양화된 도시에서 공간적 분리가 명확하게 나타나는 공간은 역설적이게도 공동묘지이다. 서로 다른 공동체가 자기만의 공동묘지를 가지고 있는 것을 발견하기란 어렵지 않고, 자기만의 공동묘지가 없는 경우에도 하나의 공동묘지 안에서 서로 다른 구역을 차지하고 있다. 테헤란의 가톨릭 공동묘지의 예를 통해 자세히 살펴보자.

테헤란은 이슬람교, 기독교, 유대교 등 종교에 따라 공동묘지가 다르다. 가톨릭 공동묘지는 두랩 가톨릭 공동묘지(Doulab Catholic Cemetery) 단지의 일부로, 기독교의 다양한 종파가 서로 인접해 있지만 벽으로 구분되어 있다. 가톨릭 공동묘지의 약 3분의 1은 '폴란드인 공동묘지'로 알려져 있는데, 1942년에서 1945년 사이 테헤란에서 사망한 2,000여 명의 폴란드인이 남녀노소 잠들어 있다.

이란 땅에 묻혀 있는 폴란드인의 이야기는 제2차 세계 대전에서 잘 알려지지 않은 비극 중 하나이다. 현재 벨라루스와 우크라이나의 일부가 된 동폴란드는 1939년에 소비에트 연방으로 편입되었다. 이 지역의 약 150만 명의 폴란드인은 시베리아 수용소로 강제 이주되었다. 수많은 사람이 몇 달 만에 극한적인 상황에서 죽었고, 약 25만 명만이 시베리아에서 살아남았다. 독일이 소비에트 연방을 침공한 1941년 생존자들은 대 나치 전쟁에 참전하고자 풀려났다. 시베리아를 떠난 11만 5,000명가량의 생존자들은 연합군이 점령한 이란에 도착할 수 있었다. 이후 몇 년 동안 테헤란에서 폴란드인 공동체가 번성했다. 폴란드인 라디오 방송국과 신문사도 있었고, 연구 모임도 있었다. 빌뉴스 대학 역사학과 교수 스타니스와프 코시아우코브스키(Stanisław Kościałkowski)는 1941년 체포되기 전까지 이란학연구소장을 역임하며 테헤란에서 수십 년간 폴란드와 이란 관계사에 관한 책을 집필하였다.[7]

하지만 공동묘지에 있는 1,869기의 난민 무덤에서 보듯이 불안정했던 생존자들에게 죽음은 항상 가까이에 있었다. 무덤에는 숫자, 폴란드어 축약어 'Ś.P.('świętej pamięci', ~를 기리며)', 이름, 출생 연도, 사망 연도, 라틴어 축약어 'R.I.P.('requiescat in pace', '편히 잠드소서')'라는 똑같은 비문이 새겨져 있다.

생존자 대다수는 이란에 임시로 머물다가 영국, 아메리카 대륙, 아프리카, 오세아니아에 정착하였다. 하지만 몇몇은 폴란드 구역 묘지에서 볼 수 있듯이 이란에 계속 머물며 무너진 삶을 재건하고자 하였다. 묘지의 많은 비석 중 가장 최근 것은 2002년인데, 폴란드에서 태어나 이란에서 죽은 이를 기리고 있다. 이들 중 많은 수는 폴란드어와 페르시아어가 조합된 성씨를 사용하는데, 이란 남성과 결혼한 폴란드 여성이다. 가슴 아프게도 이들 묘만 홀로 있다. 남편과 가족들은 테헤란 이슬람교도들을 위한 대규모 공동묘지인 베헤스테 자흐라(Behest-e Zahra) 공동묘지 등 다른 곳에 묻혀 있을 것이다. 폴란드 여성은 이란에서 새로운 가족을 꾸렸지만, 가족묘가 없다는 사실은 민족과 종교적 신념이 삶을 함께한 사람들을 죽어서 갈라놓을 수 있다는 것을 보여 준다.

종교적 신념 외에도 민족에 따라서 묘지를 구분하는 사례를 가톨릭 공동묘지에서 발견할 수 있다. 가톨릭 공동묘지는 폴란드인 묘지가 많아서 '폴란드인 공동묘지'로 잘 알려져 있지만, 처음은 이란 왕인 샤(Shah)의 개인 주치의로 일하던 중 요절한 프랑스인 의사 루이 앙드레 에르네스트 클로케(Louise André Ernest Cloquet)의 능묘로 1855년 문을 열었다. 가톨릭교도를 위한 추모 공원은 아르메니아인 공동묘지 외부이지만 가까운 곳에 있었다. 이후 여러 유럽 국가에서 온 가톨릭교도들은 이곳을 장지로 선택하였고, 공동묘지의 구역은 점점 민족별로 나뉘게 되었다.

이처럼 죽음에서 드러나는 평범한 민족주의(banal nationalism)는 공동묘지에 묻힌 프랑스인과 이탈리아인의 사례에서 가장 뚜렷하게 나타난다. 프랑스와 이탈리아 대사관은 공동묘지에 묻힌 자국인의 무덤 귀퉁이에 조그마한 국기 모양의 동판을 붙여 놓았다. 두랍 공동묘지에 묻힌 다른 국적의 묘소에는 국기가 없지만, 묘비에 적힌 언어는 대부분 고인의 출생지 언어로 써 있다. 예를 들어 내가 방문한 어떤 독일인 묘소에도 고인이 초국가적인 삶을 살았던 흔적이나 독일과 이란이라는 두 국가의 크고 작은 부분을 차지했다는 흔적을 보여 주는 표시가 하나도 없었다. 묘비에 새겨진 비문에서도 이란에서 보낸 삶을 일부나마 알 수 있는 흔적은 없었다.

테헤란의 가톨릭 공동묘지 같은 공동묘지를 방문하면, 종교, 민족, 언어라는 경계를 넘나드는 삶을 살았던 이들에게 죽어서까지 경계를 지으려고 하는 살아 있는 이들의 욕망이 비석에 새겨져 있음을 발견할 수 있다.[8] 하지만 속지주의가 공동묘지의 비문에 새겨진 것처럼 명확하게 드러나는 경우가 거의 없다. 보통은 담론적으로 구성되어 논쟁과 경합의 대상이 된다. 정치, 미디어, 소셜 미디어 담론에서의 속지주의 논쟁에 대해 살펴보자.

언어 속지주의 논쟁

언어와 장소의 관계에 대한 정치와 미디어에서의 논쟁은 광범위하다. 이러한 논쟁은 민족은 하나의 언어만 사용해야 하며 언어 다양성은 사회와 민족 통합을 저해한다는 공통된 인식을 형성하는 데 큰 영향을 미친다. 프랑스와 벨기에같이 헌법에 공식어를 성문화하지 않은 국가도 속지주의에 근거해 하나의 언어, 정확히는 그 언어의 표준어를 다른 언어보다 우위에 둔다.

미국의 사례를 보면 명확해진다. 영어가 미국의 유일한 언어라는 믿음은 이민 국가인 미국의 국가 정체성에서 중요하다. 용광로 같은 국가에서 영어는 중요한 통합의 장치이며 영어 사용이 사회적 결속의 핵심이라는 믿음이 있다. 이러한 언어 이데올로기 형성에 관한 유명한 사례는 1919년 시어도어 루스벨트(Theodore Roosevelt) 대통령의 연설에서 발견할 수 있다. 루스벨트 대통령은 "우리에게는 오직 하나의 언어만 사용할 수 있고, 그것은 바로 영어입니다."라고 말했다.[9]

하나의 민족, 하나의 언어라는 이데올로기는 강력하지만, 이러한 언어 이데올로기로 불이익을 받는 사람들은 저항권을 행사하여 일종의 양보를 받아 내기도 했다. 이들 대부분은 비영어권 국가 출신 이민자, 특히 사회 참여에 필요한 높은 수준의 영어 실력을 향상하기 힘든 성인 학습자들이었는데, 예를 들어 투표권에 대한 법안 203조와 같은 결과를 얻어 내기도 했다. 203조는 비영어권 화자가 민주주의를 위한 정치 과정에 참여하는 것을 보장하기 위한 조항으로 비영어권 화자 인구가 기준을 넘는 선거구에서 영어 외 다른 언어로 투표용지를 인쇄하는 것을 의무화하였다. 1965년 비영어권 화자의 참정권 제한을 철폐하기 위해 제정된 이 법은 이후 줄곧 논쟁의 대상이 되었다. 하나의 민족, 하나의 언어라는 언어 이데올로기가 강력하게 작동하는 상황에서 203조처럼 상대적으로 소소하고 제한된 조치조차 속지주의라는 이데올로기 복합체를 약화할 가능성이 있다고 본 것이다. 203조가 논쟁의 대상이 되면서 미국 의회는 논의를 통해 정기적으로 이 법안을 연장해야만 했다. 가장 최근의 논의는 2006년도였는데, 이때 의회 토론은 속지주의 자체에 대한 갈등뿐만 아니라 실제 상호작용에서 속지주의가 어떻게 재구성되는지를 잘 보여 준다.[10]

토론에서 발언자들은 반복해서 영어를 사용하는 것은 시민적 가치이자 애국심을 나타낸다고 의미 부여한다. 언어 관련 로비 그룹인 유에스 잉글리시(US English) 회장 마우로 무지카(Mauro Mujica)가 초청되어 다음과 같이 증언하였다.

사람들이 기표소로 들어갈 때야말로 가장 높은 수준으로 시민으로서 의무를 행사하는 것이지요. 그런데 바로 그 순간에 정부가 국가의 정치적 대화에 참여하는 데 영어는 필요 없다는 신호를 보내는 겁니다. 버몬트 주 벌링턴의 스페인어 화자나 캔자스주 위치토의 중국어 화자에게는 이런 신호를 보내지 않아요. 203조를 발동하기에 충분한 수의 외국어 화자들이 모여 사는 지역 사람들에게만 보내는 거죠. 다시 말해, 영어를 선택적으로 사용하더라도 생활하는 데 힘든 점이 별로 없는 그런 폐쇄적인 언어 공동체에 사는 이민자들에게만 그 신호를 보내는 겁니다.[11]

실질적으로 시민으로서 의무를 다한다는 것은 자신이 속한 실제 공동체 삶에 참여하여 공공선에 이바지하는 것이다. 가장 대표적인 예로 자원봉사 소방관이 있다. 다른 형태의 시민 참여와 같이 자원봉사 소방관도 지역 단위, 즉 '영어를 선택적으로 사용하더라도 생활하는 데 힘든 점이 별로 없는 폐쇄적인 언어 공동체'의 일이다.

물론 투표에 참여하는 것도 시민의 의무 중 하나이자 시민의 권리이기도 하다. 하지만 자원봉사 소방관과 달리 투표는 지역 공동체가 아닌 상상된 공동체에 참여하는 일이다. 영어 사용을 시민의 의무로 봐야 한다는 주장은 시민의 참여를 지역이 아닌 국가 수준으로 한정할 때만 말이 된다.

이러한 과정에서 영어 사용의 의미뿐만 아니라 시민 참여의 의미도 변화한다. 실제 공동체에서 실질적인 삶의 영역에 서로 개입하며 참여한다는 의미는 잃게 되고 국가 수준에서 개인의 문제가 되어 버린다. 개인화된 시민 참여의 의미는 '착한' 이민자와 '나쁜' 이민자를 대비시키는 주장에서 명확하게 드러난다. 의회 토론에서 다른 발언자의 예가 그러하다. 여기서 영어를 '잘해서' 의무를 다한 러시아 출신 '착한' 이민자 개인은 차이나타운의 공동체와 대비된다. 차이나타운 거주자들은 암묵적으로 언어적, 국가적 의무를 다하지 못한 언어적 게으름뱅이가 된다.

제가 최근 샌프란시스코를 방문했어요. 차이나타운에 갔었는데, 거기는 완전 자기들만의 공동체더라고요. 공항으로 가는 길에 러시아 이민자와 차를 같이 탔죠. 그 사람의 영어는 억양은 조금 있었지만 저만큼 영어를 잘하더라고요. 제가 차이나타운에 관해 물어보니 하는 말이 그 사람들 영어도 안 하고, 중국말 못하면 거기 살지도 못한다는 거예요. 차이나타운 길에서 아이들은 중국말만 하더라고요. 이게 샌프란시스코니깐 가능한데, 아이오와면 불가능한 일이죠. 공동체에 참여하려면 영어를 사용해야 한다니까요.[12]

이 발언은 참으로 불합리하다. 분명히 이미 존재하는 공동체에 '공동체에 참여해야 한다'라고 훈계한다. 그런데 불합리한 점이 잘 드러나지 않는 이유는 언어와 장소를 연관시키는 속지주의가 고수되고 있기 때문이다. 영어는 미국에서 유일하게 정통성을 가진 언어이며 국가 통합을 위해서는 하나의 언어만이 정통성을 가져야 한다는 그러한 신념 말이다.

이러한 신념이 얼마나 강력하게 작동하는지는 고등학교 졸업 연설에서 '잘못된' 언어를 선택한 일이 미디어를 통해 전국적 스캔들로 비화한, 말도 안 되는 사례를 보면 알 수 있다.[13]

2012년 5월 캘리포니아주 중부에서 인구가 1만 명도 안 되는 뉴먼(Newman)의 오레스팀바(Oresimba)고등학교에서는 졸업 연설을 스페인어로 하기로 결정하였다. 졸업 연설의 명예는 전교 1등을 한 열일곱 살 졸업생 사울 텔로 주니어(Saul Tello Jr.)였다. 오레스팀바고등학교 학생의 3분의 2 이상이 영어와 스페인어 이중언어 사용자였고, 졸업 연설을 할 텔로 주니어도 영어와 스페인어로 준비하였다. 텔로 주니어가 졸업 연설을 영어와 스페인어로 해도 되겠냐고 교장 선생님에게 물어보았고, 교장 선생님은 그러면 시간이 너무 많이 소요되니 하나만 선택하라고 했다. 사울 텔로 주니어는 스페인어를 선택하였다. 멕시코 이민 1세대였던 부모님이 자신의 연설을 들어 줬으면 했는데 영어를 잘하지 못했기 때문이다. 텔로 주니어는 연설에서 항상 최선을 다하고자 노력하고, 꿈을 잃지 말며, 자신보다 앞서 노력한 이들에게 감사하라는 이야기를 하려고 했다.

작은 마을의 고등학교 졸업식 연설은 보통 그 지역의 일이고, 어떻게 하는 것이 좋은지는 학교 공동체가 결정할 일이다. 고등학교 졸업식 연설이 지역 언론에 보도되는 것 자체가 드문 일이다. 그런데 사울 텔로 주니어와 오레스팀바고등학교 교장은 사울 텔로 주니어의 연설이 미국 땅에서 대중 연설은 영어로 해야 한다는 속지주의를 어긴 것이라며 전국의 언론에서 떠들어 대고 있는 것을 알게 되었다.

폭스 뉴스의 보수 정치 평론가인 빌 오라일리(Bill O'Reilly)는 스페인어 연설이 미국 공교육의 수준이 얼마나 추락했는가를 보여 주는 '완전히 미친 자신감'의 증거라고 비난하였다. 전국의 많은 언론의 사설에서도 스페인어 연설은 무례하며 미국에 대한 존경심이라고는 일절 없는 일이라고 비난하였다. 많은 언론사 웹사이트에서 일반인들도 댓글을 남기며 사안을 평가하였다.[14] 많은 댓글은 미국 고등학교 졸업 연설을 스페인어로 한 것이 잘못된 이유로 너무 자명하게 속지주의를 거론하였다. 예를 들어, "빌 오라일리의 말이 100% 맞다. 여기는 미국이지 멕시코가 아니다. 스페인어가 아닌 영어로 연설해야 했다." 혹은 "미국에서는 영어만 해야지, 졸업 연설을 스페인어로 하는 것은 잘못되었다."라는 댓글이 달렸다. 이 논쟁에서 '좋아요'를 가장 많이 받은, 즉 가장 광범위하게 공감한 댓글은 "이건 영어를 사용하는 나라인 미국에 대한 명백한 모욕이다." 였다.

한 고등학교 학생의 짧은 졸업 연설 같은 사소한 일이 전국적인 미디어의 관심과 비난을 받았다는 사실 자체가 속지주의가 얼마나 강력한지를 보여 준다. '잘못된' 선택이 전국적 관심을 받을 만큼 문제였던 것이다.

전국의 미디어가 지역의 한 고등학교 졸업 연설에서 열일곱 살 된 학생이 어떤 언어를 선택하는가의 문제를 두고 공격하는 것은 아무리 봐도 불합리한 일이다. 영어가 아닌 언어를 선택한 것에 대해 전국의 미디어가 여론 조사하고, 비평하고, 비난하며 만들어 낸 효과는 다름 아닌 영어를 미국에서 유일하게 정통성을 가진 언어로 고착시키는 것이다. 이러한 미디어에서의 논쟁이 영어를 사용하지 않는 화자에게 어떤 영향을 미쳤는지는 공공장소에서 영어가 아닌 언어를 사용하는 사람에게 공적 서비스 제공을 거부했다는 보도가 흔한 것을 보면 알 수 있다. 아랍어 단어장을 소지했다는 이유로 미국 공항에서 억류된 대학생, 히브리어로 기도했다는 이유로 비행기 탑승이 거부된 정통파 유대교인, 같이 간 친척 어르신에게 페르시아어로 말했다는 이유로 애플 스토어에서 서비스를 거부당한 어린 여성에 대한 보도가 있다. 아시아계 미국인을 대상으로 한 설문조사에 따르면, 응답자의 12%가 지난 2년 동안 언어를 이유로 서비스 상황에서 차별받은 경험이 있었다. 이는 인종을 이유로 차별받은 적이 있다는 이들보다 더 높은 수치이다.[15] 6장에서 언어 차별 경험에 대해 보다 자세하게 논의할 것이다. 정치와 미디어에서의 논쟁은 속지주의의 당위성과 정통성을 강화하며, 자의든 타의든 상상된 언어 동질성에서 벗어난 이들의 실제 삶에 영향을 미친다.

언어 다양성과 개인의 책임

사울 텔로 주니어와 그의 가족, 그리고 그의 고등학교 졸업식 연설에 대한 미디어 논쟁에서 '히스패닉계'와 '라틴계'에 대한 비난은 계속해서 나타난다. 비난의 핵심은 영어 사용을 '선택'하지 않았다는 것이다. 한 페이스북 댓글은 "영어를 배우지 않기로 선택한다면 당신은 미국의 일원이 아니다."라고 지적한다. 이처럼 '영어를 배우지 않기로 선택'한 이유로 광범위하게 거론되는 것이 개인 노력의 부재이다. "영어를 배우지 않는 것은 당신이 게으르기 때문이다."라는 또 다른 댓글이 이러한 관점을 잘 드러낸다.

이번 절에서는 언어 다양성과 관련된 선택의 문제와 한 사회의 이상적인 언어적 규범에서 벗어난 사람들이 과연 진정으로 이를 선택한 것인지 논의해 본다. 다시 말해 언어적으로 다양한 실천을 하는 사람들은 문제 있는 선택을 한 것으로 비난받아 마땅할까? 피해자를 비난하는 일은 항상 불공평한 사회 체제의 한 단면이었다. 물론 한 사회의 이상적인 언어적 규범에서 벗어나기를 스스로 선택한 화자가 있다고 해서 언어적 종속을 정당화할 수 있다는 주장은 아니다. 이번 절에서는 언어를 배우고자 하는 노력은 과소평가하며, 언어 다양성을 선택의 문제로만 보고, 특정 화자를 '개인적인 언어 선택'의 문제로 비난하는 것이 종속된 언어 다양성을 구성하는 핵심 담론임을 주장하려 한다.

사울 텔로 주니어는 영어와 스페인어로 연설을 준비했고, 그중에 하나를 선택할 수 있었다. 영어를 못하면 캘리포니아 고등학교에서 수석 졸업할 일은 없으므로 영어로도 졸업 연설을 유창하게 할 수 있었을 것이다. 사울 텔로 주니어는 영어와 스페인어 이중언어 사용자이고, 스페인어를 하는 것이 영어를 배우는 데 게을러서라는 주장은 잘못되었다.

그렇다면 사울 텔로 주니어의 부모님은 어떤가? 사울 텔로 주니어는 영어를 거의 할 줄 모르는 멕시코 이민 1세대인 부모님께 감사드리고 싶어 스페인어로 졸업 연설을 했다고 밝혔다. 그의 부모님은 게을러서 영어를 배우지 않았을까? 다음과 같은 페이스북에 올려진 글의 요점은 무엇일까?

참나. 내가 파리에 고작 4일 머무는 데도 프랑스어를 배우려고 배를 타고 나와서 다시 6시간 버스를 타고 수업을 들었다고. 당신네는 몇 년간 영어를 배웠다면 아들 졸업 연설 정도는 충분히 이해할 수 있어야 하는 거 아닌가?

이민자들이 게으르고 의지도 없고 귀찮아서 지배 민족의 언어를 배우지 못했다는 생각은 미국 내 언어 논쟁에서만 나타나는 것이 아니다. 예를 들어, 2011년 독일 공익 캠페인은 이민자와 자녀들에게 독일어를 해야 한다고 촉구한다. 캠페인의 슬로건인 "Raus mit der Sprache!"(문자 그대로 번역하자면 "말을 빼내세요."인데, "말하세요! 진심을 전하세요! 말을 하세요!"라는 의미이다)가 독일어 홍보 대사의 모습과 함께 뚜렷이 제시된다. 홍보 대사들은 이민자 배경을 가진 방송인, 운동선수, 연예인인데, 자신의 혀를 쭉 빼낸 자세를 취하고 있다. 혀는 독일 국기의 검정, 빨강, 노랑으로 칠해져 있다.

이 캠페인은 미국의 스페인어 사용에 대한 논쟁에서 드러난 것과 비슷한 전제에 근거해 있다. 우선, 이민자가 독일에서 교육받고 일하기 위해서는 독일어를 구사해야 한다는 사실을 잘 알지 못하므로 공익 광고를 통해 이를 알려야 한다는 전제이다. 두 번째는 이민자와 그 자녀들은 독일어를 못한다는 전제이고, 세 번째는 독일어를 못하는 것은 선택의 결과라는 전제이다. 한 홍보 대사가 타블로이드 신문과 진행한 인터뷰에서 명확히 나타나듯, 이민자들은 게을러서 독일어를 배우지 않는다고 여겨진다.

질문: 왜 그렇게 독일어를 배우고자 하는 의지가 없는 걸까요?
대답: 게을러서 그렇죠. […] 그래서 저는 이 캠페인을 통해서 많은 사람이 독일어 학원에 갔으면 해요. 캠페인 홈페이지에만 가면 돼요. 자료도 정말 많고, 독일어 학원을 선택하기도 어렵지 않아요.

질문: 캠페인만으로 충분할까요?

대답: 캠페인만큼 쉽게 할 수 있는 게 없어요. 일단 사람들이 독일어를 배워야겠다는 생각이 들어야 '자, 이제 나머지는 네 마음대로 해.'라고 말할 수 있는 거 아니겠어요?[16]

안타깝게도 언어를 배우는 것은 목록에서 학원을 선택하기처럼 쉬운 일이 아니다. 응용언어학에서 합의된 사실은 언어 학습은 오랜 시간이 걸린다는 것이다. 학습 기간과 최종적인 능숙도는 다양한 요소에 따라 달라지므로 정확히 예측하는 것도 거의 불가능하다. 다양한 요소는 나이, 교육 수준, 적성, 교육 프로그램, 언어 간 유사성, 상호작용 기회 등 개별 학습자가 통제할 수 없는 것이 대부분이다.

언어 학습이 쉬운 일은 아닌데 대부분 사람은 제1 언어를 배우는 데도 거의 12년이라는 시간이 걸렸다는 점을 곧잘 잊는다. 태어나서 5, 6살까지는 말을 익히고, 이후 6년 동안은 읽고 쓰는 법과 학술적 텍스트와 관련된 규칙, 문법 구조의 확장(영어의 수동태는 구술 상황에서는 자주 쓰이지 않아서 학교 교육을 통해 익히게 된다.), 어휘의 확장(새로운 영역에 들어가면 전문 용어와 같은 전문 지식을 습득해야 하므로 어휘 학습은 평생의 과제이다.), 화용적 관례(아이들은 공식적인 호칭과 비공식적인 호칭에 대한 규칙을 잘 인지하지 못하는 경향이 있다.) 등을 배운다.

제1 언어 습득은 생각보다 오랜 시간이 걸리는데, 공교육이 보편적이라는 조건 아래서 습득의 결과는 상대적으로 비슷하다. 반면, 제2 언어 습득 결과와 결과에 도달하는 데 걸리는 시간은 훨씬 더 차이가 크다. 미국외교연수원(The US Foreign Service Institute, FSI)은 평균적인 언어 적성을 가진 성인 학습자가 배우기 쉬운 언어(영어 화자 입장에서 네덜란드어, 프랑스어, 이탈리아어, 스페인어 등)에서 중급 수준에 도달하는 데 약 480시간이 필요하고, 어려운 언어(영어 화자 입장에서 아랍어, 중국어, 일본어, 한

국어 등)는 약 1,320시간이 필요하다고 추정한다.

　미국외교연수원의 추정치는 미래의 외교관 혹은 해외 임무 수행을 준비하는 공무원 등 이른바 교육 수준이 높은 언어 학습자에게 필요한 수업 시간이다. 교실 언어 학습 상황 외에도 이민자들이 보통 접하게 되는 몰입 환경처럼 비공식적으로도 언어를 배울 수 있다. 몰입 환경은 다음 절에서 살펴볼 것인데 상당히 다양하다. 몰입 환경에서 제2 언어의 학술 언어 능력을 습득하는 데 필요한 최상의 추정치는 약 4년 이상이며, '이상'이 의미하는 바는 아예 도달하지 못할 수도 있다는 것을 의미한다.[17]

　새로운 언어를 배우는 데 걸리는 시간을 수치로 제시하는 것은 흔하지만, 그 추정치는 앞선 페이스북 글처럼 6시간부터 캐나다 교육학자들이 제시한 '1만 시간 법칙'까지 존재한다. 교육과정 개발자, 언어 교육 프로그램 개발자, 정책 입안자는 언어 학습자와 마찬가지로 더 짧은 시간을 상정하는 경향이 있다. 영국 정부는 이민자가 영어 '유창성'에 도달하는 데 360시간이 필요하다고 추정하는 반면, 오스트레일리아 정부는 1,765시간이 소요된다고 가정하다가 1990년대에 510시간으로 그 추정치를 바꿨다.[18]

　언어를 배우는 데 걸리는 시간에 대한 추정치가 어떻게 이렇게 다양할 수가 있을까?

　우선, 이러한 추정치는 언어학적 증거가 아니라 교육 기관에서 제공하는 교과목 시간과 특정 프로그램을 이수하는 데 필요한 비용 지원 같은 현실적인 고려 사항에 따라 달라진다는 점을 기억할 필요가 있다. 언어학적인 관점에서 보면, 언어를 배우는 데 걸리는 시간을 추정하는 데는 두 가지 측면이 고려되어야 한다. 첫째는, '유창성'이 의미하는 바이고, 둘째는 학습자 변수이다.

　'유창성'은 흔히 대화에서의 유창성, 즉 일상적인 대화 능력으로 생각한다. 어린 학습자는 대화에서의 유창성을 높이는 데 오랜 시간이 걸리지 않는다. 하지만, 어린 학생들이 대화를 수월하게 하는 모습을 보면서 학업에서 성공하는 데 필요한 언어 능력, 즉 맥락이 많이 제시되지 않고 인지적으로 부담이 큰 상황에서 언어를 사용하는 데 지속적인 어려움이 있을 수 있다는 사실을 간과하게 된다. "아동의 제2 언어 습득 능력이 우월한 것'처럼 보이는' 이유는 적절한 의사소통을 하는 데 요구되는 문장 구조와 단어가 성인에게 필요한 것보다 훨씬 단순하기 때문이다."[19] 반대로, 사춘기 이후 학습자는 능숙도가 높아도 '외국어' 억양이 있으면 제대로 평가받지 못하기도 한다.

아동과 성인의 유창성이 서로 다른 기준으로 평가되듯이, 사람과 맥락에 따라서도 다르게 평가된다. 쇼핑할 때 '유창한' 것은 대학에서 공부할 때 '유창한' 것과 다르고, 슈퍼마켓 계산원으로 '유창한' 것은 대학생으로 '유창한' 것과 다르다. '유창성'은 사람에 따라 다르게 정의될 수 있으므로, 복잡한 언어 학습 궤적을 가지고 있는 사람의 능숙도를 평가하려고 할 때 그 판단은 타당하지도 믿을 만하지 않을 수도 있다.

언어 학습의 최종점을 정의하는 것은 거의 불가능하다. 하지만 이 문제가 더 복잡한 이유는 판단하는 사람이 받아들일 만한 수준까지 도달하기 위해서 개인이 얼마만큼 노력해야 하는지에 관한 판단 기준도 다르기 때문이다. 나이는 차이를 만든다. 청소년은 노인보다 더 빨리 배운다. 과거 교육 경험도 차이를 만든다. 고등학교 졸업자는 제1 언어로 읽고 쓰는 법을 배운 적이 없는 사람보다 빨리 배운다. 사회경제적 지위도 차이를 만든다. 언어 학습을 하는 데 사용할 만한 시간과 자원이 있는 사람은 먹고사는 것이 힘든 사람보다 빨리 배운다. 성별도 차이를 만든다. 일하는 남성은 살림하는 여성보다 빨리 배운다. 인종도 차이를 만든다. 오스트레일리아 고등학교에서 유럽인 외모를 한 학생은 아시아인 외모를 한 학생보다 빨리 배운다. 종교도 차이를 만든다. 기독교로 개종하면 그 전보다 빨리 배운다. 운도 차이를 만든다. 배려심 많은 집주인과 같이 사는 사람은 거주 상황이 우호적이지 않은 사람보다 빨리 배운다.[20]

목록은 더 길어질 수 있다. 핵심은 언어 학습에서 성공하는 것은 당신이 누구이고 살면서 어떤 도움을 받았는지와 연관이 있다는 점이다. 위에서 나열한 요소 중 나이, 과거 교육 경험, 사회경제적 지위, 성별, 인종, 종교, 운은 보통 개인이 통제할 수 있는 것이 아니다. 제2 언어 학습에 대한 연구가 보여 주는 바는 또 다른 언어를 배우는 일이 쉬운 일이 아니라는 점이다. 상당한 자원의 투자가 필요하고 우호적인 공동체에서 배우느냐 적대적인 공동체에서 배우느냐에 따라 차이도 크다. 제2 언어 학습을 위한 노력의 최종적인 결과는 온전히 의지의 문제도 개인 선택의 결과도 아니다.

브라이언 배리가 『사회 정의는 왜 중요한가(Why Social Justice Matters)』에서 설명하듯, 빈곤층을 도움을 줄 가치가 있는 집단과 그럴 만한 가치가 없는 집단으로 구분하는 것은 자본주의의 오래된 관행 중 하나이다. 20세기 동안 미국의 뉴딜 정책과 서유럽의 강력한 복지국가가 도입한 사회안전망으로 그 차이는 줄어들었다.[21] 하지만 최근 들어 '개인이 책임을 져야 한다'는 신자유주의적 권고 아래 그 차이가 다시 벌어지고 있으며, 이러한 논리는 최근에 커지고 있는 불평등을 정당화하는 데 사용되고 있다. 개인 책임이라는 권고는 대부분 가난한 사람을 겨냥한다. 사회적 책임이 전반적으로 후퇴하면서, 이러한 권고는 전 세계 많은 지역에서 나타나는 비만의 유행에서도 나타나고, 우리가 논의하고 있는 언어 학습 담론에서도 나타난다.

개인이 통제할 수 없는 것을 선택의 문제로 비난하는 것은 분명 정의롭지 못하다. 의지가 없고 게으르다고 낙인을 찍는 것은 그 자체로 정의롭지 못할 뿐만 아니라 그 결과도 정의롭지 못하다. 첫째, 무엇보다 불평등과 차별을 정당화한다. 노숙자를 개인의 잘못된 선택으로, 비만을 개인의 인내심 부족으로, 영어 연설을 이해할 수 없는 것을 개인의 게으름으로 비난하게 된다. 둘째, 비난의 희생자들은 수치심을 느끼게 된다. 그 결과 개선을 위한 효과적인 지원 받기를 꺼리게 되고, 긍정적인 개입을 하기는 더 힘들어진다.[22]

몰입 환경에서의 풀뿌리 언어 학습

이민자들은 '다양한' 언어 레퍼토리를 사용해서 비난받고 표준어라는 상상된 이상을 충족시키지 못해 낙인찍힌다. 교실에서 외국어를 제대로 못한다고 해서 이러한 비난을 받고 낙인찍히지는 않는다. 하지만 몰입 환경에서 언어를 배우는 데 실패하면 비난받고 낙인찍힌다. 언어적 이상에 도달하지 못한 몰입 환경의 학습자들은 게으르다고 비난받을 뿐만 아니라 자신을 스스로 고립시키거나 새로운 공동체를 받아들이지 못하거나, 표리부동한 배신자라고 비난받는다.

이러한 담론에서 상정하는 몰입 환경은 상상하는 것처럼 언어 교육에 이상적이지 않다. 몰입 환경 학습자는 실제 삶에서 다양한 언어 형태와 의사소통 기술을 연습하는 데 도움이 될 만한 대화를 해 주는 언어 교사와 같은 역할을 해 줄 사람을 만나기가 쉽지 않다. 몰입 환경에서 만나는 사람은 보통 동료, 고용주, 서비스 직원인데, 이들의 관심은 말로 일을 진행하는 것이지 말을 가르치는 것이 아니다. 이러한 만남에서 언어 학습자는 상상한 것처럼 풍부한 언어 학습 기회를 얻지 못해 좌절하고 낙담한다. 많은 문화기술지적 연구들은 단순히 목표 언어 화자와 시간을 보낸다고 언어 학습이 일어나는 것은 아니라는 점을 명확히 보여 준다. 예를 들어 현지 학생들은 외국인 학생과 어울리는 것을 주저한다. 현지 동료는 자기들끼리 휴식 시간을 보내려고 하지 언어를 연습하고자 하는 동료와 보내려고 하지 않는다. 고용주는 상호작용이 없는 일을 언어 학습자에게 배정하려고 하지 언어 연습 기회가 될 만한 직무를 주지 않는다.[23]

광저우 아프리카타운의 언어 실천에 관한 연구가 보여 주듯, 언어 학습자가 몰입 환경에서 얻게 되는 언어 레퍼토리는 상상하는 것과 다르다.[24] '아프리카타운'은 아시아 지역에서 아프리카인이 가장 많이 사는 광저우 교외 지역 두 곳을 가리킨다. 2011년 기준으로 2만 명의 아프리카인이 그곳에 사는 것으로 등록되어 있다. 단기 관광 비자와 합법적인 지위가 없는 사람까지 포함한다면 그 수는 10배가 넘을 것으로 추정된다.

아프리카인이 광저우에 오는 이유는 장사하기 위해서이다. 한쪽에는 아프리카 지역에서 재산을 축적하고자 하는 속칭 '보따리장수'가 있다. 보따리장수들은 중국에 와서 가능한 많은 물건을 산 후 본국으로 보내서 돈을 번다. 다른 쪽에는 광저우에서 가게를 운영하며 안정된 생활을 하는 사람들로, 보따리장수와 같은 구매자가 그들의 고객이다.

아프리카타운 소매상에는 아프리카인뿐만 아니라 지방에서 광저우로 온 중국인도 있는데, 후커우(戶口)라고 불리는 거주증이 없으면 아프리카인처럼 반불법적인 지위가 된다.

국제 비지니스어인 영어는 아프리카타운에서도 중요한 역할을 한다. 국어인 중국어도 중요한 역할을 한다. 지역 언어인 광둥어와 다른 토착 중국어들도 아프리카타운에서 광범위하게 사용되며, 식민지어였던 프랑스어를 비롯한 다양한 아프리카어도 사용된다. 아프리카타운에서는 다양한 언어 레퍼토리가 사용되지만 가장 힘이 센 언어는 영어와 중국어이다. 아프리카타운의 풍부한 언어 레퍼토리는 풀뿌리 다중언어주의, 파편화된, 잘린, 불완전한 레퍼토리로 불린다.[25]

하지만 힘을 가진 언어를 정규 교육으로 배울 기회는 거의 없어서 아프리카타운 사람들은 어떻게든 다양한 언어를 익힐 방법을 찾는다. 그 결과 지역인들이 칭글리시(Chinglish)라고 부르는 접촉 언어가 발달했다. 여기서 칭글리시는 영어권 사람들이 말하는, 중국인이 어법에 맞지 않게 사용하는 영어라는 개념과 혼동하지 말아야 한다. 이에 대해서는 7장에서 보다 자세히 설명한다. 칭글리시는 간단한 영어 단어와 문장 구조, 핵심어의 반복, 중국어 표현의 혼용, 중국 문장 구조의 영향이라는 특징을 가지고 있다.

예를 들어 기니 수도인 코나크리에서 대학을 졸업한 중산층 남성인 이브라힘(Ibrahim)은 칭글리시를 주로 사용하면서 영어, 프랑스어, 수수어, 풀라어, 만딩고어, 아랍어도 사용한다. 이렇게 많은 언어 레퍼토리를 사용하지만, 중국어를 몰라서 그 가치는 상대적으로 제한적이다. 이브라힘은 "몇몇 공장에서는 프랑스어도, 영어도 안 해요. 중국어 못하면 사업 못해요."[26]라고 말한다. 하지만 비자 등급이 제한적인 데다 당장의 재정도 넉넉하지 못해 정규 중국어 수업을 수강할 엄두를 못 낸다.

이브라힘이 광저우에서 경험하는 언어 환경은 놀랍도록 풍부하고 다양하지만 주로 몰입하는 환경의 '목표어'는 칭글리시이지 중국어가 아니다. 이브라힘은 수많은 언어 학습을 경험하지만, 그가 몰입하는 환경의 '목표어'와 배워야 하는 '목표어' 사이에는 괴리가 있다. 표준 중국어처럼 권력어를 배우기 위해서는 이브라힘이 가지지 못한 자원이 필요하다. 중국어를 공식적으로 배우기 위해서는 돈, 시간, 법적 지위가 필요한 것이다. 돈, 시간, 법적 지위가 부족한 아프리카타운 거주자들은 구조적으로 주변화되면서 그들의 언어도 주변화된다.

화자 판단하기

일상적인 상황에서 '유창성'을 비롯하여 제2 언어 화자의 언어 능력을 판단하는 데 사용되는 기준이 왜곡되어 있는데, 그 왜곡된 기준으로 그들의 언어 레퍼토리를 낙인찍는다면 이는 올바르지 못하다. 이러한 일상에서의 언어 능숙도에 관한 판단이 문제가 되는 다른 이유는 언어는 화자와 동떨어져서 평가할 수 없기 때문이다. 사회학자 피에르 부르디외는 "말의 가치는 많은 부분 말하는 사람의 가치에서 온다."라고 지적하였다.[27]

특정 언어를 못할 것이라고 예상되는 사람은 실제 언어 능숙도와 상관없이 못한다고 판단한다. 예를 들어 아시아인은 영어를 못할 것이라는 고정관념이 있다. 그래서 실제로 영어를 잘해도 영어를 못한다고 여겨진다. 지금은 고전이 된 1980년 플로리다 한 대학에서 진행한 실험에서 연구자는 학부생을 대상으로 하는 과학 강의를 녹음하였다.[28] 녹음된 화자는 표준 미국 영어 억양으로 미국 영어를 구사하는 원어민이었다. 그 강의 테이프를 서로 다른 학부생 집단에게 틀어 줬다. 한 집단은 백인 여성의 사진을 보여 주며 틀어 주고, 다른 집단은 아시아인 여성의 사진을 보여 주며 틀어 줬다. 한쪽은 백인 여성이, 다른 쪽은 아시아 여성이 말하고 있다는 인상을 준 것이다. 두 여성 모두 같은 자세를 취했고, 매력도에서도 같은 평가를 받았다. 따라서 표준 미국 영어로 진행된 하나의 강좌에 백인 여성과 아시아 여성이라는 시각적 차이만 있었다. 아시아 강의자를 본 학생들은 실제로는 음성적 차이가 없음에도 불구하고 '외국인', '비원어민', '아시아' 억양이 들린다고 하였다. 더 나아가 이런 억양 때문에 이해가 잘 안 된다고 하였다. 학생들은 외국 억양이 있는 화자가 진행한 강의에서 수업과 학습 경험의 질이 떨어진다고 평가하였다.

특정 집단의 언어 능숙도에 대한 편견은 너무 견고해서 편견과 다른 사례가 나오면 해당 화자가 자기가 생각하는 그런 부류의 사람이 아니라고 여겨 버린다. 예를 들어 오스트레일리아 미디어에서는 스리랑카 망명 신청자가 영어를 '지나치게 잘'하자 가짜 난민 논쟁이 일어나기도 하였다.[29]

2009년 10월 오스트레일리아 관세청의 순찰선은 78명의 난민을 태우고 스리랑카에서 오스트레일리아로 향하던 배 한 척을 나포하였다. 난민들은 인도네시아에 있는 임시보호소로 보내졌지만 한 달 동안 본국으로 돌아가기를 거부하며 오스트레일리아 정착을 요구하였다. 그런데 난민 중 대표로 협상을 진행하던 사람이 알렉스(Alex)라는 영어 이름을 사용하고, 영어를 '잘하고', '미국식 영어 억양'을 사용한다는 이유로 미디어에서 의심받았다. 난민은 그 정도의 영어 능력을 갖출 수 있다고 예상이 안 되었던 것이다. 다음의 마크 콜빈(Mark Colvin)이라는 라디오 진행자와의 인터뷰가 그 예다.

마크 콜빈: 고등판무관이 말한 것을 제가 한 번 인용해 볼게요. "알렉스의 억양은 아주 분명한 미국식입니다. 스리랑카 타밀 억양이 아닙니다."

알렉스:　　스리랑카 고등판무관은 스리랑카 사람들은 미국 혹은 영국 영어 억양을 사용하지 못한다고 생각하시는 겁니까? 스리랑카에는 국제 학교가 없어요? 콜센터나 다양한 고객 센터에서 일하기 위해 억양 훈련을 받는 사람은 없을까요?

마크 콜빈: 그럼 콜센터에서 억양 훈련을 받으신 겁니까?

알렉스:　　뭐라고요? 네, 미국 콜센터에서 일하기 위해 훈련을 받았어요.[30]

다른 언론 인터뷰에서 알렉스는 자신의 영어 능숙도가 높아서 난민 지위에 관한 주장이 받아들여지지 않는 것에 대해 문제 제기를 하였다.

난민 대변인인 알렉스 씨는 자신의 영어 억양이 미국식이라는 이유로 난민 청원을 거부당할 수 있다는 사실에 놀라움을 금할 수 없었다. "내가 영어를 한다고, 고향에 있는 미국 남자 미션 스쿨에서 교육받았다는 이유로, 학사 학위가 있다는 이유로, 인도에서 MBA를 마쳤다는 이유로 저는 난민이 될 수 없는 것입니까?"[31]

알렉스를 비롯하여 교착 상태에 있던 모든 난민은 이후 유엔난민고등판무관실에 의해 난민의 지위를 획득하여 다양한 국가에 정착하였다.

알렉스가 난민 지위를 받기에 억양이 너무 미국식이라는 언론의 주장은 언어 다양성이 어떻게 담론적으로 종속되는지를 다시 한번 보여 준다. 언어 다양성에 대한 논쟁은 온전히 언어 문제에 대한 것이 아니다. 화자에 대한 부분이 늘 개입된다. 대부분은 일상적인 상황에서 언어 다양성에 관한 판단에 익숙하지 않은데, 미디어 담론은 계속해서 사회적 경계를 만들어 낸다. 미국의 멕시코 이민자의 언어에 대해, 독일의 이민자와 그 자녀의 언어에 대해, 오스트레일리아의 난민 지위를 구하고자 하는 사람의 언어에 대해 평가할 때, 실제로 행하고 있는 바는 누가 공동체에 적법한 일원이 될 수 있는지 경계를 긋는 것이다. 언어에 대해 내리는 판단은 결국 화자에 관한 판단이다. 이러한 판단은 누구를 포함하고 누구를 배제할 것인가에 대한 것이다. 더 나아가 한 개인의 언어 레퍼토리가 도덕 가치와 연관될 때 사회적 경계 짓기는 정당화된다.

언어 다양성과 도덕 가치

다중언어 레퍼토리는 나태함과 개인의 책임감 부재라는 낙인과 관련되어 있다. 언어 선택은 언어 레퍼토리와 직접적으로 관련된 언어 낙인 외에도 다중언어 집단이 얼마나 도덕적인가를 결정하는 데도 영향을 미친다.

안내문이나 금지문에 사용된 언어를 통해 특정 집단을 잠재적 범죄자로 지목하는 것이 그 경우이다. 예를 들어 나는 오스트레일리아 호텔에서 이용 가능한 서비스 정보, 룸서비스 메뉴, 화재 및 비상 상황에서의 대피법과 같은 표지를 수집해 보았다. 이러한 표지 대다수는 영어로만 되어 있었다. 호텔에서 다중언어 표지는 소수였는데 그중에서 중국어 표지는 거의 관찰되지 않았다. 그래서 2006년 시드니 호텔에서 수집한 중국어-영어 표지, 특히나 그 우선순위에서 중국어가 영어보다 먼저 쓰인 표지는 유독 눈에 띄었다. 그 표지는 금연 표지였는데, 영어를 기준으로 그 내용은 "이 방에서는 금연입니다. 위반 시 400달러의 벌금이 부과됩니다."였다.[32]

표지의 메시지가 중국인 투숙객을 대상으로 한다는 점에는 의심할 여지가 없다. 표지는 두 가지 의무를 수행하고 있다. 하나는 투숙객에게 금연을 경고하는 것이고, 다른 하나는 중국인 투숙객을 잠재적인 범죄자로 위치 짓는 것이다.

언어 정의에 동의한다면 다중언어 표지는 본질적으로 단일언어 표지보다 통합을 지향한다는 전제에도 동의하기 쉽다. 하지만 이는 맥락에 따라 다르다. 중국어-영어의 '금연' 표지 같은 것은 중국인을 메시지의 수용자로 포함한다. 동시에 그들을 잠재적 범죄자로 지목하며 중국인을 교양 있는 사회 구성원에서 배제한다.

언어적으로 다양한 집단을 향하는 표지가 해당 언어 화자를 교양 있는 사람으로 보지 않는 것은 다음 예에서 더욱 명확하게 나타난다.

나는 업무의 일환으로 수년 동안 오스트레일리아 전역의 영어 학원을 방문해 왔다. 영어 학원은 높은 수준의 언어적, 문화적 다양성을 보이는 기관이다. 이민, 유학, 워킹 홀리데이 등 다양한 이유로 전 세계에서 오스트레일리아로 들어온 사람들의 많은 수는 영어 학원에서 어느 정도 시간을 보내며 영어를 배운다.

그런데 많은 학원에서 화장실이 문화 간 갈등이 폭발하는 장소라는 것을 알게 되었다. 용변기를 사용하고 배변 후 처리하는 방식이 전 세계적으로 다르기 때문이다. 오스트레일리아에서 화장실 사용자는 변기에 앉아서 용변을 본 후 제공된 휴지로 처리하고 나온다. 물론 내 경험은 여자 화장실에 국한되지만 말이다. 서양에서는 양변기가 흔하다. 공중화장실에서 많은 여성이 위생상 이유로 양변기 위에 쪼그려 앉아 용변을 보는 경우가 많지만 말이다. 바닥에 설치된 변기에 쪼그려 앉아서 용변을 보는 화변기는 세계 다른 지역에서 선호되는 방식이다. 용변을 보고 난 후 화장지를 사용하는 오스트레일리아의 방식 또한 보편적이지 않다. 많은 지역에서는 물로 처리한다. 물론 이외에도 조금씩 다른 방식이 있겠지만 논의에서 중요한 지점은 양변기와 휴지 사용, 화변기와 물 사용의 차이이다.

당연하다고 생각할 만한 화장실 사용 방식은 원래 의도된 것과 다른 방식으로 사용하면서 문제가 된다. 화변기에 익숙한 사람은 양변기 좌석 위로 올라가 발을 디디고 양변기를 화변기처럼 사용한다. 그러면 중한 무게로 양변기 좌석이나 도기가 깨져 위험할 수도 있고, 변기 구멍이 너무 작아 용변이 새어나거나 양변기 좌석에 신발 자국을 남기는 난감한 불상사가 일어날 수도 있다. 용변을 물로 처리하는 데 익숙한 사람은 물통, 컵, 혹은 세면대 가까이에 있는 용기를 화장실로 가져가기도 한다. 이 경우도 물이 여기저기 튀거나 사용한 용기를 변기 옆에 어지러이 두고 나오는 웃지 못할 일이 발생하기도 한다. 원래 의도된 방식으로 사용하지 않으면 다음 사용자에게도 영향을 미친다. 화장실은 조금이라도 더러워지면 서로 청결에 신경을 쓰지 않게 되면서 금방 더러워지고 문제는 더 심각해진다.

공중화장실 사용은 일종의 사회적 합의이다. 사용자는 최대한 깨끗하게 사용하고 자기의 요구와 편의뿐만 아니라 다음 사람의 요구와 편의도 고려해야 한다. 아시아와 유럽에서는 사용자가 청결하게 사용하는지 감시하는 사람을 공중화장실에 두기도 한다. 그런 경우가 잘 없는 오스트레일리아에서는 영어 학원과 같은 다양한 기관에서 공중화장실에 대한 사용자 간의 사회적 합의가 파기되곤 한다. 학원 직원, 교사, 학생과 나눈 대화에서 나타나듯이, 이는 분노, 좌절, 특정 집단에 대한 비난을 야기한다. 이는 화장실에서 수집한 표지에서도 나타난다.[33]

2007년에는, 아프리카와 중동에서 온 새로운 이민자가 대다수인 시드니 외곽 영어 학원의 여자 화장실에서 19개 정도의 표지를 수집했다. 이 중 다섯 개는 개별 칸에, 나머지 열네 개는 세면대, 거울, 휴지 거치대, 손 건조기가 위치한 공용 장소 주변에 부착되어 있었다. 표지는 다양한 지시, 주장, 금지 사항을 담고 있었다. 화장실 칸 내부에서 수집한 표지는 휴지, 탐폰, 생리대, 기타 쓰레기를 어디에 버려야 하는지에 대한 것이었다. 이 중 두 개는 영어, 두 개는 아랍어였는데, 한 개는 글로만 되어 있었고, 나머지 세 개는 그림과 글이 함께 있는 형태였다. 다섯 번째 표지는 아랍어, 중국어, 베트남어를 사용하였다. 화장실 공용 장소에는 세면대와 거울 양쪽의 벽면에 화장실 예절이 수없이 붙어 있었다. 화장실 칸안에 붙어 있는 위생용품 및 쓰레기 처리 방법은 물론, 금연, 손 씻는 법, "손 닦는 데만 사용하세요." 같은 세면대와 휴지를 제대로 사용하는 법, '물, 컵, 물병'을 가져가거나 두고 가는 것의 금지 등에 대한 것이었다. 표지에 사용된 언어를 보면, 7개에서는 영어만 사용하였고, 4개는 영어와 그림을 같이 사용하였다. 그림, 아랍어, 베트남어로만 된 것이 각각 1개였고, 아랍어, 중국어, 베트남어를 동시에 사용한 것이 1개였다.

이러한 표지는 화장실을 사용하는 다양한 집단 사이에 계속해서 일어나는 수동적 공격(passive-aggressive)과 같다. 표지에 선택된 언어를 보면, 특히 아랍 여성, 이보다는 덜하지만 베트남 여성과 중국 여성을 화장실 예절을 위반하고 공중화장실 사용에 관한 합의를 깨는 집단으로 여긴다.

변기에 발자국을 남기고 바닥에 물을 흘리는 사람과 화장실을 공유하는 것은 여간 짜증 나는 일이 아니다. 하지만 이러한 문제를 해결하는 방식이 특정 집단을 비난할 수 있는 표지를 화장실 여기저기에 붙이는 것 외에는 없는 것일까? 아시아와 중동의 사립 학교, 쇼핑몰, 공항 화장실을 보면, 많은 경우 양변기와 화변기 모두를 설치해 놓았다. 휴지와 호스를 동시에 제공하는 것도 뒤처리 방식에 융통성을 부여할 수 있다. 오스트레일리아에서도 다른 형태의 변기를 설치하는 것이 사실은 드물지 않다. 장애인을 위한 화장실을 설치하도록 법으로 정하고 있으며, 쇼핑몰에서는 딸과 함께 온 아빠나 아들과 함께 온 엄마를 위해 혼성 가족 화장실을 설치하고, 아동용 작은 변기를 설치하기도 한다. 이러한 예를 보았을 때, 통합적인 사회를 위해 공중화장실을 새롭게 디자인하는 데 실제적인 장애물은 거의 없다.

다양성이 존중되는 사회라면 화장실 선택권을 보장하는 것이 지배적인 화장실 사용 관습에 익숙하지 않은 사람과 청결하지 못한 화장실 사용을 더 이상 참을 수 없는 사람 모두에게 실질적인 해결책이 될 수 있다. 더 나아가 화장실 선택은 자유민주주의 사회에서 화장실에서 용변을 앉아서 보든 쪼그려 앉아서 보든, 휴지를 사용하든 물을 사용하든 모두 동등하게 화장실을 사용할 수 있다는 통합의 메시지를 상징적으로 보여 줄 수도 있다.

언어 학습자 새롭게 만들기

지금까지 설명한 일방적인 화장실 사용 규칙과 화장실에 전시된 표지가 주는 상징적 의미는 배제이다. 변기에 앉아서 용변을 보고 휴지로 처리하는 것이 오스트레일리아에서 화장실을 올바르고 적법하게 사용하는 유일한 방법이라는 메시지를 전달한다. 사회적 합의대로 화장실을 사용하지 않으면 위반자가 되는 것이다. 공공 기관에서는 양변기와 화장지만 제공하며, 동화와 위반 외에는 선택지가 없다.

언어 교육은 사람을 변화시키고자 하는 시도를 수반한다. 오스트레일리아 영어 학원 화장실 표지는 영어를 가르칠 뿐만 아니라 화장실 사용 습관을 변화시켜 새로운 종류의 사람을 만들고자 하는 시도이기도 하다. 20세기 초반 미국화 운동(Americanization Movement) 시기에도 영어 교육을 통해 이민자의 식습관을 비롯하여 가정에서의 습관을 변화시키고자 하였다. 미국 히스패닉계 이민자를 위한 영어 교육 프로그램은 부모의 양육법 교육과 결합하기도 하였다.[34]

이민자들은 화장실 사용법, 식습관, 양육법으로 비난받으며 부족한 존재라는 프레임이 씌워진다. 이는 적어도 두 가지 의미에서 정의롭지 못하다. 첫째, 언어 학습자의 고유한 성격과 가치를 비난하며 정의롭지 못한 표상을 만들어 낸다. 둘째, 제도적으로 적절한 실천 방안을 하나만 허락하고 제한을 두게 되면, 실패하는 누군가가 생기기 마련이다. 앞서 살펴본 것처럼, 화장실 사용법을 하나만 제시하면 누군가는 제대로 사용하지 못하게, 즉 '실패'하게 된다. 언어 능숙도도 마찬가지이다. 의사소통 행위에 융통성이 없으면 언어 능숙도는 왜곡되고, 어떤 화자는 실패하게 된다.

오스트레일리아 치안 법원의 자원봉사자가 들려준 다음 사건을 보자. 법원 자원봉사자는 살면서 처음으로 법정에 서면서 사법 체계에 대한 경험이 전혀 없는 일반인에게 법원에서 도움을 주는 사람이다. 법원 자원봉사자에 대한 라디오 프로그램에서 다음과 같은 사연이 방송되었다.[35] 어느 법원 자원봉사자가 치안 법원 로비를 돌아다니다가 아시아인처럼 보이는 커플에게 다가가서 법원에는 어떤 일로 왔냐고 물어보았다. 커플은 교통 범칙금을 내지 않아 소환되었다고 대답하였다. 문제는 차를 팔고 난 후에 범칙금이 발부되었다면서, 무죄를 보여 주는 증거 문서도 가지고 왔다.

이 사연에서 커플의 언어 능숙도에 대한 특별한 언급은 없었지만, 낯선 사람과 비공식적인 상황에서 일대일로 이야기를 나누며 자신의 상황을 설명하는 데 아무런 어려움이 없는 것은 분명했다. 그렇다면 커플이 법정에서 자신의 상황을 설명하라고 했을 때, 무슨 일이 일어났는지 법원 자원봉사자의 말을 통해 들어보자.

치안 판사가 남자에게 말할 것이 있으면 해보라고 하자, 스트레스 때문인지, 제 생각에는 언어 장벽 때문인 거 같았는데, 그냥 일어나서 "됐습니다."라고 하더군요. 그러고는 원래대로 범칙금을 모두 내라고 판결이 났습니다. 이게 무슨 일이지 생각하다가 내가 뭐라도 해야겠다는 마음에 "존경하는 재판장님, 죄송합니다만 언어 장벽 때문에 중요한 정보가 고려되고 있지 않은 거 같습니다."라고 말해 버렸어요. 발언해 버리기는 했지만, […] 보통은 그렇게 중간에 끼어들지 않거든요. 그런데 그 상황에서는 그렇게 내버려둘 수가 없었어요.

이처럼 같은 사람이라도 어떤 상황에서는 자신의 문제를 설명할 만큼 언어에 능숙하지만 또 다른 상황에서는 그러지 못할 수 있다. 언어 능숙도는 이렇게 복잡한 개념이다. '유창성'은 사람에 따라 다르게 정의되는데, 어느 정도의 유창성에 도달해야 하는가는 학습자의 정체성과 목표 사회에서 정체성의 가치가 어떻게 매겨지는가와 밀접한 연관이 있다. 앞의 사례는 '능숙도'가 통합과 배제의 방식 양쪽으로 작동한다는 점도 보여 준다. 해당 화자는 일대일 비공식적인 상황에서는 의사소통에 성공할 수 있었지만, 특정 집단 앞에서 발언해야 하는 공식적인 상황에서는 실패하였다. 양변기든 치안 법정의 심리든 한 가지 유형의 행위만이 적합하고 다른 방식은 적절하지 못하다고 여기는 사회적 합의는 정의롭지 못하다.

요약

이 장은 언어 다양성이 감춰지고 종속되는 담론 과정을 살펴보았다. 언어 다양성은 속지주의 때문에 잘 드러나지 않는다. 속지주의는 다문화 도시의 묘지 비석에도 새겨져 있고, 정치와 미디어 논쟁에도 나타나며, 재구성되고 경합하기도 한다. 속지주의는 일상 언어의 실질적인 다양성을 은폐할 뿐만 아니라 특정 화자는 사회에서 적법하고 '기준이 되는' 구성원이 되고 다른 화자는 배제하면서 사회에 상당한 영향을 미친다. 배제되고, 적법하지 못하고, 종속된 사람들은 특정 영토와의 '역사적' 연관성과 관련하여 논쟁의 여지가 있는 이주민들이다. 이러한 종속화에 핵심이 되는 언어 담론은 언어 학습을 개인의 책임으로 여기는 것이다. 언어 학습을 상대적으로 쉽고 평범한 일로 보며 가정된 언어 기준에 도달하지 못하면 나태와 자기 고립의 증표로 여긴다.

언어 레퍼토리가 통합과 배제, 적법과 부적법의 표지로 드러나는 경우는 언어와 관련된 논쟁에서다. 언어는 계급, 젠더, 인종과 같은 사회 계층의 토대가 되는 범주와 달리 상대적으로 유동적이면서 신체로 표현되는 것도 아니어서 구별짓기를 위한 표지로 이상적이다. 하지만 언어 학습을 개인의 책임으로 담론적으로 구성하면서 상대적으로 변화가 쉽지 않은 성인의 언어 아비투스 경험과 충돌한다. 사회 계층과 관련된 다른 범주에 비해 언어는 이러한 작동 원리를 쉽게 드러내지 않는다.

지금까지 살펴본 바와 같이, 말하는 방식을 종속시키는 것과 화자를 종속시키는 것을 구분하기란 쉽지 않다. 게다가 말하는 방식을 종속시키면 화자가 종속되거나, 화자를 종속시키면 말하는 방식이 종속되기도 한다. 이 과정에서 정의롭지 못한 문화적 지배는 더욱 명확해지며, 이는 지배 화자와 종속된 화자의 불평등한 관계가 반영되는 융통성 없는 의사소통적 공간에서 심화된다. 이후 장들에서는 특정 영역에서 나타나는 언어적 종속과 그 결과를 살펴볼 것이다.

4장

노동과 언어 다양성

앞 장에서는 다양한 사회에서 나타나는 언어 계층화, 언어 종속화, 언어 차별의 일반적인 과정을 살펴보았다. 이번 장부터는 사회 정의의 중요한 영역에서 이러한 과정이 어떻게 펼쳐지는지 살펴볼 것이다. 이번 장에서는 적절한 고용에 접근하는 데 영향을 주는 언어 장벽을 탐색해 본다. 언어 다양성은 일터에서의 사회 정의와 어떻게 교차할까?

글로벌 금융 위기 2년 전인 2006년 유엔은 '고용 기회와 일할 기회가 […] 세계 대다수 사람에게서 양적으로, 질적으로 악화하고 있는 것'에 주목하였다. 유엔은 '거의 모든 곳에서 임금을 비롯한 여러 형태의 보수가 영역, 지역, 국가, 대륙 간에, 이민자와 내국인 간에, 숙련 노동자와 비숙련 노동자 간에, 도시와 지역 노동자 간에 점점 불평등해지고 있다'라는 사실에 우려를 표했다.[1] 안타깝게도 그 이후에도 전 지구적으로 적절한 노동에 접근할 기회는 줄어들었고 적절한 임금 혹은 보수를 받으며 일할 기회는 뚜렷이 불평등해졌다. 고용의 불안정성은 상대적으로 경제가 건실하고 능력에 따라 기회를 부여하던 자유민주주의 국가에서도 나타났다. 이러한 사회적 상황에서 특정 집단이 실업과 불완전 고용에 더 취약할 수밖에 없다는 사실을 이해하는 것은 그리 어렵지 않다. 실업 관련 통계를 보면 청년, 비숙련 혹은 저숙련 노동자, 이민자의 취약성이 잘 드러난다. 그런데 고용 및 노동 문제에 언어는 어떠한 역할을 하는 것일까?

언어 다양성과 노동의 관계에 대해서 우리는 다음과 같은 전제를 널리 받아들이고 있다. 이민자는 노동 시장에 편입할 만큼 충분한 영어 능력(혹은 국어 능력)을 갖추고 있지 못해서 적절한 수준의 일자리를 구할 수 없다. 언어 다양성은 일터에서 문제가 된다. 고용주는 국어를 (잘) 못하는 노동자를 비양심적으로 착취한다. 이민자가 언어 능력을 향상하는 최상의 방법은 일하면서 배우는 것이다. 이러한 전제가 모두 틀린 것은 아니지만, 너무 쉽게 내려진 결론이라 언어가 실업 및 불완전 고용과 복잡하게 교차하는 주요한 측면들을 간과하고 있다. 이번 장에서는 교차의 지점들을 자세히 살펴본다.

언어 능숙도와 고용 장벽

언어 다양성과 노동에 관해 널리 퍼진 생각 중 하나는 이민자가 일자리를 쉽게 찾을 수 없는 주된 이유는 이민국의 언어에 대한 능숙도가 부족하기 때문이라는 것이다. 따라서 이민자는 물론 정책 입안자도 언어를 배우면 일자리를 찾을 수 있을 것으로 생각한다. 이민국에서 지배 언어의 능숙도를 높이면 여러 혜택을 받을 것은 분명하다. 하지만 그러한 혜택을 공평하게 받을 수 있는 것도 아니며, 언어에 능숙하다고 해서 적절한 일자리를 찾을 수 있는 것도 아니다.

언어 능숙도 부족이 이주민이 직면한 주된 고용 장벽이라는 기존 주장은 쉽게 반박할 수 있다. 그 증거로 오스트레일리아에서 취업률을 기준으로 영어 능숙도와 정착 성공의 관계를 조사한 결과가 있다.[2] 조사 내용은 2003년 이라크 침공 당시 오스트레일리아군이 고용한 이라크인 통·번역가가 2008년 이라크에서 철수한 후 오스트레일리아에 어떻게 정착했는가이다. 2011년 오스트레일리아 영주권을 받은 후 그들이 어떠한 일을 하는지 『시드니 모닝 헤럴드(Sydney Morning Herald)』라는 지역 신문이 조사해 보았다.

오스트레일리아 정부 프로그램에 따라 통·번역가와 그들의 가족을 포함하여 557명의 성인이 오스트레일리아에 이민하여 정착했다. 이들 중 223명이 조사에 참여했다. 언어 능력과 고용에 관한 전제를 생각하면 이들이 오스트레일리아에서 일자리를 찾는 것이 그리 어렵지 않아야 한다. 통·번역가로 영어 실력이 좋기 때문이다. 교육 수준도 높았다. 223명 중 135명이 대학 교육을 마쳤고 전공 영역에서 일한 경험도 있었다. 오스트레일리아군과 일하면서 오스트레일리아에 대한 헌신도 보여 줬다.

오스트레일리아에서 정치인과 미디어는 이민자에게 오스트레일리아에서 일자리를 찾으려면 영어를 익히고 교육받으면서 오스트레일리아의 가치를 받아들이라고 훈계한다. 일반 이민자들은 지속적으로 이러한 요구를 받는다. 그런데 조사에 따르면 이라크에서 오스트레일리아로 이민 온 통·번역가의 취업 결과는 일반 이민자와 큰 차이가 없었다. 오스트레일리아에서 3년을 지낸 시점에서 전직 오스트레일리아군 이라크인 통·번역가 223명 중 9명만이 전일제로 고용되었다. 이 중 한 명만이 자신의 전문 분야에서 일자리를 찾았다. 2011년 오스트레일리아 전체 실업률은 4.9%였는데, 이들에게 이 수치는 취업률이었다.

인터뷰 기사에서 사람들이 한 개인적 증언은 참으로 가슴 아프다. 그들은 이라크로 돌아갈 수 없었다. 이라크에서 오스트레일리아군에 협력했다는 이유로 살해된 동료도 보았고, 테러 집단의 처단자 명단에 자신의 이름이 있을 수 있다는 두려움도 있었다. 오스트레일리아의 사회복지제도에 의존해서 살 수밖에 없는 상황에서 삶, 기술, 자존감 모두가 나락으로 떨어지고 있다고 말했다. 인터뷰했던 스물여덟 살 화학공학자는 '오스트레일리아에 온 것이 내 인생 최악의 결정'이라고까지 이야기했다.

이러한 예는 영어 능숙도와 노동 시장 접근성과의 상관관계가 명확하다는 주장이 얼마나 단순한지를 보여 준다. 위의 사례에서 보듯이 이주민의 언어 능력이 부족하다고 강조하면 고용 시장에 이들에 대한 체계적인 장벽이 있다는 사실을 은폐할 수 있다.[3] 개인의 언어 능력 부족에 초점을 맞추면서 체계적인 장벽을 모호하게 하는 것은 노동 시장에서 언어와 관련된 부당함 중 하나이다. 이러한 사례 외에 언어가 고용의 직접적인 장벽이 되는 경우가 있을까? 이러한 사례는 두 가지 방식으로 찾을 수 있다. 하나는 실제 언어 능숙도에 대한 평가가 아닌 고용주들이 언어 능숙도에 대해 갖고 있는 생각을 살펴보는 것이다. 고용주는 이주 배경을 가진 구직자가 국어를 제대로 구사하지 못할 것으로 생각하고 지원 서류를 선별하는 과정에서부터 배제할 수 있다. 두 번째는 문화 간 의사소통과 관련되어 있는데, 인터뷰 단계에서 구직자의 언어 사용을 잘못되었다고 판단해 버리는 것이다.

이름이 뭐길래?

특정 집단의 언어 실력에 관한 생각은 개별 지원자의 실제 언어 실력보다 더 강력한 장벽으로 작용할까? 노동 시장에서 특정 집단이 취업을 못하는 것은 언어에 관한 고정관념 때문일까? 잠재적인 고용주가 아랍인은 영어 능력이 부족하다고 생각하기 때문에 이라크 통·번역가는 고용 기회를 얻을 수 없었던 것일까? 이러한 질문에 대한 대답은 가짜 이력서와 지원서에 대한 채용 회사의 응답률을 조사한 실험 연구에서 찾을 수 있다. 연구는 지원자 이름을 제외하고 학력, 자격증, 경력 등 이력서상의 모든 사항이 동일하게 설계되었다. 이력서의 지원자 이름은 특정 민족과 연관되도록 하였다.

실험 결과에 따르면, 지배적이지 않은 민족임을 암시하는 이름을 가진 지원자가 지배적인 민족임을 암시하는 이름을 가진 지원자보다 연락받거나 면접 기회를 얻는 경우가 더 낮았다. 예를 들어 2009년 오스트레일리아 연구에서는 서빙, 자료 입력, 고객 서비스, 판매 같은 간단한 업무를 수행할 직원을 찾는 광고를 보고 이력서를 보냈다. 가상의 지원자들은 오스트레일리아에서 고등학교를 마쳤고, 각각 앵글로색슨식 이름, 중국식 이름, 원주민식 이름, 이탈리아식 이름, 중동식 이름을 가졌다. 이 중 중국식 이름과 중동식 이름을 가진 지원자가 가장 적게 연락이나 면접 통지를 받았다. 원주민식 이름을 가진 지원자는 통계적으로 유의미한 차이를 보일 정도로 차별받았고, 앵글로색슨식 이름과 이탈리아식 이름을 가진 지원자가 연락받은 정도는 비슷했다. 오스트레일리아 서부에서 진행된 중동식 이름과 앵글로색슨식 이름을 가진 회계 관련 회사 지원자에 대한 연구 결과도 비슷했으며, 독일에서 진행한 튀르키예식 이름과 독일식 이름의 지원자 연구 결과도 다르지 않았다.[4]

특정 민족 이민자가 이름을 바꾼 경우와 그렇지 않은 경우 노동 시장에서의 결과를 비교한 연구도 비슷한 양상을 보였다. 자기 민족 이름이 낙인찍힌 경우 앵글로색슨식 이름으로 변경하는 것은 동화가 중요했던 이민 초창기에 흔했다. 초판이 1919년에 발간된 『미국의 언어(The American Language)』에서 언어학자 헨리 루이 멩켄(Henry Louis Mencken)은 미국의 유럽 이민자들이 '언어적 적대'와 '사회적 적의'를 피하고자 일종의 '보호색'으로 자신의 고유한 이름을 버린다는 사실을 발견하였다.

[…] 순수한 언어적 적대보다 중요한 것은 더욱 깊은 곳에 '사회적 적의'가 있다는 점이고 이 때문에 이민자들은 더욱 적극적으로 자신의 이름을 변경하고자 한다. 지난 백 년 동안 미국에서 가장 고되고 비천한 일은 일군의 이민자가 해오면서, 이민자는 열등하다는 인식이 생겨났다.

[…] 경멸의 대상이 되는 이민자가 원어민에게 어색하고 어려운 이름을 사용하면, 과도한 증오가 따라다니며 노골적으로 조롱의 대상이 된다. 이민자 자신은 정작 아무런 잘못이 없는 데도 부정적인 감정이 관통하고 자신의 이름은 불리한 조건일 뿐만 아니라 그 자체로 수치스럽다고 생각하게 된다. 자신의 가치와 위상이 미묘하게 갈등하는 것이다. […] 과도한 의심의 눈초리와 어려운 시기를 견뎌야만 하는 이민자들은 불리한 조건을 적어도 한 가지만이라도 없애야겠다고 생각하게 된다.[5]

자신의 이름을 미국식으로 바꾼 것이 1930년대 미국으로 이주한 유럽 이민자에게 효과가 있었던 것은 사실이다. 해당 시기에 이름을 바꾼 사람과 그렇지 않은 사람의 현재 수입을 비교해 보면 수입의 14% 정도가 이름을 변경한 것과 관련되어 있었다.[6]

최근 스웨덴으로 이주한 이민자에 관한 연구도 유사한 결과를 보였다. 2009년 연구에 따르면 1990년대에 스웨덴식 혹은 중립적인 이름('중립적'인 이름은 특정한 민족 집단과 연관되지 않은 이름을 의미한다.)으로 변경한 중동 출신 혹은 슬라브족 이민자들은 비슷한 지원 자격을 갖췄지만 이름을 변경하지 않은 같은 민족 이민자보다 임금이 실질적으로 더 높았다.[7]

지원자가 충분한 지원 자격을 갖췄지만, 언어 능숙도, 더욱 일반적으로는 문화 적합도에 대한 전제 때문에 고용하는 것이 적절하지 않다는 생각은 고정관념으로 명백한 차별이다. 무기명 이력서 도입이 이러한 부당함을 해결할 수 있는 대안으로 제안되기도 한다. 하지만 이는 고용에서 겪는 언어 장벽 중 일부분일 뿐이다. 다음 절에서는 취업 면접에서 유창하게 말하는 것이 무엇인지에 대해 살펴본다.

취업 면접

아프리카 수단계 오스트레일리아인 집단에 의해 제작된 2007년 단편 영화 「지원자(The Applicant)」에는 성실하게 취업 면접을 준비하는 아프리카계 흑인 컴퓨터 공학자가 나온다.[8] 그는 정장 차림에 넥타이를 매고 거울에서 완벽한 자기 모습을 확인한 후 면접장으로 향한다. 면접장에 들어서자 점잖지 못하게 옷을 입은 백인 고용주는 완벽한 이력서를 가진 지원자가 흑인이라는 사실에 놀라움을 금치 못한다. 지원자와 면접관 사이에 형식적일 질문과 대답이 오간 후 대화는 잦아든다. 지원자는 점점 안절부절못하며 불안해하지만, 면접관은 이력서만 훑어보고는 공만 튀기다가 말없이 몇 분이 흐르자 결국 "미안하지만 우리는 당신을 고용할 수 없습니다."라고 말한다. 몇 주 혹은 몇 달이 지난 마지막 장면에서 면접관은 컴퓨터가 문제가 생겨서 고생하고 있는데, 청소부가 몰래 컴퓨터를 고쳐 준다. 면접관은 알아보지 못했지만, 청소부는 면접에서 떨어진 지원자였다.

이 영화는 취업 면접에서 겪는 인종 차별을 창의적으로 담아냈다. 지원자인 아프리카계 오스트레일리아인의 사회적 지위가 유능하고 전도유망한 컴퓨터 공학자에서 눈에 보이지 않는 청소부로 변하는 과정을 잘 보여 준다. 2007년과 2008년에 내가 가르쳤던 강의에서 「지원자」의 주요 장면을 학생들과 보았다. 학생들은 주로 영어 선생님들이었다. 학생들은 침묵이 흐르는 취업 면접이 얼마나 불편할 수 있는지 놀라워했다. 하지만 매 장면 면접관의 명백한 인종 차별에도 불구하고 취업에 성공할 방법이 있지는 않았을지 물었다. 면접에서 지원자가 침묵을 깨고 먼저 말을 할 수 있지는 않았을까? 지원자가 강요된 침묵에 순응하기보다 더욱 적극적으로 자신의 성취에 대해 말할 수 있지는 않았을까? 지원자가 면접관이 불편해하는 것을 대수롭지 않게 여기면서 조금 더 가볍게 대화하는 방법을 찾을 수 있지 않았을까? 몇몇 학생은 문제 일부는 지원자가 오스트레일리아식 화용적 규범에 익숙하지 못해서라고 생각했다. 면접관이 흑인과 대화하려 하지 않아 침묵할 수밖에 없다고 생각하기보다 지원자 스스로 자신을 면접관과 평등한 대화 상대로 생각했어야 한다는 것이다.[9]

취업 면접에서 화용론적 기준과 규범에 대해 상호 간 익숙하지 않은 것이 직접적인 인종 차별보다 더 중요한 요인이라는 점은 영국 태생 백인 지원자, 영국 태생 유색 인종 지원자, 외국 출신 지원자의 취업 인터뷰를 비교한 영국 내 연구를 통해 알 수 있다.[10] 사회언어학자 실리아 로버츠(Celia Roberts) 연구팀은 선반 정리, 물건 포장, 배달과 같은 저숙련 저임금 노동의 취업 면접을 녹음하였다. 이런 직종에서 고용주는 '평가일'을 정해서 지원자를 한 번에 보는 대규모 면접을 시행한다. 해당 직종에서 영국 태생 백인 혹은 유색 인종 지원자 중 70%는 고용되고 30%만이 떨어진다. 하지만 외국 출신 지원자의 경우 상황이 완전히 다르다. 실제로 자격은 더 좋지만, 지원자 중 50% 이하만 고용되며 대다수는 실패한다.

선반 정리, 물품 포장, 배달 같은 일은 영어 능숙도와 거의 관련이 없다는 점을 생각한다면 이 수치는 놀랍다. 더군다나 언어 능력이 인종 차별의 구실이 된다는 설명도 이 상황에는 맞지 않는 것이 영국 태생의 유색 인종 지원자와 백인 지원자가 고용에 성공하는 비율에 거의 차이가 없었다. 사회 구조가 인종 차별적이라고 비난하려면, 비숙련 저임금 노동 시장에서 이주민의 비율이 오히려 높아야 한다.

연구팀은 면접관이 평등한 기회와 다양성을 중시하는 경영 원칙에 따르고 있으며, 영어 구사력이 선반 정리와 같은 단순하고 반복적인 일과 크게 관련 없다는 것도 인식하고 있다고 밝힌다. 면접관이 보고자 하는 것은 지원자가 반복적이고 단순하며 지겨운 일을 처리할 수 있고 이러한 지겨움을 다룰 수 있는 유연한 사람이라는 증거였다.

지루함을 이겨 내고 단순한 저숙련 작업을 잘할 수 있을지는 어떻게 보여줄 수 있을까? 바로 재미있는 이야기를 하는 거다! 지원자는 과거에 지겨운 일을 어떻게 했는지에 대해 생생한 이야기를 가능하다면 유머를 섞어 가며 들려줘야 한다. 예를 들어 면접관이 정말 좋아했던 지원자는 3주 동안 창고의 '만리장성'을 한 가지 색으로 칠해야 했던 경험을 들려 줬는데, 천장을 다른 색으로 색칠했던 것이 지겨운 일을 벗어날 수 있었던 '소소한 즐거움'이었다는 농담을 던지며 면담을 마무리했다.

다른 예로 취업에 성공한 지원자는 '마음을 완전히 마비시키는 똑같고 반복적인 작업'을 어떻게 했는지를 되돌아보았다. 그는 구멍을 뚫어 조그만 장치를 다른 장치에 결합하는 일을 할 때, '머리를 쓰지 않고' 동료와 잡담하면서 지겨움을 이겨 냈다고 이야기했다.

성공한 두 명의 (백인 영국 태생) 지원자는 전형적인 앵글로색슨 문화에서 확인되는, 방향 설정(orientation: 배경, 시간, 장소, 참여자 등), 전개 (complicating action: 일어난 일련의 사건), 평가(evaluation: 이야기의 '관점') 로 구성된 내러티브 구조를 가져왔다.[11] 지원자의 내러티브 구조는 면접관이 사용하는 평가 양식의 구조와 일치했다. 그 양식은 '상황(Situation)', '과업(Task)', '행위(Action)', '결과(Result)'별로 지원자의 대답을 기록해야 하는 'STAR 구조'로 구성되어 있었다. "규범적인 앵글로색슨의 내러티브와 회사 행정상의 평가 양식이 정확히 맞아떨어졌다."[12]

믿을 만하고 유능하며 유연한 모습을 보여 주기 위해 단조로운 일을 잘 처리하고 그 경험을 잘 이야기했던 지원자는 면접에 잘 대응했고, 면접은 상당히 비형식적이고 우호적으로 흘러갔다. 이러한 분위기에서 지원자는 '회사가 요구하는 인성'을 가진 사람으로 자기 자신을 제시할 만한 공간을 만들어 냈다.

대조적으로 이주민은 "반복적인 일의 장점이 무엇이라고 생각하십

니까?"라는 질문에 어떻게 답해야 할지 몰랐다. 원하는 대답을 하지 못하면 보통 면접은 점점 더 어려워진다. 면접관은 점점 더 지원자의 말을 통제하게 되고, 지원자에 대한 부정적인 인상을 받게 되면서 도움을 주거나 공감하지 못하게 되고, 형식적인 역할만 하면서, 면접은 점점 더 형식적이고 전형적으로 흘러가게 된다. 면접관의 이러한 행동은 지원자가 예상되는 종류의 담화 구조를 만들어 내지 못하는 것에 대한 반응이며, 이과정에서 지원자는 면접에서 어려움을 경험하게 된다.

요약하자면, 이민자 지원자는 언어 때문에 실패한 것이다. 하지만 억양, 문법, '표준 영어'를 쓸 수 없어서가 아니다. 바로 '언어 게임'을 할 수없어서이다. 이민자 지원자는 단조로운 일을 하려는 의지뿐만이 아니라 단조로운 일이 주는 지겨움을 다룰 방법을 생각해 보고 충분히 자기 자신을 조직하고 인식하는 사람으로 보여 줄 만한 이야기를 할 수 없었다.

> 선발 면접은 관료적으로 처리할 수 있는 이야기와 생생한 사회적 수행 모두를 요구한다. 이 두 가지 요소가 미묘하게 섞이면서 새로운 자본주의 일터에서 이상적인 노동자로 자리매김할 수 있는 믿을 만하고 설득력 있는 개인이 만들어진다. 상호작용에서의 작은 차이와 어려움이 더 큰 수준의 판단 및 제도적 질서에 차이를 만들어 내며, 개인의 결정에 영향을 미치는 것이다.[13]

이러한 혼종적 담화를 만들어 내는 일은 고용되었든 고용되지 않았든 다양한 민족으로 구성된 노동 시장에 있는 사람들에게 쉬운 일이 아니다. 지원자의 능력과 인성이 말하는 방식을 통해 평가되면서 평가의 언어적·문화적 성질은 인정되지 않고 은폐된다.

중첩되는 취약성

이미 1992년에 영국의 언어학자들은 차별에는 언어적 차원도 있다고 주장하였다. 인종 차별의 구조적이고 제도적인 측면을 자세히 살펴보면 언어도 차별의 요소임을 쉽게 알 수 있다. 하지만 언어는 차별과 관련하여 자세히 논의되거나 측정되거나 혹은 이해되는 요소가 아니다.[14] 취업 면접 사례에서 보듯이, 언어적 차별은 인종 혹은 민족과 별개로 작동한다. 동시에 이력서에 나타나는 이름 사례에서 보듯이, 민족성을 나타내는 이름에 따라 차별적인 대우를 받을 수도 있다. 중국식 이름과 중동식 이름을 가진 가상의 지원자는 차별을 겪지만 이탈리아식 이름을 가진 지원자는 그렇지 않았다. 고용에서의 언어적 장벽과 일터에서의 언어적 차별은 고립된 형태로 작동하지 않는다. 오히려 언어는 다른 형태의 불이익 혹은 특권과 교차한다. 2장과 3장에서 살펴보았듯이, 다양한 언어의 가치는 언어 피라미드 내에서 인식되며, 특정 언어 레퍼토리의 가치는 사회에서 해당 언어 화자에게 부여하는 가치와 별개로 결정되지 않는다. 결국 인종, 민족, 출신 국가, 성별, 교육 수준을 이유로 불이익을 받아온 사람은 자신의 언어 레퍼토리 때문에 추가적으로 불이익을 받으며, 일터에서의 취약성은 가중된다.[15]

노동 시장 정책에서 노동자의 다양한 정체성은 인적 자원은 합리적으로 배치되어야 한다는 명제 아래 간과되기 마련이다. 많은 이민국은 이민 지원자의 인적 자원을 객관적으로 평가하기 위해 점수제를 운영한다. 점수제에서 기술 이민 비자는 최종 학력, 경력, 영어 능숙도, 나이에 따라 점수가 할당된다. 점수제에도 불구하고 이민자는 만성적인 실업과 불완전 고용을 겪고 있다. 하지만 인적 자원의 객관적인 차이가 노동 생산성의 차이를 가져올 것이라는 노동 시장의 합리성 논리는 아직도 중요하게 여겨지고 있다. 특정 집단이 명백한 불이익과 배제를 겪고 있음에도 노동 시장의 합리성에 지속적인 신뢰를 보내는 데는 언어 능숙도를 확실하게 평가할 수 없다는 문제도 있다. 즉, 특정 집단이 배제되는 것은 국어 능숙도가 부족해서이고, 적절한 언어 능숙도에 도달하면 공평한 운동장에서 경쟁할 수 있을 것으로 생각한다.

하지만 이러한 생각이 항상 사실인 것은 아니다. 사회학자 발 콜릭-페이스커(Val Colic-Peisker)의 연구에 따르면, 특정 '비영어권 국가' 출신은 다른 '비영어권 국가' 화자에 비해 차별을 덜 받는다.[16] 해당 연구는 오스트레일리아 통계청 자료를 이용하여 서로 다른 출신 배경을 가진 장기 이민자의 취업 결과를 비교하였다. 먼저, 다음과 같은 기준을 충족한 오스트레일리아 이민자 표본을 구성하였다. 첫째, 독일, 러시아, 소말리아, 인도, 중국, 칠레, 크로아티아, 필리핀 등 여덟 개국에서 태어난 이민자로, 둘째, 오스트레일리아에서 10년 이상 거주한 장기 이민자이며, 셋째, 직업학교 혹은 대학교를 졸업하고 2006년 인구조사 당시 고용 상태에 있으며, 넷째, 2006년 인구조사에서 '영어를 매우 잘함'으로 자신의 언어 능력을 평가한 사람이다.[17] 기준을 충족한 오스트레일리아 이민자의 취업 결과를 출신 국가별로 비교하고, 오스트레일리아 태생, 영국 태생과도 비교하였다.

오스트레일리아의 노동 시장에 합리적이고 객관화된 인적 자원에 대한 평가 외의 다른 어떤 요소도 영향을 미치지 않는다면, 각 집단은 유사한 수준의 직업에서 유사한 비율로 일하고 있어야 한다. 직업학교 졸업자는 중숙련직 혹은 준전문직 정도의 직업에서 일하고 있어야 하며, 대학 졸업자는 준전문직 혹은 전문직에서 일하고 있어야 하는 것이다. '원어민 가산점'을 준다면, 오스트레일리아 태생과 영국 태생들은 다른 집단보다 더 나은 결과를 보일 것이다. 하지만 표본 집단은 영어를 '매우 잘'하므로 차이는 크지 않을 것이며, 집단 내 차이도 없어야 한다.

하지만 연구 결과는 그렇지 않았다.

각 집단의 취업 결과를 '1'은 '육체노동직 혹은 저숙련직', '2'는 '중숙련직', 3은 '준전문직', 4는 '전문직'으로 구분한 후, 직업 수준의 평균을 구하였다. 인적 자원 이론에 따라 합리적으로 노동 시장에 배치된다면, 직업학교를 졸업한 사람들은 평균 2.5 정도, 일반대학을 졸업한 사람은 평균 3.5 정도를 받아야 한다. 직업학교 졸업자 중 순서대로 러시아, 영국, 독일, 중국, 오스트레일리아 출신이 예상한 2.4~2.5를 받았다. 일반대학 졸업자 중 순서대로 오스트레일리아, 영국, 독일, 러시아, 칠레 출신이 예상한 3.3~3.5를 받았다. 이들 집단에 대해서는 인적 자원 이론이 합리적으로 작동하는 것이다. 직업학교 졸업생과 일반대학 졸업생의 취업 결과에서 출신 국가 순서가 다른 것은 언어가 해당 직업에서 더 중요하다는 점을 보여 준다. 직업 수준이 높을수록 언어 레퍼토리는 이른바 표준어에 더 가까워야 한다고 예상할 수 있다.

요약하자면, 노동 시장은 유럽 출신에 대해서는 인적 자원 기준에 따라 합리적으로 작동하며, 중국 출신에 대해서는 직업학교 졸업자의 직업에서만 그렇다. 독일과 러시아 출신은 오스트레일리아와 영국 출신과 비슷한 대우를 받고 있다.

그렇다면 노동 시장이 합리적으로 작동하지 않는 스펙트럼의 끝부분을 살펴보자. 무엇보다 필리핀 출신(직업학교 졸업자는 2.19, 대학 졸업자는 2.73)과 소말리아 출신(직업학교 졸업자는 2.18, 대학 졸업자는 2.87)이 특히 낮은 점수를 받았다. 이들 집단은 실제 교육 수준보다 상당히 낮은 수준의 직업에서 일하고 있다.

이러한 차이가 발생한 데는 많은 이유가 있을 수 있다. 소말리아 출신의 경우 다문화 사회인 오스트레일리아에 상대적으로 최근에 이민을 오기 시작해서 오랜 이민의 역사가 있는 이민자 집단보다 문화적으로 이질적이라고 여겨질 수 있다. 그리고 아프리카인, 난민, 무슬림이라는 복합적인 낙인의 대상이었을 수도 있다.

필리핀 출신 이민자가 가장 좋지 않은 고용 결과를 받은 것은 이 연구에서 가장 놀라운 결과였다. 소말리아 이민자 사례에서 예상했던 '명백한' 편견의 이유가 필리핀 출신에게는 해당하지 않는다. 필리핀 출신의 불완전 고용에 대한 가장 그럴듯한 이유는 민족적 차별보다는 성별, 직업 영역과 더 관련이 있다. 오스트레일리아의 필리핀 출신 이민자 대다수는 여성이며 가족을 부양해야 해서, 노동 시장으로 편입할 때 자기 학력이나 경력보다 낮은 수준의 일을 할 수밖에 없다. 이러한 이유는 출신 국가와 상관없이 여성에게 흔한 일이다. 대학을 졸업한 필리핀 출신 이민자는 의료 영역에 종사하는 경우가 많은데, 의료는 다른 영역보다 이전 경력을 인정받기가 더 어려운 분야이다.

이 연구가 보여 주는 바는 '언어도 피부색이 있다'는 사실이다.[18] 그리고 언어도 성별을 가지고 있다. 고용 시장에서 차별받는 집단은 이른바 표준어라는 상상된 이상과 다른 언어적 차이를 보일수록 더욱 취약할 수밖에 없다. 독일과 러시아 출신과 같이 인종 차별의 대상이 되지 않은 집단은 표준어 이상에 가까워질수록 더 유리해지지만, 필리핀이나 소말리아 출신같이 기존에 인종과 성별에 따른 차별을 받는 집단은 더 불리해지는 것이다.

생계 노동과 탈숙련화

성인 대다수는 재정적으로 독립하기 위해 노동한다. 자격과 경력에 적합한 일자리에서 배제된 집단은 자신의 수준보다 낮은 일자리를 찾게 된다. 앞에서 논의한 연구에서 필리핀 출신 이민자 중 직업 교육을 받은 73%와 대학 교육을 받는 65%가 적합한 수준보다 낮은 일자리에서 일했다. 능력보다 낮은 수준의 일에 종사하는 것이다. 자신의 자격보다 낮은 일자리를 가지는 것은 '생계 노동(survival employment)'이라는 용어에서 나타나듯 경제적 필요 때문이다. 생계 노동은 일반적으로 일시적으로 하는 것이라고 여겨진다. 이민자가 고용 시장에 일단 발을 들이면, 자신의 사회적 지위를 곧 다시 획득하고 자격에 적합한 일자리를 찾을 수 있을 것으로 생각한다. 일터에서 영어를 연습할 수도 있어서 새로운 나라에서 일도 하면서 영어도 배울 좋은 기회가 될 것으로 생각한다. 하지만 실상은 말처럼 간단하지 않다. 앞선 연구에서 이민자들은 오스트레일리아에 최소 10년 이상 거주한 사람들이었는데, 그때까지 불완전 고용에서 빠져나오지 못했다. 그들은 영어도 '매우 잘'했다.

지금부터는 언어 장벽을 비롯하여 고용 시장에서 집단에 따라 생겨나는 장벽의 차이와 결과에 대해 살펴볼 것이다. 특히, 특정 집단이 더욱 공고한 차별과 배제를 경험하게 하는 구조와 결과에 대해 논의한다. 불완전 고용의 결과와 생계 노동이 제공하는 언어 학습 기회에 대해서도 살펴볼 것이다.

오스트레일리아에서 고자격 택시 기사에 대한 이야기는 문헌에서 많이 등장한다. 기술 이민자의 탈숙련화(deskilling)는 오스트레일리아만의 이야기는 아니다. 캐나다의 기술 이민도 그러하다. 사회학자 질리언 크리즈(Gillian Creese)는 캐나다 밴쿠버에서의 사하라 이남 아프리카계 이민자에 관한 면담 연구를 통해 통계에서 나타나지 않는 장기간 불완전 고용을 경험한 사례를 살펴보았다.[19] 면담의 초점은 이민 후 노동 시장 재진입 경험이었다. 면담자 대부분은 대학 교육을 받았고, 영어 사용 국가 출신으로 영어로 교육받았으며, 이민 전에 전문직 종사 경험이 있었다. 공통점이 하나 더 있다면 이민 후에 오랫동안 자기 능력보다 낮은 일자리에서 일한 경험이었다.

아프리카에서의 학위와 경력은 인정되지 않았다. 아프리카 억양을 가진 영어도 많은 일자리에서 장벽으로 작용했다. 캐나다에서 받은 교육이 예상만큼 직업에서 보상 체계로 이어지지도 않았다.[20]

노동 시장은 인종뿐만 아니라 성별에 따라서도 다르게 재편되어 있어서 탈숙련의 결과는 남성과 여성에게 다르게 나타났다. 남성의 경우 학위와 경력이 인정되지는 않았지만, 생산직과 육체노동이 필요한 곳에서 일자리를 구할 수 있었다. 여성들도 학위와 경력은 인정되지 않았지만, 남성과 달리 육체노동을 요구하는 일자리도 얻을 수 없었다. 고객 서비스에 '적합한 외모와 말투를 가지지' 않아서 소매업이나 서비스업 같은, 캐나다에서 여성들이 많이 종사하는 낮은 수준의 일자리에도 접근할 수 없었다. 남은 곳은 청소와 경공업 정도였다. 평생 교육에 많은 투자를 하지만, 그 영역은 자신이 원래 가지고 있던 학위와 경력보다 수준이 낮았고, 정착 지원 기관의 조언에 따라 결국 돌봄 노동에 종사하게 된다.

결과적으로 밴쿠버의 아프리카계 이민자들은 '기술 이민자'로 캐나다에 들어와서 노동 시장에서 '교육받지 못한 아프리카인'으로 탈바꿈되는 것이다. 짐바브웨에서 온 르와조(Lwanzo)라는 면담자는 자신의 교육과 이민의 경험을 다음과 같이 요약하였다.

여기에 올 때, 교육받지 못한 사람은 오지도 못한다는 이야기를 들었어요. 교육받은 사람들만 이민자로 받아들이죠. 그런데 막상 캐나다로 들어오면 교육받지 못한 사람처럼 대우해요. 그런 이민자들을 어디에 사용할까요? 어차피 경비원으로 쓸 거면 애당초 교육받지 못한 사람을 받아들여야지요? 애당초 경비원이던 사람을 뽑으면, 일하는 사람도 얼마나 즐겁겠어요. 같은 지역 출신 중에 캐나다에서 경비원으로 일할 거였으면 애당초 학교도 가지 않았을 거라고 이야기하는 사람도 있어요. 경비원을 하면서도 행복할 수 있어요. 하지만 저는 그렇지 않아요. 불평하

는 거 같지만 저라도 행복하지 않을 거예요.[21]

불완전 고용이 굳어지면 낮은 월급, 고용 불안정성, 실업과 같이 경제적으로 힘들 뿐만 아니라 자존감도 떨어지게 된다.

밴쿠버의 아프리카계 기술 이민자들이 탈숙련화에 취약한 이유는 여러 가지다. 그들의 '영어가 피부색을 가져서' 뿐만 아니라 새로운 국가에서 직장을 찾는 데 도움이 될 만한 인적 네트워크가 없어서 직업 소개 기관에 의존할 수밖에 없는 것도 있다. 하지만 직업 소개 기관은 이민자의 이민 전 자격과 캐나다에서 그에 상응하는 자격 간에 차이를 줄이는 데는 어떠한 도움도 주지 않는다. 직업 소개 기관은 아프리카계 여성은 '가정적이고' '보살핌을 잘한다'라는 고정관념을 가지고 오히려 부정적이며 적절하지 못한 조언을 하기도 하며, '값싼 노동'이라는 시선으로 아프리카 사람들을 바라볼 뿐이다. 또한 신자유주의적인 직업 소개 기관은 이민자가 장기적인 경력 개발 전략을 수립하는 데 도움을 주기보다 즉각적인 일자리를 찾는 데 초점을 둔다.

1990년대 신자유주의적 구조 조정이 진행되면서 이민자 고용 프로그램은 새로운 정부 지시에 따라 제한이 많아졌다. 책무성은 일자리 종류에 상관없이 프로그램 이수 후 고용된 사례 수로 평가되었고, 기술 이민자를 위한 복합 기술 중심 징검다리 프로그램에 대한 지원이 사라지고 이민자들에게 제공하는 프로그램은 '취업 준비 소모임과 이력서 작성 서비스'로 축소되었다. […] 정착 지원 기관이 제공하는 취업 프로그램은 그 범위가 제한적일 뿐만 아니라 저임금 노동으로 유인하여, 사회통합적인 경제를 위한 정부의 역할은 무엇인지에 대해 질문을 던질 수밖에 없다.[22]

오스트레일리아의 한 정치인은 "우리는 새로운 이민자가 공항에서 일터로 바로 갈 수 있기를 원한다."[23]라는 구호 아래 새로운 이민자가 가능한 한 빨리 일자리를 찾아 들어가야 한다고 말한다. 물론 노동 시장으로 신속한 전환이 가져올 장기적인 결과에 대한 고려는 없다. 인적 자원과 사회 통합이라는 장기적인 투자보다 복지비용의 즉각적인 절감을 우선시하는 단기적인 전략 외에도 정책 입안자와 오늘날 정착 지원 기관이 이민자가 어떤 수준의 일자리든 빠르게 가지도록 요구하는 데는 또 다른 이유가 있다. 바로 새로운 이민자의 언어 능숙도를 향상하는 데 최상의 장소는 바로 일터라는 생각이다. 이에 대해 보다 자세히 살펴보자.

노동 현장에서의 언어 학습

제2 언어 학습과 관련하여 유명한 연구참여자 중 한 명은 문헌에서 알베르토(Alberto)라고 알려진 남성이다.[24] 1973년 알베르토는 10개월 동안 의문문, 부정문, 조동사 같은 다양한 영어의 통사 구조를 학습하는 장기간 연구에 참여하였다. 당시 알베르토는 33살로 4개월 전에 자신이 태어난 코스타리카에서 미국 매사추세츠주 케임브리지로 이민한 상황이었다. 그런데 정작 알베르토가 제2 언어 학습 연구에서 유명한 이유는 연구가 진행된 10개월 동안 관련 통사 구조 생성에서 어떠한 향상도 발견되지 않아서이다. 알베르토의 언어 학습에 대한 연구로 성인 학습자의 언어 습득은 완전한 수준이 되기 전 어느 정도에서 멈춘다는 '화석화' 이론이 중요해졌다. 알베르토는 제2 언어 학습의 실패를 상징하는 인물이 되어버렸다.

이 책의 논의와 관련해서 중요한 점이 있다. 알베르토가 영어 실력을 향상하는 데 실패한 원인이 연구가 진행되는 동안 그가 밤낮으로 두 곳의 직장에서 일했다는 데 있다는 점이다. 알베르토에 관한 연구를 진행했던 존 슈만(John H. Schumann)에게 교육 기관에서 영어 수업을 듣지 않았던 알베르토가 영어 실력을 향상하지 못한 것이 놀랍지 않았다. 슈만은 알베르토가 영어를 배우고자 하지 않았다는 증거로 '영어 수업을 듣기보다 밤낮으로 일하는 것을 선택했다'라는 점을 제시했다.[25]

알베르토 사례는 특이한 것이 아니다. 1980년대에 진행된 유럽 국가 간 비교 연구는 서로 다른 여섯 개의 언어(스페인어, 아랍어, 이탈리아어, 튀르키예어, 펀자브어, 핀란드어)를 제1 언어로 사용하는 이주 노동자가 네덜란드어, 독일어, 스웨덴어, 영어, 프랑스어를 정규 언어 수업이 없는 몰입 환경에서 배울 때 '자연스러운 습득(naturalistic acquisition)'이 가능한지를 조사하였는데, 결론은 비슷했다. 목표어로 의사소통하면서 해당 언어를 배우는 일은 매우 어렵다. 학습자는 "상대방이 이해심 많든, 우호적이든, 도움을 주든, 권위적이든 목표어 화자와 의사소통 혹은 비의사소통 목표를 이루기 위해 목표어로 의사소통도 하면서 동시에 언어 학습도 해야 한다."[26]

알베르토와 유럽의 이주 노동자에 대한 제2 언어 학습 연구에서는 노동 현장에서의 언어 학습 문제가 주요 관심이 아니었다. 연구의 초점은 목표어에 대한 선행 지식이 거의 없고, 수준 높은 정규 교육을 받지 못했으며, 육체노동을 하는 이민자, 당시에는 '초청 노동자(guest worker)'로 일컬어지던 성인 학습자가 언어적, 인지적 측면에서 제2 언어를 어떻게 습득하는지였다. 즉, 연구 참여자가 많은 시간을 일터에서 보내고 노동이 삶의 중요한 부분이라는 사실은 고려 사항이 아니었다. 이들을 연구한 결과는 명확했다. 정규 언어 교육 없이 일터에서 언어 학습을 하는 경우 그 결과는 그리 좋지 않았다.

알베르토와 유럽의 이주 노동자에 대한 연구가 진행되었던 1970년대와 1980년대 이후, 이주 노동자들이 집중되는 '3D 업종'이 증가함에

따라 국제적인 수준에서 노동 이민도 상당히 증가하였다. '3D'는 '더럽고 (dirty),' '위험하며(dangerous),' '힘든(difficult)' 일을 일컫는데, 마지막 D 는 '비천하고(demeaning)', '지루하고(dull)', '힘겨운(demanding)' 일을 말 하기도 한다. '3D'는 일본어의 3K가 번역된 것인데, 이는 汚い, きつい, 危險(kitanai, kitsui, kiken; 더럽고, 위험하고, 힘든)을 의미한다. 국제적으로 3D 업종은 이주노동과 관련되어 있다. 2013년 전 세계 이주 노동자의 3 분의 1이 비숙련노동 혹은 저숙련노동에 종사한다.[27] 게다가 3D 업종에 서의 전 세계 이주 노동자의 수는 저숙련 이주 노동자의 수보다 많은데, 앞서 살펴보았듯이 중숙련 혹은 고숙련 이주 노동자의 상당수가 탈숙련 화되고, 생계 노동으로 비숙련노동을 하게 되기 때문이다.

이주 노동자가 노동 현장에서 일한다고 영어를 연습할 기회를 가지 는 것은 아니다. 오스트레일리아의 필리핀 출신 육류 가공 공장 노동자 에 관한 연구가 이를 보여 준다.[28] 1990년 중반 이후 오스트레일리아 육 류 가공 산업은 고용 조건이 나빠지면서 노동력이 부족해지자 이주 노동 자로 채우기 시작하였다. 대형 육류 가공 기업은 브라질, 중국, 필리핀 출 신 노동자를 대규모로 고용하였다. 연구가 진행된 오스트레일리아 퀸즐 랜드주 외곽 육류 가공 공장은 대부분 필리핀 출신 노동자만 고용하였 다. 일하면서 영어를 연습할 기회는 정말 없었다. 우선, 일은 컨베이어 벨 트를 따라 조직되어 의사소통을 하면 라인을 멈출 위험이 있었다. 의사 소통은 작업에 도움이 되지 않았고 작업 목표와도 충돌되었다. 작업의 특성상 작업 중 의사소통은 제한되었기 때문에 의사소통은 쉬는 시간에 주로 이루어졌다. 하지만 공장 노동자 대부분은 필리핀 출신이라 쉬는 시간에 타갈로그어로 대화를 나눴다. 대부분은 쉬는 시간에 어떤 언어로 든 말 한마디 할 수 없을 정도로 지쳐 있었다. 한 면담자는 "쉬는 시간이 되면 뭔가 먹고는 그냥 쉬어요. 가끔 혼자 있고 싶어서 그냥 나무에 기대 서 쉬어요."라고 말했다.[29]

정규 작업 시간과 쉬는 시간 모두 의사소통 기회, 다시 말해 영어를 배울 기회가 상당히 제한되면서, 작업 현장에서 언어를 사용할 만한 유일한 상황은 직원회의 혹은 기타 경영과 관련된 의사소통 상황이었다. 하지만 이러한 의사소통 상황이 실제로 발생하는 경우는 상당히 드물고, 발생하더라도 경영자는 통역할 필리핀 직원을 내세웠다.

요약하자면, 이주 노동자에게 직장에서 영어를 배울 기회는 실제로 존재하지 않는다. 제2 언어 학습 연구자가 관심을 가지곤 하는 새로운 언어로 의사소통하면서 배우거나 해당 언어를 배우면서 의사소통하는 상황은 작업 중 의사소통이 거의 없는 도축이나 육류 포장과 같은 일을 하는 이주 노동자에게 거의 일어나지 않는다.

다른 3D 업종도 다르지 않다. 일의 속성상 의사소통할 기회가 거의 존재하지 않는다. 이러한 어려움을 해결하고 일터에서 언어를 배울 기회를 제공하기 위해, 오스트레일리아와 캐나다에서는 직장에서 언어 연수를 제공하곤 했다.[30] 제2차 세계 대전 직후에 이주 노동자는 상대적으로 안정적인 생산직에 있었지만, 그 후 노동 시장의 구조가 재편되었다. 우선 이주민이 많이 정착하던 국가에서 생산직 분야가 많이 축소되었다. 여전히 존재하기도 하지만 임시직화되거나 외주화되었다. 예를 들어 핀란드의 폴란드 출신 금속 노동자에 관한 연구에서 보여 주듯이, 이주 노동자가 인력 공급 회사에 고용되어, 필요할 때 철강 공장에 '빌려진다.'[31] 결과적으로 직업 불안정성과 한 공장에서 다른 공장으로의 정기적인 이동이 이주 노동자에게 일상적인 경험이 된다. 인력 공급 회사나 공장 경영진은 핀란드어 연수를 자신들의 책임이라고 생각하지 않는다.

생산직이 축소되고 생산 현장의 조직이 변화하면서 이주 노동자의 고용은 '신경제(new economy)'라는 불리는 서비스 분야에 집중된다. 서비스 분야에서 현장에서의 언어 연수 기회는 거의 제공되지 않는다. 오스트레일리아 시드니의 지역 환대 산업(hospitality industry)에서 언어 능숙도에 따라 일이 어떻게 조직되는지에 관한 연구는 현장에서 언어 연수 부재가 가지는 문제점을 잘 보여 준다. 노동자의 영어 능숙도 부족은 노동자와 경영자 모두에게 심각한 문제를 초래한다. 하지만 현장에서 언어 연수 제공은 고려되지 않는다.

> 결국 호텔 서비스 향상을 위해 요구되는 다른 능력과 달리 왜 영어는 직원에게 교육하지 않는지 의문을 제기할 수밖에 없다. […] 이는 다른 '소프트 스킬'에 대한 호텔의 경영 방침과 상충된다. 서비스 질 향상을 위해 직장 안팎으로 많은 연수가 제공되는데, 복장, 고객 응대, 심지어 신뢰와 같은 자질에 대해서는 직업 교육을 실시한다.[32]

직장에서 언어 연수를 제공하면, 일터는 노동자에게 이상적인 언어 학습의 기회를 제공할 수 있다.[33] 한 연구에서 독일 회사는 이해관계자와 협의하여, 청소, 환대, 건설, 돌봄 노동에 종사하는 저숙련 이주 노동자에게 직장 내 독일어 연수 과정을 제공하였다. 노동자가 일터에서 필요한 의사소통 기능과 수업 내용이 상당히 일치하여 연수 프로그램 평가에서 노동자와 고용주 모두 만족도가 높았다. 새롭게 배운 언어 내용을 실제 생활에서 바로 사용할 수 있을 정도로 성과가 눈에 보였다.

요약하자면, 일터는 생각하는 것처럼 이상적인 언어 학습 환경이 아니다. 자연스러운 언어 학습이란 언어 학습과 의사소통 목표를 동시에 이루어야 한다는 점에서 쉽지 않다. 게다가 이주 노동자가 집중된 3D 업종과 같은 환경에서 언어 학습이 우선순위가 아닐뿐더러 의사소통이 원활한 작업 수행에 방해가 된다고 여겨진다. 일하면서 언어를 배울 수 없다면, 이주하자마자 바로 일하더라도 평생 탈숙련화된 이주 노동자가 될 수밖에 없으므로, 계속해서 저숙련, 육체노동, 단기 고용에 머무를 수밖에 없다. 노동 현장에서 지배 언어에 대한 능숙도가 제한되면 장기적으

로 사회 통합은 어려우며 이주 노동자는 계속해서 불리한 위치에 있게
된다. 이러한 덫에서 벗어나게 할 방법은 직장에서 언어 연수 프로그램
을 운영하는 것이다. 하지만 직장 내 언어 연수 프로그램은 상대적으로
드물고, '신경제'의 신자유주의적 고용 환경에서 감소하고 있다. 현재 고
용주가 일터에서 언어 학습을 지원하는 데 주저하는 사이, 일터에서는
언어 다양성과 관련하여 또 다른 일이 일어나고 있다. 바로 지배 언어 외
다른 언어 사용을 억압하는 것이다.

언어 다양성 억압하기

앞에서 언급한 시드니 호텔은 직장에서 영어 연수를 제공하지도 않
으면서, 영어 외의 언어 사용을 금지하고 있다. 직원이 영어 외의 언어
를 사용하면 호텔의 내외적 이미지가 손상된다고 생각한다. 5성급 호텔
총지배인은 영어 외 언어 사용이 "전문적이지도 않고, 보기에도 좋지 않
다."라고 말하였다.[34]

지배 언어 외 언어 사용 금지 정책이 시드니 호텔만의 일은 아니다.
2010년 7월에는 미국 메릴랜드주 볼티모어의 한 병원에서 네 명의 간호
사가 점심시간에 영어가 아닌 타갈로그어를 사용했다는 이유로 해고되
었다는 뉴스가 헤드라인을 장식했다.[35] 해당 병원은 '응급실 수칙' 내에
응급실 근무 간호사는 영어만 사용해야 한다는 정책이 있었다. 네 명의
간호사는 근무 중 영어만 사용해야 한다는 정책을 위반하지 않았다. 타
갈로그어를 말한 것은 근무 외 시간인 점심시간이었다. 더군다나 언론
보도만 보면 타갈로그어만 사용했는지 영어와 타갈로그어를 번갈아 가
면서 사용했는지도 명확하지 않다. 네 명의 간호사가 차별적이며 부당한
해고라고 소송을 제기했다. 담당 변호사는 "그게 한 단어일 수도 있습니

다. 인사일 수도 있고, 필리핀 음식 이름일 수도 있습니다. 이 병원의 규칙에 따르면, 바궁(bagoong, 생선 소스)이라고 말해도 직장을 잃을 수 있습니다"라고 말하며, 가이드라인 없이는 병원의 영어 사용 정책을 완벽히 지키기란 힘들다고 주장했다.[36] 변호사의 의견대로, 병원은 영어 사용 정책 위반이 언제 어디서 일어났는지 특정할 수도 없다. 미국 고용기회평등위원회(Equal Employment Opportunity Commission)는 이 해고가 네 명의 간호사에게 차별적이며 피해를 줬다고 보았다. 판결문에서 고용기회평등위원회는 '사업상 필요'가 없는 곳에서 영어만 사용해야 한다는 정책은 제1 언어가 영어가 아닌 미국 외 지역 출신 사람에게 상당한 영향을 미칠 수 있으므로 차별적이라고 판시하였다.[37]

이 사건에서 법은 소송 간호사의 편을 들어 주며, 직장 내 영어 사용 규칙은 위법하며 차별에 해당한다고 보았다. 하지만 이는 상당히 드문 성과이다. 대부분은 직장 내 언어 선택에 대한 소송에서 승소하지 못한다.[38]

사회언어학자 데버라 캐머런(Deborah Cameron)은 1995년 "언어적 편협함은 서구 지식인에게 유일하게 남은 공개적으로 표명할 수 있는 편견 중 하나이다."라고 지적하였다.[39] 언어적 차별은 서구 고용주에게 남은 합법적인 차별의 형태 중 하나라는 주장도 있다. 이를 보여 주는 예로 소송에서 이기지 못한 독일 청소 노동자의 차별 사례를 보자.[40]

이 소송의 쟁점은 직장에서 독일어만 사용해야 한다는 것이 아닌 업무에 필요한 독일어 능숙도에 관한 것이었다. 소송은 1951년 유고슬라비아에서 태어난 제1 언어가 크로아티아어인 K라는 여성이 제기하였다. K는 1980년대 초반부터 독일에서 살았고 1985년부터 독일 북부의 작은 도시 수영장에서 청소 노동자로 일하였다. 업무 중 하나로 가끔 안내 데스크를 보거나 수영장 입장권을 팔기도 하였다. 그녀는 2006년부터 상사로부터 적절한 수준의 독일어를 사용하지 못한다는 지적을 지속해서 받왔다. 독일어 능력을 향상하기 위해 쉬는 시간에 자비를 들여 독일어 수업을 들으라는 요구도 받았다. 그 후 2년간 "동료, 상사, 고객과 반복적으로 의사소통에 문제가 있다."라는 지적을 구두와 서면으로 자주 받았으며, 독일어 수업에 등록했다는 증거를 제출하기를 요구받았다. 회사는 소송 과정에서 변호사에게 보낸 서면 답변서에서 K는 "25년 넘게 살아온 나라의 언어를 배우지 않고자 하는 그 고집을 거두어야 한다."라고 주장했다.[41]

K는 이러한 훈계와 요구에 모멸감을 느꼈다.

2008년 장기간 병가에서 돌아온 후에도 독일어 능숙도에 대한 지적이 계속되었고 공식적으로 경고를 받자 회사를 대상으로 인종 차별과 갑질에 대한 소송을 제기하였다. 회사가 독일어 능력을 향상하고 독일어 수업을 수강하도록 지속해서 요구하는 것은 출신 국가에 기반한 차별과 갑질의 형태라고 주장하였다. 하지만 법원은 1심과 2심 모두 원고 패소 판결을 하며, 회사가 직원의 독일어 능력을 향상하도록 요구하는 것은 적법하다고 보았다.

회사가 직원에게 지배적인 국어 능력을 향상하도록 요구하는 것이 위법하지 않고 차별적이지 않다는 법원의 판결은 충분히 이해할 만하다. 법원은 독일어 학습 요구가 비독일 민족 집단 출신에게 불리한 영향을 미치더라도 회사의 사업과 조직적인 필요가 더 중요하다고 인정했다. 이에 직원이 독일어를 배우고 능숙도를 향상하도록 요구받는 것은 적법하다고 보았다.

직원이 업무에 요구되는 언어 능력을 보유하는 것은 분명히 필요하다. 하지만 법원은 K의 독일어 능력이 처음 문제가 되기 전, 1985년에서 2006년이라는 20년 동안 K가 해당 일을 해왔다는 사실은 고려하지 않았다.

첫째, K의 업무 특성은 변하지 않았다. K는 청소 노동자로 고용되었고, 그 일에 독일어 능력은 필요하지는 않았다. 물론 가끔 안내 데스크를 보거나 입장권을 판매하기도 했다. K의 독일어 능력은 단순한 고객 응대를 수행하기에 충분했다. 회사는 K가 입장권을 판매해야 할 때, 업무 후 회계 정리를 스스로 못 해 동료의 도움을 받아야 했다고 주장했다. 이를 제외하고 K의 독일어는 업무를 하는 데 충분했다.

둘째, 언어 학습의 관점에서 보면, K가 처음 고용되었을 때 독일어 수업을 듣도록 해야 했다. 그때 K는 언어를 더 잘 배울 수 있는 나이였다. 새로운 언어를 배우는 능력은 나이가 들면서 감소한다. 2006년 K의 나이는 55살이었는데, 그녀의 독일어 능숙도는 업무를 할 수 있을 정도에 머물렀다. 심각한 건강 문제까지 있던 K에게 언어 학습은 25년 전 젊었을 때보다 훨씬 더 힘들 수밖에 없었다. K는 다른 여성처럼 집에서 '두 번째 일'인 집안일을 해야만 했고, 언어를 배울 만한 시간과 에너지가 없었다.[42]

셋째, 회사도 법원도 원고의 언어 능숙도를 판단할 만한 전문 지식을 가지고 있지 않았으며, 전문가의 판단을 구해볼 생각을 하지 않았다. 3장에서 논의했듯이, 제2 언어 화자의 언어 능숙도에 대한 평가는 능숙도 유무로만 판단되거나, 지배 언어 화자는 제2 언어 화자의 능숙도를 판단하는 데 어떠한 전문 지식도 필요하지 않다고 생각한다. 회계 장부를 쓸 수 없다는 점을 제외하고 K의 언어 능력이 부족한 사례로 법정에서 유일하게 인용된 것은 K의 업무와 관련된 것이 아니었다. 그녀의 직장이 여전히 공공 서비스인지 혹은 사기업으로 변화하였는지라는 복잡한 조직 환경과 관련된 질문으로 판단되었다. 법정에서 그녀가 일터에서 말한 '수영장 아직 모두에게 개방되어 있죠?'라는 화행은 '수영장이 여전히 공공에서 운영하고 있죠?'라는 화행에 비해 '단순한' 것으로 여겨졌다.[43]

놀라운 점은 K의 이른바 '이해할 수 없는' 발화를 다른 사람들은 명확히 이해하고 있었는데, 이를 주목한 사람은 아무도 없었다는 것이다.

이해하지 못했으면 표준 독일어로 다시 말해 보라고 하지도 않았을 것이다. 의사소통에서 오해가 발생하면 보통은 한 사람만의 실수가 아니다. 화자와 청자 모두 의사소통에서 책임을 공유한다. 하지만 문화 간 의사소통 연구에서 알려져 있듯이, 지배 언어 화자는 종속된 언어 화자와의 상호작용에서 의사소통의 책임을 공유하려 하지 않는다.[44] 의사소통에서의 성공 여부를 종속된 언어 화자의 책임으로만 돌리면서, 종속된 언어 화자는 이중으로 불리한 위치에 처하게 된다. 표준어를 구사할 만한 자원도 없는데, 의사소통 상황에서 책임져야 할 부분은 의사소통에 협력하지 않는 지배 언어 화자보다 더 많다.

요약하자면, 직장에서 언어 다양성을 억압하면 일터에서 불평등은 더욱 심화된다. 불평등은 지배 언어가 아닌 언어의 사용을 금지하거나 지배 언어가 사용되는 방식을 특정하게 규정할 때 나타난다. 전자의 경우는 법원에서 심리되면 위법한 차별로 판결되기도 하지만, 후자는 '상식'으로 받아들여지는 경우가 많다. 언어를 어떻게 사용해야 하는가가 중요한 경우는 언어 사용이 해야 하는 일의 일부일 때이다. 통·번역사의 경우처럼 많은 직업은 특정 언어 능력을 요구하기도 한다. 이러한 경우 언어와 관련된 요구를 하는 것은 당연한 일이다. 하지만 많은 노동 현장에서 언어 요구 사항이 명확하게 규정되지 않은 경우가 많고 언어 다양성을 막연하게 억압하기도 한다. 특정한 언어 체제가 휴식 시간에 영향을 미치고 직업 수행에 중요하지 않은 언어 사용이 요구될 수 있다. 정의롭지 못한 모습은 바로 여기서 나타난다.

대안적 언어 체제

지금까지 이민자는 고용에서 체계적인 장벽에 직면해 있음을 살펴보았다. 고용 장벽은 그 특성상 언어적인 요소도 있고 비언어적인 요소도 있다. 고용 장벽으로 이민자는 생계 노동에 머무른다. 고용 장벽의 다른 결과는 지배적인 언어 체제가 작동하지 않는 소수 민족 중심의 노동 시장에 편입되는 것이다. 대안적 언어 체제가 작동하는 노동 시장에서 나타나는 언어 다양성과 고용과의 관계를 살펴보자.

대안적 노동 시장으로 대표적인 것이 네일 숍이다.[45] 전 세계적으로 네일 숍은 베트남인이 주도하는 노동 시장이다. 예를 들어, 미국에서 베트남인은 전체 인구의 1% 이하이지만 캘리포니아에서는 손톱 관리사의 80%, 전국에서는 43%가 베트남인이다. 『엘에이 타임스(LA Times)』는 「베트남인이 아닌 손톱 관리사를 찾기란 쉽지 않다」라는 기사를 쓰기도 하였다.[46] 베트남인 손톱 관리사는 영국, 대부분의 유럽 대륙, 오스트레일리아, 뉴질랜드, 베트남을 비롯한 아시아 국가에서 네일 숍 시장을 주도한다.

네일 케어가 새로운 산업으로 부상하여 특정 민족이 전 세계적으로 시장을 주도하게 된 것이 언어와 무슨 관련이 있을까?

반복적으로 말하지만 이민자는 이민국의 지배 언어 능숙도가 부족하여 자격에 상응하는 수준의 직업에 진입하는 데 장벽이 있다. 고용에서 언어 장벽은 자격과 연수 과정을 새로운 언어로 다시 이수하고 자격 시험을 다시 봐야 하는 직종에서 가장 높다. 이민 배경 변호사가 많이 없는 이유이기도 하다. 반면, 고용에서 언어 장벽은 정부의 규제가 없는 자영업에서 가장 낮다. 이민자가 운영하는 소규모 동네 가게가 많은 이유이다.

특정 산업에도 같은 논리를 적용할 수 있다. 뷰티 산업을 보자. 성형외과 의사가 이민을 가면 이민국에서 성형외과 의사로 일할 가능성은 매우 낮다. 출신 국가에서 획득한 자격을 어떻게 평가하는가에 따라서 이민국에서 의료 행위를 하기 위해 새로운 언어로 몇 년간 연수받은 후 다시 자격시험을 봐야 하는 등 면허 획득을 위해 많은 장애물을 넘어야 한다. 뷰티 산업의 다른 쪽에 손톱 관리사가 있다. 오스트레일리아에서 손톱 관리사로 일하기 위해서는 공식적인 자격증이 필요하지 않다.[47] 영어를 못해도 네일 케어 노동 시장에 진입하는 데 큰 제약이 없다. 오히려 베트남어를 하는 것이 이득이 될 수 있다.

1970년대 월남(남베트남) 해군 전직 사령관 가족은 캘리포니아주에서 자신을 비롯한 베트남 출신 난민이 일할 기회가 거의 없다는 사실을 깨달았다. 비슷한 위치에 있었던 다른 사람들처럼 여러 가지 시도를 해보다가 결국 로스앤젤레스의 '리틀 사이공'으로 알려진 가든 그로브에 고급 미용 직업학교(Advance Beauty College)를 세웠다. 학생은 단기간 베트남어로 진행되는 수업을 듣고 네일 숍을 열었다. 대부분 영어 실력이 낮았고, 초기 투자 비용은 많이 들지 않았다.

당시에는 캘리포니아주를 비롯하며 전국에 네일 숍이 거의 없었고 네일 케어는 상류층이나 유명인만 하는 것이라고 여겨졌다. 하지만 베트남인 손톱 관리사와 네일 숍이 증가하자 전과 달리 네일 케어를 받는 여성들도 증가하기 시작했다.

> 베트남인 네일 숍은 맥도날드가 값싼 패스트푸드 산업에 혁명을 불러온 것처럼 네일 케어 산업에 혁명을 불러왔다. 맥도날드처럼 네일 숍은 필요할 때 예약할 수 있어 신속하고 믿을 만한 관리를 받기 원하는 바쁜 미국인은 물론 사무적으로 서비스만 제공해 주는 데 만족한 미국인에게 매력적으로 다가왔다.[48]

베트남인 기업가들은 틈새시장뿐만 아니라 새로운 시장까지 개척하기 시작했다. 일단 자리를 잡으면 프랜차이즈화하여 네일 케어 시장을 확장하였다. 예를 들어 월마트 안에 입주한 리걸 네일즈(Regal Nails)는 베트남 이민자 1세대가 창립하였고, 오스트레일리아 시장에서 선두를 달리는 프로페셔네일즈(Professionails)도 그렇다.

산업이 자리를 잡자 베트남어를 할 줄 아는 것이 베트남 네일 케어 사업가들에게 하나의 이점이 되었다. 베트남인 네트워크 속에서 별다른 직업적 선택 사항이 없었던 1세대 베트남 이주민을 지속해서 공급받을 수 있었기 때문이다. 이러한 사업 모델이 지속되기 위해서는 베트남인이 계속해서 미국으로 이주해야 했다. 더 나은 교육을 받고 영어에 익숙한 이민 2세대 베트남인은 더 이상 베트남인 네트워크에 의존할 필요도 없었고 직업 선택의 폭도 넓어졌기 때문이다.

미국의 캘리포니아주가 베트남인이 주도하는 네일 케어 산업의 메카가 될 수 있었던 것은 미용 연수를 베트남어로 진행하는 데 아무런 제약이 없었기 때문이다. 1990년대 캘리포니아주 정부가 손톱 관리사 자격 시험을 도입했을 때, 베트남어로도 시험을 응시할 수 있도록 하였다. 캘리포니아주 정부는 베트남어를 사용하는 시민을 고용하는 데 언어 장벽을 세우지 않았다.

산업이 자리를 잡으면서 네일 케어 산업이 캘리포니아를 넘어 미국 전역으로, 이후에는 전 세계로 확장하였고 베트남인의 시장 장악은 비베트남인의 시장 진입을 막기 시작했다. 영어를 못하는 것은 손톱 관리사가 되는 데 거의 장벽이 되지 않았지만 베트남어를 못하는 것은 장벽이 되었다. 산업이 세계화되자 베트남에서도 관련 산업이 확장되었고 이민 전에 베트남에서 네일 케어 연수를 받거나 심지어 이민하기 전에 해외 일자리를 찾기도 하였다. 값싼 네일 케어를 가능하게 하는 공급망의 '베트남화'는 계속되었다.

[…] 그들은 뷰티 산업에서 가장 저숙련 되어 있고 가장 수입이 적은 분야에 종사한다. 베트남 사업가는 사업을 확장할 때 수익을 많이 남기기

위해 미용 서비스를 다양화하기보다 같은 종류의 네일 숍을 계속 연다. 손톱 관리사들도 뷰티 산업에서 돈을 더 많이 벌기 위해 추가적인 연수를 받거나 자격 획득을 위한 투자는 거의 하지 않는다. 베트남인들은 장기적으로 자신들에게 이익이나 도움이 되지 않는 조건을 만들고 있는 것이다. 네일 케어 서비스에 대한 수요가 증가하지 않는 이상 민족 내 경쟁이 심화하면서 이익은 감소할 수밖에 없다.[49]

베트남 네일 케어 산업은 주류 고용 시장에서 언어 장벽에 부딪히자 전략을 바꿔 새로운 산업을 만들고 주류로 자리 잡은 성공담으로 볼 수 있다. 하지만 베트남인이 시장을 주도하더라도 개별 노동자는 착취에 취약할 수 있다. 민족적으로 구획된 노동 시장의 이야기를 들어 보면, 지배 언어 능숙도가 부족한 노동자들이 비양심적인 같은 민족 사람들에게 착취당하기도 한다. 예를 들어 오스트레일리아에서는 영어가 부족한 이주 노동자 착취에 관한 기사를 언론에서 자주 찾아볼 수 있다. 이주 노동자 강제 노동, 불법 고용과 저임금 고용은 성 산업에서 가장 많이 일어나고, 농업, 건설, 환대, 제조, 요양 산업에서도 발견된다.[50] 2015년 초반을 기준으로 가장 최근에 보도된 사례는 오스트레일리아 건설 현장에서 대만 건설 회사에 하도급 계약된 중국 건설 노동자에 대한 것이었다.[51] 통상 임금보다 상당히 낮은 임금을 받고 평균 이하의 주거 환경에 살면서 회사에 여권도 압류된 중국 노동자들이 이러한 착취에 처하게 된 이유 중 하나는 영어 능숙도 때문이었다. 노사 관계 조사관에 따르면, "중국 노동자들은 영어를 거의 한마디도 못 했다."

중국 건설 노동자처럼 노동자를 착취하는 데 언어 능숙도가 영향을 미치지만, 그들의 불안정한 법적 지위는 상황을 복잡하게 만든다. 이주 노동자가 받은 단기 비자는 회사가 후원한 경우라 특별한 고용 조건에 묶여 있다. 전 지구적인 임금 불평등은 상황을 더욱 복잡하게 만든다. 이주 노동자가 건설 현장에서 초과 노동까지 하면서 받는 임금이 공제 후 오스트레일리아 달러로 연평균 7천 달러 정도인데, 건설 노동자의 연평균 소득이 4만 737달러인 오스트레일리아에서는 아주 낮은 수준이지만, 연평균 임금이 4,755달러 수준인 중국 기준으로는 상당히 높은 수준이다.[52]

이처럼 이주 노동자의 고용은 언어 능숙도, 법적 지위, 경제적 불평등이 복잡하게 얽혀 있다. 스페인 바르셀로나 통신 가게를 일컫는 로쿠토리오(locutorio)에서의 언어 실천에 관한 문화기술지 연구는 이러한 복잡함이 어떻게 얽혀 있는지를 또 다른 양상으로 보여 준다.[53] 로쿠토리오는 공중전화, 휴대전화 요금 충전, 팩스, 인터넷, 국제 송금과 같은 모든 종류의 통신 서비스를 제공하는 곳이다. 로쿠토리오 고객 대부분은 이주 노동자 같은 이민자로, 다양한 국적의 합법 혹은 불법 이주민과 스페인 노동자에게 사랑방 같은 곳이다. 통신 서비스 판매를 넘어서 로쿠토리오는 정보 공유의 장소이자 어울려 노는 장소이기도 하다. 현장 연구가 진행된 로쿠토리오는 심지어 서아프리카에서 온 불법 이민자인 주변 노숙자들에게 '공공' 화장실 역할을 하기도 했다.

로쿠토리오는 원래 바르셀로나에서 소외된 사람들에게 사회 서비스를 제공하는 곳이 아니다. 이윤 창출을 목적으로 하는 파키스탄 벤처 사업가가 소유한 통신 가게 체인 중 하나일 뿐이다. 로쿠토리오를 운영하는 나임(Naeem)이라는 직원은 행운과 불행 그 어디쯤 있다. 나임은 현장 연구가 시작되기 2년 전 파키스탄에 있는 주인에 의해 고용된 파키스탄인이다. 합법적인 단기 거주자 신분인데 스페인 영주권을 얻기 위해서는 고용 증명이 2년 더 필요했고, 이러한 사정으로 주인의 착취에 취약할 수밖에 없었다. 나임은 하루 12시간, 주 7일을 일하는데 받는 돈은 한 달에 800유로로도 안 됐다. 나임은 아침에 가게 문을 열고 밤에 문을 닫는다. 문을 열고 나서 컴퓨터를 켜고, 다른 기계들도 작동이 잘하는지 확인한다. 낮에는 고객들을 돕고 요금을 받으며, 사장, 전화 카드 납품 업체, 송금

대행사 등에 전화도 한다. 추가로 바닥 청소, 쓰레기 처리, 화장실 정리 등 매장 유지 관리도 한다.

업무를 하는 데 다양한 언어가 요구되고, 나임은 다양한 사회언어적 환경에서 작업해야 한다. 나임이 다루어야 할 언어는 표준 반도 스페인어부터 라틴아메리카 스페인어, 제2 언어 스페인어 같은 다양한 형태의 스페인어뿐만 아니라, 구어와 문어가 혼합된 카탈로니아어, 영어, 우르두어, 펀자브어, 모로코 아랍어 등을 아우른다. 또한 그 언어를 사용하는 고객의 언어 능숙도도 다양한 데다가, 통신 서비스 상황을 다루는 능숙도도 가져야 한다. 이처럼 언어적으로 다양한 환경이지만 의사소통은 분 단위로 요금이 부과되는 미터기에 따라 엄격히 통제된다.

당연히 의사소통 중 오해와 중단이 빈번하다. 계산이 잘못되면 얼마 되지도 않는 월급에서 공제되기 때문에 자신을 속이려는 고객을 처리해야 하고, 욕지거리하거나 갑질하는 고객도 상대해야 한다. 통제되어 있지만 다양한 상황을 처리해야 하는 나임에게 개인으로 자율성을 행사할 여지는 없다. 20대 후반밖에 되지 않았는데도 섭식 장애, 만성 피로, 공황 장애에 시달리고 있으며, 강박적으로 흡연한다.

네일 케어 산업처럼 로쿠토리오도 지배 언어 능숙도가 중요하지 않은 대안적인 언어 체제가 작동하는 곳이다. 하지만 네일 케어 산업과 달리 로쿠토리오에서 지배 언어를 대신하는 것은 특정 언어가 아니다. 로쿠토리오에서 일하는 데 중요한 것은 다양한 언어 레퍼토리이다. 나임이 다중언어 레퍼토리를 활용해 일함으로써 만들어 내는 가치에도 불구하고 그의 언어 노동은 적절한 임금으로 보상되지 않는다. 나임이 처한 법적이고 물리적인 조건 아래서 그의 '다중언어 자본'을 적당한 보상으로 전환하는 것은 거의 불가능하다. 나임은 로쿠토리오에서 언어 착취를 비롯하여 다양한 형태의 착취를 당할 뿐이다. 연구자가 결론 내리듯, 로쿠토리오 언어 노동자들은 '소리 없는 다중언어 중재자 군대'일 뿐이다.[54]

요약

언어 다양성을 이유로 임금 노동과 고용 시장에서 다양한 불평등이 생겨난다. 이번 장의 시작은 적절한 임금을 제공하는 직업에서 이민자를 배제하거나 이민자가 불완전 고용에 처하는 상황을 은폐하는 데 '충분하지 못한 언어 능숙도'가 그 이유로 사용되고 있다는 부당한 사실이었다. 고용 장벽은 언어에 대한 고정관념에 근거해 있다. 언어 고정관념은 이력서에 기재된 민족적 이름에서도 발견된다. 취업 인터뷰에서 자연스럽게 의사소통하거나 적절한 이야기를 풀어 내는 화용 능력 차이도 고용 장벽으로 작용한다. 언어 고정관념은 다른 형태의 불이익과 고립되어 작동하는 것이 아니라 많은 취약함 중 하나일 뿐이다. 지배 언어 능숙도 부족으로 다른 형태로 불이익을 받는 사람은 더 취약해지고, 다른 형태로 특권을 누리는 사람은 언어 능숙도에 따른 보상도 크다.

제한된 지배 언어 능숙도 때문에 불이익에 취약한 사람은 적절한 직업에서 일할 기회에서 배제될 수밖에 없다. 이민자는 노동 시장에서 장기간 생계 노동을 하면서 탈숙련화를 경험할 뿐만 아니라 지배 언어 능숙도를 향상할 기회마저 제한당하게 된다. 일터에서 자연스럽게 언어를 배우는 것도 여러 가지 이유로 긍정적인 결과를 가져오지는 못한다. 첫째, 새로운 언어를 배우면서 해당 언어로 의사소통하는 것은 상당히 부담스러운 일이다. 둘째, 3D 업종과 같이 이민자가 많이 유입되는 직군에서의 업무는 의사소통을 필요로 하지 않는다. 셋째, 외주화, 임시직화, 시간제 노동 같은 현재 고용 조건에서 일터에서 체계적인 언어 연수를 제공하는 경우는 드물어지고 있다.

일터에서 언어와 관련된 또 다른 불평등은 언어 다양성을 억누르는 것이다. 이는 일터에서 비지배적인 언어로 말하는 것을 금지하거나 일에 비해 과도한 언어 능숙도를 요구하는 것으로 나타난다. 몇몇 나라에서는 직무를 수행하는 데 요구되는 기술을 법으로 명확하게 서술하도록 요구하는데, 언어 능력에 대해서도 그러한 조치가 필요하다.

　　이민자가 주류 노동 시장에서 지속해서 배제되면서 대안적인 언어 체제가 나타나기도 한다. 대안적인 언어 체제는 특정 영역, 특히 민족에 따라 분화된 노동 시장에 개인을 한정시키기도 하지만, 노동 시장에서 '이민자 분화 영역'은 더욱 다양해지고 있으며 다양한 언어가 사용되기도 한다. 이러한 노동 시장에서 지배 언어 능숙도가 부족하면 비양심적인 동족에게 착취당하기도 한다. 물론 이러한 이유가 지배 집단에 면죄부를 주는 것은 아니다. '지배 언어 능숙도 부족'은 법적, 경제적 불평등을 만들어 내는 조건의 토대로 많은 사람의 삶에 영향을 미치고 있다.

5장

교육과 언어 다양성

4장이 성인 이민자가 겪는 언어와 관련된 불평등과 부당함을 살펴보았다면, 5장에서는 아동과 청소년이 경험하는 언어 다양성의 측면을 탐색한다. 1세대 이민자들은 자식 세대에게 더 나은 삶의 기회를 주기 위해 자신이 겪는 어려움을 마땅히 치러야 하는 희생으로 받아들인다. 학교는 그들의 꿈과 열망을 실현하는 데 (혹은 그러지 못하게 하는 데) 핵심적인 역할을 한다. 학교가 언어적으로 다양한 학생을 위한 공간이 되지 못하면, 1세대 이민자들이 겪었던 불합리한 대우와 그로 인한 불평등은 다음 세대로 대물림되며 더욱 공고해질 수 있다. 또한 오스트레일리아의 원주민 사례에서 보듯이 장기적으로는 특정 집단을 사회에서 고립시킬 수도 있다.

공교육은 언제나 평등과 정의를 위한 투쟁이 펼쳐지는 핵심 영역이었다. 과거와 달리 오늘날 많은 아동과 청소년이 공교육을 받고 있고, 취업에서처럼 언어 때문에 공교육에 접근이 제한되는 것은 아니다. 대신에 학교 교육에서 정의의 핵심은 얼마나 좋은 교육을 받는가이다. 많은 경우 공교육의 질이 그리 좋지 않다. 「모두를 위한 교육(Education for All)」이라는 유네스코 세계 감시 보고서는 계속해서 '학습 위기(learning crisis)'를 이야기한다. 이 책을 쓰는 시기를 기준으로 가장 최근 보고서에 따르면, 6.5억 명의 초등학생 중 약 40%에 이르는 2.5억 명이 기본적인 읽기와 산수를 배우지 못하고 초등학교를 졸업한다. 사하라 사막 이남의 아프리카, 인도, 파키스탄에서는 아동의 절반은 최소한의 성취기준도 도달하지 못하고 학교를 떠난다. 북미와 서유럽에서 이 수치는 약 4%밖에 되지 않는다. 더군다나 국가 간 수치는 "빈곤, 젠더, 지역, 언어, 민족, 장애, 또는 다른 이유로 학교로부터 학습을 위한 지원을 받지 못하는" "국가 내부에 존재하는 상당한 학업 격차를 은폐한다."[1]

이번 장에서는 언어가 학업 성취에 대한 격차를 유발하는 방식에 초점을 맞춘다. 앞선 장에서 살펴본 것처럼, 언어는 불평등을 유발하는 유일한 요소가 아니며 다양한 요소와 복합적으로 작동한다. 민족에 대한 차별이 언어에 대한 차별로 나타날 때 그 양상은 특히 더 복잡해진다. 교육에서의 언어 다양성은 학생 부모의 이동에 따른 결과이므로 국제적 이주에 초점을 맞추지만, 오스트레일리아에서 원주민이 겪는 교육 차별에서 언어가 하는 역할도 살펴본다.

다중언어 학교의 단일언어 아비투스

많은 사회학자가 지적하듯, 교육의 목적은 자라나는 이들에게 지식을 전달해서 다음 세대를 길러 내는 것으로 국한되지 않는다. 학교에는 기존의 사회·경제적 질서를 유지하고 영속화하기 위한, 즉 사회 재생산을 위한, '감춰진 교육과정'이 있다. 19세기에 보편적인 교육이 출현하면서 충성스러운 애국자, 복종하는 군인, 순종하는 노동자를 길러 내기 위한 국가와 산업의 요구에 따라 '감춰진 교육과정'이 정의되었다. 민족주의 아래 학교에서 언어 다양성은 억압되었고 지배적인 언어의 표준적인 형태만이 언어 표현을 위한 유일하고 적법한 형태라고 주입되었다. 사회언어학자 델 하임즈(Dell Hymes)는 언어와 관련된 학교의 감춰진 교육과정을 다음과 같이 묘사하였다.

교육 체계의 잠재된 기능은 언어적 불안(linguistic insecurity)을 주입하고, 언어적으로 차별하면서도, 중요한 언어적 요소는 습득할 수 있다고 하며, 모든 사람에게 열려 있고 공평하게 보이도록 하는 것이다.[2]

공교육의 단일언어 아비투스는 다양한 언어 앞에서 인상을 쓰는 것에서부터, 종속된 위치에 있는 원주민의 언어를 말살하는 것과 같은 명시적인 목적으로도 나타난다. 언어 다양성을 억압해야 한다는 오래된 명제는 20세기 후반, 21세기 초반 '새로운' 다중언어를 사용하는 학생들을 교육하는 데도 적용되는 사고방식이다. 본질적으로 학교는 학생들이 (그리고 점점 더 많은 교사가) 다중언어를 사용한다 하더라도 전통적인 단일언어주의라는 제도권의 아비투스를 유지하고자 한다.[3]

학교가 다중언어를 사용하는 학생들을 가르치는 데 단일언어 아비투스를 동원하는 것이 무엇을 의미하는지를 세케이 지역(Székely Land) 사례를 통해 살펴보자.[4]

세케이 지역은 루마니아의 트란실바니아에 속한 하르기타주(Harghita), 코바스나주(Covasna), 뮤레슈주(Mures)로 구성된다. 헝가리어로는 Székelyföld, 루마니아어로는 Ținutul Secuiesc, 독일어로는 Szeklerland, 라틴어로 Terra Siculorum으로 불리는 이 지역은, 많은 지역명에서 알 수 있듯이 역사가 복잡하다. 세케이 헝가리인은 중세 이후 세케이 지역에 정착했으며 19세기 중반까지 헝가리 왕국 자치령이었다. 오스트리아-헝가리 제국 아래에서 자치권을 잃게 되지만, 1차 세계대전 이후 트리아농 조약(Treaty of Trianon)으로 루마니아에 양도되기 전까지 계속해서 헝가리 지역이었다. 1940년대 들어 세케이 지역은 5년간 다시 헝가리 일부가 되었다가 1946년부터는 루마니아에 속하게 되었다. 세케이 지역은 1950년대와 1960년대 대부분 시기에는 사회주의 루마니아의 헝가리 자치주(Hungarian Autonomous Province)로 운영되다가 차우셰스쿠(Ceaușescu)가 국가수반이 되고 1년 후인 1968년 헝가리 자치구는 해체된다. 이후 20년 동안 루마니아 정권은 '루마니아화(Rumanization)'라는 정책 기조를 유지하며, 루마니아 민족을 대규모로 세케이 지역으로 이주시키고 세케이 헝가리 민족은 루마니아 다른 지역에서 고등 교육을 받도록 세케이 지역 밖으로 이주시켰다.

2011년 루마니아의 인구 통계에 따르면, 현재 세케이 지역 인구는 1,071,890명이고 그중 약 60%에 해당하는 609,033명이 세케이 헝가리인이다. 세케이 지역 인구 809,000명 중 75%가 조금 넘는 612,043명이 세케이 헝가리인이었던 2002년 통계와 비교해 보자면 비율에서 급격한 감소가 나타났다. 세케이 지역에 속하는 세 행정 구역에도 상당한 차이가 나타난다. 하르기타주에서는 세케이 헝가리인이 82.9%이지만, 코바스나주에서는 71.6%, 뮤레슈주에서는 36.5%를 차지한다.

탈공산주의(Post-Communist) 루마니아에서 세케이 헝가리인의 권리는 헌법으로 보장되어 있다. 소수 민족 권리 보호는 2007년 루마니아가 유럽 연합에 가입하는 데 중요하게 요구된 사항으로 정기적으로 모니터링하고 있기도 하다. 오늘날 루마니아에서 헝가리인은 권리와 조직을 잘 유지하는 소수 민족이다. 루마니아에서 세케이 헝가리인의 지위는 오늘날 동유럽에서 모범으로 여겨지기도 한다.

이 '모범 소수 민족(model minority)'의 교육도 모범적으로 진행되었을까?

세케이 헝가리인은 이중언어 교육을 받을 헌법적 권리가 있다. 하지만 이 권리가 인정된 것은 상대적으로 최근이다. 교육 현장에서 오랫동안 헝가리어를 억압한 세케이 지역에서 다중언어 교육 경험은 단일언어 아비투스가 영향을 준 전형적인 사례이다. 그 경험에서 드러난 바는 다중언어 학생들은 학업 성취에서도 좋은 결과를 내지 못했을 뿐만 아니라 헝가리어와 루마니아어 능력도 떨어진다는 결과였다. 이는 세케이 헝가리인 학생들이 충분히 실력을 발휘하지 못하도록 한 단일언어 이데올로기와 밀접한 관련이 있다. 단일언어 이데올로기는 헝가리어와 루마니아어에 대해 서로 다른 방식으로 작동하는데, 단일언어 이데올로기가 언어교육에서 어떻게 나타나는지 차례로 살펴보자.

세케이 헝가리 민족의 가정 언어였던 세케이 헝가리어는 수십 년 동안 진행된 적극적인 반헝가리 정책으로 상당한 피해를 보게 되었다. 오늘날 헝가리어로 수업할 자격이 있는 교사, 적절한 수업 자료, 특화된 사전 등이 부족하다. 세케이 헝가리어가 제1 언어지만 직업학교 교사는 세케이 헝가리어로 된 전문 용어가 없어 직업 관련 과목을 제대로 가르칠수가 없었다. 공산주의 체제가 끝나면서 수준 높은 교과서들이 세케이 헝가리어로 번역되었지만 대부분 주먹구구식에 표준화도 되지 않았다. 번역도 엉성했고, 번역가들이 전문 용어에 능통한 것도 아니었다.

이러한 헝가리어 교육 문제를 해결하는 게 어려운 일이 아니다. 헝가리어는 루마니아에서야 소수 민족 언어이지만, 인접한 유럽 연합 회원국인 헝가리에서는 국어이기 때문이다. 헝가리에는 헝가리어로 운영되는 국가 수준 교육과정이 존재한다. 세케이 지역 학교에서 겪고 있는 헝가리어 수업 문제는 헝가리 교사 연수 기관을 통해 세케이 헝가리어 교사 연수를 제공하거나 헝가리에서 수업 자료를 들여오고 혹은 헝가리 기준을 참조하여 지역 교과서를 표준화함으로써 해결될 수 있다. 하지만 루마니아 정부는 교육 주권을 고수하며 이러한 조치를 금지하였다.

요약하자면 헌법적 권리에도 불구하고 세케이 헝가리 민족은 직업 교육과 대학 교육 영역에서 모어 사용 기회를 잃어가며 헝가리어로 직업 교육과 고등 교육을 추구할 기회를 박탈당하고 있다.

그렇다면 루마니아어는 어떨까? 세케이 헝가리 민족은 루마니아어로 직업 교육과 고등 교육을 받으면 되는 것 아닌가?

안타깝게도 세케이 지역에서는 루마니아어 교육의 질도 그리 높지 않다. 헝가리 민족이 인구의 4분의 3 이상을 차지하는 하르기타주와 코바스나주에서는 더 그렇다. 일상생활에서 루마니아어를 사용할 기회가 없는 세케이 헝가리인들은 학교에서 루마니아어를 배울 수밖에 없다. 루마니아어는 전 학년 교육과정에서 필수이며, 헝가리어로 수업하는 학교에서도 루마니아 역사 같은 과목은 루마니아어로 가르쳐야 한다. 하지만 대부분 학생의 루마니아어 능숙도는 높지 못해 8학년 기말 평가에서 낙제한다. 12학년까지 마친 학생도 루마니아어를 정확하고 유창하게 말하지 못한다.

루마니아어 교육의 만족스럽지 못한 결과는 교수법과 관련이 있다. 세케이 헝가리 민족 아이들은 루마니아어를 전혀 모르고 일상생활에서도 루마니아어를 사용하지 않지만, 루마니아어를 외국어처럼 배우지는 않는다. 대신 루마니아문학 작품을 분석하는 등 마치 모어를 배우는 것처럼 배운다. 당연히 학생들의 루마니아어 이해 능력도 상당히 제한적이다. 세케이 지역 학교의 루마니아어 어문학 교사가 말하는 상황은 다음과 같다.

루마니아어 능력은 12학년이 되어도 발달하지 않아요. 생각해 보면 당연해요. 루마니아 학생들을 위해 쓰인 교과서를 사용하면서도 학생들이 힘들어할 것이라고 생각 안 해요. 이런 교과서에는 의사소통 능력 향상을 전혀 고려하지 않아요. 학생들은 시험 보는 데 필요한 것만 암기식으로 공부하죠.[5]

다시 한번 말하지만 문제 해결은 간단하다. 루마니아어를 모어가 아닌 외국어로 가르치면 된다. 하지만 루마니아에서 루마니아어를 '외국어'로 지칭하는 것은 이데올로기와 관련된 사안이라 교육과정을 개정하거나 적절한 교수법을 운용하는 것이 쉽지 않다.

세케이 헝가리 민족은 높은 수준의 이중언어 능력을 갖추고 루마니아는 물론 유럽의 다양한 사회경제적 영역에 참여하고자 하는 열망이 있다. 하지만 헌법적 보장에도 불구하고 루마니아어와 헝가리어가 교육 체계에서 사용되는 방식은 그들의 사회 참여를 막고 있다. 민족주의적 언어 이데올로기는 지역의 문제를 해결하는 데 오히려 장애물로 작용하며 헝가리 민족이 질 높은 교육을 받을 기회를 박탈하고 있다.

세계의 많은 아이는 학교에서 중요하다고 인정하는 언어와 다른 언어 레퍼토리를 가지고 학교에 입학한다. 세케이 헝가리 민족은 학교에서 자신들의 언어로 교육받을 헌법적 권리를 가지고 있다. 하지만 실제 학업 성취 결과는 좋지 않다. 헌법적 권리가 있는 아이들이 이러한데, 헌법적 권리도 없는 소수 민족 아이들은 어떠할지 예상하는 것은 그리 어려운 일이 아니다.

서브머전 교육

4장에서 보았듯 성인 학습자가 일터에서 겪는 역설적인 상황이란 새로운 언어로 의사소통하면서 동시에 새로운 언어를 배워야 하는 것이었다. 이러한 상황은 학령기 아동과 청소년에게도 그대로 적용되는데, 새로운 언어로 교과 내용을 배우는 동시에 새로운 언어도 배워야 한다. 학교의 공식어와 언어 레퍼토리가 같은 학생과 새롭게 학교의 공식어를 배워야 하는 학생이 똑같이 가르쳐진다면 이는 공평하지 못하다. 전자의 학생들은 교과 내용에 집중할 수 있지만, 언어와 교과 내용을 동시에 배워야 하는 후자의 학생들은 뒤처질 수밖에 없다.

이처럼 소수 민족 학생에게 이중의 부담을 지우는 언어교육 프로그램을 '서브머전 교육(submersion education)'이라고 한다. '서브머전 교육'

에서는 학생이 아직 완전히 습득하지 못한 언어로 내용을 학습해야 한다. 새로운 언어와 교육과정 내 과목을 동시에 배우면서 원어민인 동료들과 같은 교실에서 교육받지만, 체계적인 언어 학습 지원은 없다.

서브머전 교육이 언어 학습과 교과 내용 학습 모두에서 좋지 않은 결과를 낳으리라는 것은 자명하다. 이중언어 교육의 교과서라고 불릴 만한 『이중언어 교육과 이중언어주의의 토대(Foundations of Bilingual Education and Bilingualism)』에서 교육학자 콜린 베이커(Colin Baker)는 서브머전 교육의 부정적인 결과를 다음과 같이 이야기한다.

새로운 언어를 듣는 일은 고도의 집중력을 요구한다. 언어 형태에 대해 계속해서 생각하는 게 쉽지 않아서 교육과정의 내용을 생각할 시간은 부족할 수밖에 없다. 아이들은 서로 다른 교과 영역에서 정보를 받아들이면서 동시에 언어를 배워야 한다. 스트레스, 자존감 상실, '수업 기피 (opting-out)', 무관심, 소외감 등이 일어날 수 있다.[6]

1974년 초에 내려진 미국 대법원의 라우 대 니콜스(Lau v. Nichols) 사건에 대한 유명한 판결에서도 서브머전 교육은 인권 침해라고 명시하였다.

[…] 시설, 교과서, 교사, 교육과정이 동일하다고 처우 또한 평등한 것은 아니다. 영어를 이해할 수 없는 학생들은 사실상 유의미한 교육에서 배제되기 때문이다.[7]

이처럼 서브머전 교육은 명백히 부당하지만, 세계 곳곳에서 소수 민족 아이들을 교육하는 가장 흔한 방법으로 계속해서 사용되고 있다. 앞서 살펴본 세케이 헝가리인처럼 '전통적인' 소수 민족은 자신들이 서브머전 교육의 대상이라고 생각하지 않을지 모르지만, 대부분의 '새로운' 소수 민족은 그 대상이 된다. 초·중등 교육에서는 서브머전 교육이 이중 언어 교육으로 변화하고 있지만, 고등 교육에서는 서브머전 교육이 여전히 가장 흔한 방식이다.

최근 뉴질랜드 연구가 보여 주듯이, 대학에서의 서브머전 교육에서는 소수 민족 학생에게 불리한 점이 많다.[8] 서브머전 교육에 관한 대부분의 연구는 수업 언어를 전혀 사용하지 못하는 학생들을 대상으로 하였다. 하지만 대학에 입학하기 위해서는 수업 언어에 대한 어느 정도의 능숙도가 있어야 한다. 입학에 요구되는 언어 능숙도 조건을 충족하더라도 언어 능숙도가 상대적으로 낮은 학생은 언어 능숙도를 향상하면서 동시에 복잡한 학술 내용도 배워야 하는 이중고에 놓인다.

해당 연구는 뉴질랜드 남섬 더니든시(Dunedin)에 있는 오타고대학교(University of Otago)의 4년제 약대생 297명의 학업 수행 자료를 분석하였다. 3년간 약대에 입학한 연구 참여 학생들을 대상으로 영어 능숙도, 민족, 비자 유형에 따라 약대에서의 학업 수행을 예측해 보고자 하였다. 297명의 학생 중 265명이 졸업했는데, 이 중 28명은 일 년을 유급했고, 105명은 졸업하기까지 한 번 이상 특정 과목에서 낙제한 적이 있었다. 즉, 132명의 학생은 상대적으로 무사히 졸업했지만 133명의 학생은 교과목 낙제에서부터 일 년 유급까지 다양한 정도의 학업 관련 어려움을 경험했다. 결국, 32명의 학생은 졸업하지 못했다.

해당 약대 입학 조건은 영어 진단 고사를 보는 것이었다. 영어 진단 고사를 통과하지 못하더라도 약대에 입학할 수는 있지만 일 년 후에 보고서 형태의 영어 보충 시험을 통과해야 한다. 영어 진단 고사를 통과하지 못했지만 입학한 학생이 48명이었고, 이들은 '영어가 약함(weak English)'으로 분류되었다. 영어 학습 대상자로 분류될 수 있는 학생 수가 더 많았을 것으로 예상되지만, 해당 연구는 영어 능숙도를 더 세부적으로 측정하지는 않았다. 연구 참가 학생은 민족 별로 분류되었는데(유럽계 혹은 마오이계 94명, 아시아계 186명, '기타' 17명), 본토 출신이 아닌('non-local ethnicity'), 즉 아시아계 학생과 '기타' 학생 중에 영어 진단 고사를 통과할 정도의 영어 능숙도는 가졌지만 영어 학습 대상자로 분류될 만한 학생은 더 있었을 것이라고 예상할 수 있다.

약대 과정을 4년 안에 유급과 과목낙제 없이 성공적으로 이수하는 데 가장 강력한 예측 변수는 입학 당시 성적이었다. 반면, 졸업하지 못하거나 유급 혹은 과목낙제같이 성공적이지 못한 학업 수행에 대한 예측 변수는 복잡한데, '낮은 영어 실력, 비본토 출신, 남성, 입학 시 낮은 성적'이 포함되었다.

해당 연구의 연구자는 연구 결과를 논의하면서 학생의 언어적 어려움을 대학의 서브머전 교육의 문제로 보며 다음과 같이 요약하였다.

해당 대학에서 연구 중 입학 선발 과정에서 영어 능숙도가 낮은 것으로 확인된 학생들은 보충 프로그램을 이수하고 시험을 통과해야만 했다. 2년 차 때 다시 시험을 보았는데 월등히 실력이 좋아진 학생은 아무도 없었고, 77%의 학생들이 시험을 통과하지 못했으며 보충 프로그램을 재이수하고 재시험을 보아야 했다. 보충 프로그램도 듣고 재시험도 보았지만 입학할 때 언어 능숙도가 높지 않았던 학생들은 졸업할 때까지 계속해서 학업에서 어려움을 겪는다. 그 이유로 두 가지를 제시할 수 있다. 첫째, 보충 프로그램이 효과적이지 않거나, 둘째, 연구자가 보기에는 훨씬 더 타당한 이유인데, 영어 실력이 높지 않았던 학생들이 약대 과정을 이수하면서 영어 실력을 향상할 수 있었음에도 이를 위한 충분한 토대가 마련되지 않았다는 것이다.[9]

서브머전 교육은 '헤엄쳐 나오거나 아니면 물에 빠져 죽어라(sink-or-swim)'라는 식의 접근법이다. 이러한 접근법은 학업을 수행하는 데 이중의 어려움이 있는 소수 언어를 사용하는 학생에게 불리할 수밖에 없다.

복잡해지는 불리함

서브머전 교육에서 모든 소수 민족 학생이 낮은 학업 수행을 보이는 것은 아니다. 북미의 서브머전 교육에 대한 메타 분석에 따르면, 읽기, 사회, 과학과 같은 과목에서 소수 민족 학생들은 평균적으로 5년에서 7년 안에 국가 수준의 성취기준에 도달한다.[10] 물론 더 빨리 도달하는 학생도 있고, 도달하지 못하는 학생도 있다. 수학에서는 평균 2년 정도 걸리지만, 학생에 따라 편차가 크다. 최근 연구인 이스라엘 사례는 러시아 출신의 이민자 학생이 수학에서 5학년 성취기준에 도달하는 데 평균 9년에서 11년이 걸리고, 9학년 성취기준에는 5년에서 7년이 걸린다고 보고한다.[11] 같은 연구에서 에티오피아 출신의 이민자 학생은 9학년 기준에 전혀 도달하지 못하였다. 해당 연구는 서브머전 교육을 받는 상황에서 이민자와 비이민자 학생의 수학 성취 격차가 상당하지만, 이민자 학생 사이에서도 실질적인 차이가 있음을 보여 준다. 이러한 차이를 학생 개개인의 학업 능력의 차이로만 설명하기에는 부족하다. 에티오피아 출신과 러시아 출신의 히브리어 학습자 간에 나타난 수학 성취 격차는 서브머전 교육이 더욱 복잡한 형태로 작동하며 불평등을 양산할 수 있음을 암시한다.

불평등의 복잡한 측면을 이해하기 위해 일본 내 브라질 출신 이민자 아동들의 교육 경로에 대해 살펴보자.[12]

일본 교육 체계는 초등학교 6년, 중학교 3년, 총 9년을 의무 교육으로 정해 놓았다. 고등학교 3년은 의무가 아니지만, 대부분의 일본 학생들은 고등학교에 진학한다. 반면, 이주 배경 학생들의 고등학교 등록률은

71%밖에 되지 않는다. 이주 배경 학생들은 비이주 배경 학생보다 교육 혜택을 받지 못하는 것이다.

히로히사 타케노시타(Hirohisa Takenoshita), 요시미 치토세(Yoshimi Chitose), 시게히로 이케가미(Shigehiro Ikegami), 유니스 아케미 이시카와(Eunice Akemi Ishikawa)로 구성된 연구팀은 시즈오카현 203명의 이민 2세 청소년과 청년을 고등학교 진학 집단과 미진학 집단으로 나누어 가정 배경과 거주 지역의 특성을 조사하였다. 고려한 변수는 부모의 교육 수준, 부모의 고용 형태, 성별, 인종, 이민 당시 나이, 본국 방문 정도(transnationalism), 거주 지역의 수용 정도, 부모의 일본어 능숙도였다. 이러한 변수를 바탕으로 연구 대상 집단의 학업 성취와 관련된 결과를 살펴보자.

부모의 교육 수준이 자녀 학업 성취의 핵심 요인이라는 점은 잘 알려져 있다. 이는 이민자와 비 이민자 모두에게 해당한다. 하지만 연구팀은 브라질 부모의 교육 수준과 자녀의 고등학교 등록률 사이의 상관관계가 일반적인 경우보다 훨씬 낮다는 점을 발견하였다. 즉, 이민 과정에서 부모의 교육 수준의 가치가 떨어졌다. 4장에서 살펴보았듯이, 이민 1세대의 학위와 자격에 대한 평가절하는 특별한 일이 아니다. 놀라운 점은 이민자의 학위와 자격에 대한 평가절하가 자녀의 학업 성취와도 이어진다는 점이다.

부모의 교육 수준이 자녀의 학업 성취에 상대적으로 덜 중요하다는 점은 브라질 출신의 이민자들이 일본 노동 시장에 편입된 방식을 보면 이해할 수 있다. 교육 수준 혹은 다른 요소들과 상관없이 브라질 이민자들은 비숙련 혹은 저숙련노동 중심의 비정규직으로 일하게 된다. 브라질 이민자들과 달리 일본 자국민들의 노동 시장은 전통적으로 강력한 기업 노조, 평생 고용, 호봉제, 높은 수준의 고용 안정성과 보호라는 특징을 가지고 있었다. 하지만 다른 나라와 마찬가지로 일본에서도 세계화와 함께 노동 시장에 대한 다양한 공격으로 정규직 노동 시장이 급격하게 줄어들면서 비정규직 일자리가 우후죽순 생겨나고 있다. 이 과정에서 브라질 이민자들은 비정규직 노동 시장으로 유입되었는데, 4대 보험이 보장되지 않는 임시의, 불안정한, 저임금 일자리에 파견 업체를 통해 고용되는 게 보통이다.

일본에서 브라질 이민자는 90%가 비정규직으로 비숙련노동 혹은 저숙련노동을 한다. 일본인 노동자들은 30%만이 비정규직 비숙련 혹은 저숙련 노동자이며, 남성으로만 한정하면 12%까지 떨어진다. 이러한 불안정 노동 환경 때문에 이민자들은 비이민자들보다 장시간 일할 수밖에 없다. 이러한 사실이 중요한 이유는 노동 시간이 길다는 말은 아이들과 지낼 시간이 부족하다는 것을 의미하기 때문이다. 근로 빈곤층(working poor)의 자녀로 태어난 아이들은 교육에 불리할 수밖에 없고 이는 세대 간에 불평등이 이어지는 데 중요한 역할을 한다.[13]

부모의 고용 형태는 고등학교에 진학한 이민자 학생과 진학하지 않은 학생을 구분하는 가장 중요한 변수로 나타났다. 특히, 아버지의 고용 형태는 이민자 자녀의 고등학교 진학률과 가장 높은 정적인 상관관계를 보였다.

여학생보다 남학생의 고등학교 진학률이 높다는 점에서 성별도 중요한 요소였다. 연구팀은 성별에 따른 차이를 일본 내 성차별과 관련 있다고 보았다. 일본에서 여성은 진학과 고용에서 성공하기 힘들기 때문에 이민자 부모로서는 제한된 자원을 아들의 교육에 투자하는 것이 합리적이다. 부모가 장시간 비정규직으로 일해야 하는 상황에서 딸이 형제자매를 돌보며 집안일을 하는 경우도 많다.

놀랍게도 인종은 고등학교 진학률과 상관관계가 없었다. 서구 출신이 아닌 비일본인 학생이 일본 학교에서 학교 폭력에 시달린다는 연구에 비추어 인종도 고등학교 진학률에 영향을 미칠 것으로 예상했다. 연구팀은 이민자 학생을 닛케이(nikkei)와 비닛케이(non-nikkei)로 구분하였다. 닛케이는 일본인 혈통의 부모 사이에서 태어난 아이로 겉모습에서 일본에서 태어난 학생들과 거의 비슷하지만, 비닛케이는 부모 중 한쪽이 일본인 혈통이 아닌 경우이다. 인종은 고등학교 등록률에 중요한 역할을 하지 않았고, 닛케이 이민자 학생이 비닛케이 이민자 학생에 비해 유리한 점도 없었다. 하지만 닛케이든 비닛케이든 이민자 학생은 비이민자 일본인 학생에 비해 고등학교 진학률이 낮았다. 연구팀은 이러한 결과를 일본의 단일 민족 신화 그리고 이민국이 되어 가는 일본에 대한 집단적인 거부감과 연관된 것으로 보았다.

이민 당시 나이와 본국 방문 정도와 관련해서는 '1.5 세대'가 교육적으로 가장 불리한 것으로 나타났다. 연구 참여자 중 나이가 많다고 볼 수 있는 10세에서 14세 사이에 이민한 학생들이 고등학교 진학률이 가장 낮았다. 반면, 4세 이전에 이민을 오거나 일본에서 태어난 학생들의 고등학교 진학률은 비이민자 일본인 학생과 차이가 없었다. 이민을 이른 시기에 했을수록 일본어와 일본의 교육 체계에 일찍 노출되기에 학업 성취에 유리했다.

부모가 브라질과 일본을 자주 왕래하는 경우, 자녀는 일본어와 일본의 교육 체계에 대한 노출이 빈번하게 중단되어 결과적으로 고등학교 진학률에 상당히 부정적인 영향을 받았다. 브라질로의 역이민 경험이 없는 부모의 자녀는 한 번 이상 장기간 브라질로 돌아간 부모의 자녀보다 고등학교 진학률이 거의 4배나 높았다.

자녀 교육에 불리한 데도 본국을 방문하는 이유는 이민자의 사회경제적 조건과 관련 있다. 일본 내 브라질 이민자들은 노동 시장에서 숙련정도가 낮고 고용이 불안정한 분야에 유입되면서 본국으로 돌아갈 수밖에 없는 경우가 생긴다. 비자발적으로 역이민을 가고 다시 이민을 오는 상황은 자녀 교육의 안정성을 떨어뜨려 학업 성취에 걸림돌이 된다.

연구팀은 거주 지역의 수용 정도도 이민자 자녀의 학업 성취에 영향을 미치는 요소로 보았다. 시즈오카현에서 이민자들이 받는 정부의 지원은 다양한 조건에 따라 다르다. 시즈오카현에서 브라질 이민자들이 가장 많이 모여 사는 지역은 하마마쓰라는 공업 도시이다. 1990년대 이후 하마마쓰시는 이민자 자녀에게 일본어를 가르칠 수 있도록 포르투갈어, 스페인어, 중국어를 할 줄 아는 강사를 제공하는 등 다양한 특별 교육 프로그램을 제공해 오고 있다. 하마마쓰시는 이민자 자녀들을 교육하는 사립 민족 학교와 단체에 보조금도 지원하고 있다. 당연히 하마마쓰시의 이민자 자녀들은 시즈오카현 다른 지역 이민자 자녀보다 고등학교 진학률이 더 높을 것이라고 예상할 수 있고, 연구 결과도 그러했다. 서브머전 교육의 부담을 완화해 주는 교육 서비스를 제공한 하마마쓰 지역 이민자 자녀들의 고등학교 진학률이 다른 지역보다 더 높았다.

마지막으로 부모의 일본어 능숙도 효과는 상대적으로 미미한 것으로 나타났다. 부모가 자신보다 일본어 능숙도가 높다고 인식하면 자녀의 고등학교 등록률이 높기는 했지만, 그 상관관계의 정도는 낮은 편에 속했다.

요약하자면, 이민자 자녀의 고등학교 진학률에 가장 긍정적인 영향을 미치는 요소는 아버지의 정규직 고용 상태와 하마마쓰시 거주였다. 가장 부정적인 영향을 미치는 요소는 여성, 10세 이후 이민, 빈번한 브라질 방문이었다. 연구자들은 '가정의 경제적 자원이 자녀의 고등학교 진학률에 영향을 미친다. 즉, 부모의 고용이 불안정하면 자녀의 학교 교육은 방해받을 수밖에 없다'라고 설명한다.[14]

서브머전 교육은 대부분의 이민자 아동에게 불리하지만, 그 정도는 다양한 요인에 영향을 받는다. 특히, 부모의 직업이 불리한 경우 그러하다. 반대로 안정적인 사회경제적인 조건 내에서 양육되면 서브머전 교육의 부정적인 영향이 덜할 수 있다. 서브머전 교육의 불리함은 이중언어 교육 서비스를 제공하면 상쇄될 수도 있다. 이처럼 이중언어 서비스를 제공하여 서브머전 교육의 불리함을 완화하고자 하는 시도들에 대해서는 이후 더욱 자세히 살펴볼 것이다.

언어 다양성에 반하는 시험

서브머전 교육이 공정하지 못하다는 사실을 인정하는 것은 그리 새롭지 않다. 앞서 언급했듯이, 이미 1974년에 미국 대법원은 서브머전 교육이 차별적이라고 판결했다. 이후 서브머전 교육을 완화하거나 넘어서려는 많은 노력이 있었다. 세케이 지역의 헝가리어-루마니아어 이중언어 교육처럼 '전통적인' 소수 민족에게 이중언어 교육을 제공하는 것도 그중 하나다. 하지만 '새로운' 소수 민족에게 이중언어 교육을 제공하는 경우는 거의 드물다. 보통 이중언어 교육은 '어느 정도 수가 확보되었을 때(where numbers warrant)'라는 전제가 충족되어야 한다. 이민자 자녀를 위한 대규모 이중언어 교육으로 가장 잘 알려진 시도는 미국 몇몇 주에서 실행한 영어-스페인어 이중언어 교육이다. 물론 개별 학교 단위로 소규모로 이중언어 교육을 시행하기도 한다. 오스트레일리아의 시드니시에는 아랍어, 아르메니아어, 프랑스어, 독일어, 이탈리아어, 일본어에 대해 이중언어 교육을 제공하는 학교들이 있다. 서브머전 교육을 이중언어 교육으로 대체하고자 하는 시도 외에도 제2 언어로서의 지배 언어 수업(예를 들어, 영어권의 경우 제2 언어로서의 영어 수업) 수업료 지급, 계승어(heritage language) 수업, 이중언어 보조 교사와 같이 서브머전 교육을 완화해 보려는 노력도 있다. 이런 프로그램들의 구체적인 내용은 상당히 다르고, 정치 환경 변화에 따라 부침을 겪기도 한다.[15]

서브머전 교육이 일종의 차별이라는 판결이 내려진 지 반세기가 지났지만, 서브머전 교육을 넘어서고자 하는 노력이 모든 지역과 국가에서 정치적 논란거리가 되어 왔다는 사실 자체가 교육에서 단일언어 아비투스와 이에 따른 배제의 논리가 얼마나 끈질긴지를 보여 준다고 할 수 있다.

학교가 단일언어 아비투스와 서브머전 교육을 극복하고자 해도, 그러한 진취적인 노력이 언어 다양성과는 아무런 관련이 없어 보이는 교육 개발 정책 때문에 실현되지 못하기도 한다. 표준화 측정 평가, 학년별 수행 목표, 학교 순위를 강조하는 경향이 증가하고 있기 때문이다. 오늘날 교육 정책은 다양성 인정과 이중언어 교육 제공을 추구한다. 하지만 표준화 측정 평가, 학년별 수행 목표, 학교 순위는 다양성과 이중언어 교육을 무력화하며 소수 민족 학생들의 학업 성취에 상당히 부정적인 영향을 미치고 있다.

그 사례 중 하나가 유아 교육에 관한 영국의 국가 기준(The British Statutory Framework)이다.[16] 국가 기준은 5세 이하 아동에게 보육 서비스를 제공하는 영국 내 모든 교육 기관의 의무이다. 국가 기준은 서론에서 4가지 기본 원칙을 명시하는데, 그중 "모든 아동은 고유하다." "아동은 자발적인 환경에서 효과적으로 학습하고 발달하며, 그 환경에서의 경험은 개별화된 요구를 충족한다." "아동은 각자 다른 방식과 속도로 학습하고 발달한다."라는 세 가지 원칙은 아동의 다양성을 강조한다.

우선 '고유한 아동'의 '개별화된 요구'가 언어적으로 다양한 사회에서 무엇을 의미하는지 고민해 보자. 모든 아이가 유아 교육 단계에서 서로 다른 언어를 경험할 기회가 있어야 한다는 것일까? 영어가 아닌 언어를 가정 언어로 사용하는 아동이 영어와 가정 언어 모두를 발달시킬 기회가 있어야 한다는 것일까? 보육 교사들이 모든 언어를 존중하고 언어 다양성을 확보하기 위한 일련의 조치를 해야 한다는 것일까?

영국의 국가 기준은 "보육 교사는 아동이 놀이와 학습에서 가정 언어를 발달하고 사용할 기회를 제공하기 위해 적절한 조치를 해야 한다."[17]

고 규정하지만 '적절한 조치'가 무엇인지에 대한 구체적인 지침은 마련되어 있지 않다. 더군다나 학습 초기의 언어 다양성에 대한 이처럼 제한적 비전조차도 평가 요건에 제대로 반영되어 있지도 않다. 사실 아동의 다양성에 대한 인정과 학습 목표에 따른 아동의 수행에 대한 평가 요건 사이에는 근본적인 모순이 있다. 그 모순은 아동 학습에서 중요한 영역인 '의사소통과 언어'에서 가장 극명하다. 바로 영어에 대한 수행만 평가하기 때문이다.

> 의사소통, 언어 능력, 문해력을 측정할 때, 평가자는 학생의 이러한 능력을 영어로 평가해야 한다. 만약 평가 아동이 영어를 충분히 이해하지 못할 경우, 언어 발달 지연에 대한 우려 요소가 있는지를 살펴보기 위해 평가자는 부모 혹은 보육자와 함께 아동의 가정 언어 능력을 살펴보아야 한다.[18]

이처럼 '의사소통과 언어'의 평가 요건은 영어만 해당한다. 다른 언어의 중요성은 인정하지 않고, 오히려 언어 지연과 결핍의 원인으로 본다.

이러한 평가 요건이 실제 어린이집에서 어떻게 받아들여지고 있을까? 교육학자 레나 로버트슨(Leena H. Robertson), 로즈 드루리(Rose Drury), 캐리 케이블(Carrie Cable)은 이러한 평가 요건 때문에 유아 교육 현장에서 이중언어 교육 혹은 다중언어 교육을 중요하지 않게 생각하고 있다는 사실을 발견한다. 사실 이는 놀라운 일도 아니다. 다중언어 교사 혹은 직원이 있더라도 영국의 어린이집에서 영어 이외의 다른 언어가 사용되는 경우는 드물었다. 즉, 어린이집은 단일언어 공간이다. 이러한 환경에서 영어가 아닌 언어를 가정 언어로 사용하는 아이는 '고유한 아동'으로 '개별화된 요구'가 인정되고 지지가 되는 것이 아니라 단일 언어 사용자로 길러지게 된다. 자신의 가정 언어가 무엇이더라도 일생에서 처음 접하는 제도적 공간에서 영어가 아닌 언어를 듣지 못하면서 아이들은 중요한 기회를 상실한다.

국가 기준은 유아 교육에서 언어 다양성이 존중되고 있다고 착각하게 하면서 아동들에게 영어가 아닌 다른 언어를 적법하지도 중요하지도 않은 '의사소통과 언어'로 만들어 버린다.

표준화 측정 평가, 학년별 수행 목표, 학교 순위와 같은 기제는 언어 다양성을 무시하고 지배 언어 이외의 다른 언어의 중요성은 인정하지 않는 환경을 만들어 낼 뿐만 아니라 지배 언어에 익숙하지 못한 아동을 교육에서 실패하게 만들기도 한다. 표준화된 평가와 학년별 수행 목표가 소수 민족 학생의 교육 실패를 어떻게 초래하는지를 미국에서 난민 배경 학생의 읽기 수행 평가 일화와 오스트레일리아에서 원주민 아동의 문해력 및 수리 능력 수행 평가에 대한 더욱 체계적인 연구 결과를 통해 살펴보자.

일화는 미국 버몬트주의 5학년 학생인 오스카(Oscar)에 관한 이야기이다.[19] 오스카가 다니는 학교의 학생 절반 이상은 난민 배경 학생으로, 오스카도 아프리카의 난민 캠프에서 미국 버몬트주로 최근에 이주했다. 미국도 영어도 정규 교육도 처음이었지만 미국에서 자라면서 영어만 사용했던 다른 동년배들처럼 5학년 대상 전국 단위 표준화 읽기 능력 시험을 봐야만 했다.

오스카는 5분 만에 읽어야 할 닐 암스트롱이 이글호를 타고 달에 착륙한 지문을 20분 동안이나 읽었다. […] 지문을 큰 소리로 읽어야 한다고 생각했기 때문이다.

시험의 첫 번째 문항은 이 지문이 사실인지 허구인지를 묻는 것이었다. 오스카는 선생님에게 "어바인(Irvine) 선생님, 인간은 달에 갈 수 없고, 독수리 등에도 탈 수 없어요. 그래서 사실이 아니겠죠."라고 자신의 논리를 설명했다.

설명에 비추어 보면 오스카는 지문을 분명 이해했다. 사실과 허구의 차이도 이해한 것이 분명하다. 하지만 미국 미디어에 노출된 적이 없었던 오스카는 지문을 제대로 해석하는 데 필요한 문화적 지식이 없었다. 오스카는 첫 번째 문항을 틀려 버렸다. 나머지 다섯 문제도 틀렸다. 텍스트가 사실이라는 것을 바탕으로 문항들이 만들어졌기 때문이다.

오스카는 시험을 잘 볼 수가 없었다. 오스카가 가진 세상에 대한 지식은 출제자가 염두에 둔, 미국에서 태어난 '표준적인' 중산층 자녀의 지식과 달랐기 때문이다. 문화적 편견은 20세기 초반 지능 검사가 출현했을 때부터 평가 연구자와 실행자들의 주요 관심사였다. 표준 평가는 이민 배경 학생은 물론 중산층이 중요하게 여기는 지식과 다른 문화적, 언어적 지식을 가진 학생에게까지 차별적일 수 있다.[20]

오스카에 관한 신문 기사에서 오스카가 결국 어떻게 되었는지는 말해 주지 않는다. 이해도 잘했고 최선을 다했는데 시험에서 낙제하고 학업 의지를 상실했는지도 모른다. 읽기에 소질이 없고 학교는 어울리지 않는다고 생각했을 수도 있다. 일찌감치 학교를 자퇴하고 아프리카계 난민 배경 학생의 학업 부진에 대한 대규모 통계의 사례 하나로만 남았을지도 모른다.[21] 이러한 일이 실제로 일어나지 않았기를, 오스카는 달랐기를 바랄 뿐이다.

오스카와 같이 타당하지 않은 시험을 볼 수밖에 없었던 아동의 시험 결과 때문에 개인뿐만 아니라 집단에 대한 낙인이 생기는 일도 흔하다. 언어적으로 다양한 집단에 대한 표준화된 시험 결과로 생겨나는 또 다른 부당한 사례는 한 집단이 시험에서 좋은 점수를 받지 못한 것을 정책 혹은 시험 설계의 실패가 아닌 해당 집단의 학업 능력에 대한 비난의 증거로 사용하는 경우다.

아프리카계 난민 배경 학생과 비슷한 경우가 오스트레일리아 원주민 배경 학생이다. 2008년 오스트레일리아에서 국가 수준 표준 평가 체계가 도입된 후 원주민 학생 비율이 높은 노던준주(Northern Territory) 학생들은 'NAPLAN'으로 불리는 평가에서 매년 성취 수준이 상당히 낮았다. NAPLAN은 문해력과 수리 능력에 관한 국가 수준 평가 프로그램(National Assessment Program-Literacy and Numeracy)의 줄임말이다. 예를 들어 2012년 노던준주 3학년 학생의 30% 이상이 읽기, 쓰기, 철자법, 수리 능력에서 국가 최소 학력 기준에 도달하지 못한 것으로 나타났다. 문법과 구두점에서 국가 최소 학력 기준에 도달하지 못한 노던준주 3학년 학생 수는 40%에 달했다. 오스트레일리아 전체에서 국가 최소 학력 기준에 도달하지 못한 수준은 5~7%에 불과했다.[22]

노던준주에서는 원주민 배경의 학생이 40% 정도 된다. 오스트레일리아 전체에서 그 수치는 4%이다. 국가 수준 평가에서 노던준주 학생의 학력 미달 비율이 높은 것이 원주민 배경 학생이 많기 때문이라고 여겨지자 이 사실은 매우 정치적인 논쟁을 낳았다. 학력 격차에 대해 보수 진영은 '기준 미달 학교'를 비난하고 진보 진영은 '체계적인 사회경제적 불이익'을 이야기했다. 매년 NAPLAN 결과가 공개되면 감정적인 논쟁만 일어날 뿐 오스트레일리아 원주민 교육 실패에 대한 진지한 논의는 뒷전으로 밀려난다.

안타깝게도 영어를 제1 언어로 하는 화자를 대상으로 개발되고 표준화된 NAPLAN이 노던준주 학교의 문해력 및 수리 능력에 관해 어떤 것도 말해 주지 못한다는 사실을 지적하는 평론가, 교육자, 정책 입안자는 거의 없다. 노던준주 지역에서 영어는 제2 언어이다. NAPLAN 평가를 볼 때 노던준주 학생들은 언어적으로 많은 어려움에 직면할 수밖에 없다.

오지인 노던준주에서는 학교에서만 영어를 접할 수 있다. 영어는 일상생활에서의 다양한 의사소통을 위한 언어가 아니며 아이들은 학교 밖에서 영어를 접할 기회가 거의 없다. 그렇다고 현실적으로 영어가 지역 사회에서 외국어로 여겨지는 것도 아니다. 지역 원주민 대다수는 영어를 기반으로 하는 크리올어를 사용하기 때문이다. 학생들이 영어와 완전히 다른 언어를 사용한다면 영어로 된 문해력과 수리 능력 평가에 대한 문제 제기는 쉽게 받아들여질 수 있지만, 크리올어 화자는 그렇지 않다. 크리올어 화자는 영어와 다른 언어를 말하는 것으로 여겨지지 않기 때문이다. 단지 '어설픈 영어'를 사용하는 것으로 여겨질 뿐이다.[23]

오스트레일리아에서 사용하는 크리올어도 각양각색이지만 대부분 토착어 문법에 영어 어휘를 사용하는 형태이다. 오스트레일리아의 크리올어는 영어처럼 들릴 수 있지만 주어-동사 일치가 없으며 단수와 복수를 구분하지 않는다. 언어학자 질리언 위글즈워스(Gillian Wigglesworth), 제인 심프슨(Jane Simpson), 데버라 로크스(Deborah Loakes)는 3학년 대상의 NAPLAN 샘플 시험지를 분석하여 크리올어 화자가 시험 내용을 잘못 이해할 만한 언어적 문제를 다수 발견하였다.

한 가지 예로 철자법 시험 문항 중 하나는 'We jumpt on the trampoline.'으로 응시 학생은 밑줄 그어진 단어를 'jumped'로 고쳐야 했다. 학습자에게 오류가 있는 문항을 제시하는 것에 대한 문제는 차치해 놓더라도, 응시생은 'jumpt'가 과거 시제이므로 단어의 마지막 [t] 소리는 'ed'로 써야 한다는 점을 알아야 한다. 하지만 오스트레일리아의 크리올어에서 과거 시제는 보통 'bin jamp'로 표현된다. 크리올어 화자에게 이 문항은 철자법을 물어보고 있는 것이 아니라 크리올어에 존재하지 않는 문법 지식을 측정하고 있다.

[t]와 같은 어말 폐쇄음의 경우 고주파수 난청이 있는 사람에게는 거의 들리지 않는다는 점까지 고려하면 문제는 더욱 복잡해진다. 오지인 원주민 마을에서 중이염 발생 사례는 상당하고 아동의 70%가 어떤 형태로든지 난청을 겪고 있다고 한다.

미국 버몬트주의 오스카처럼, 오스트레일리아 노던준주의 학생들도 NAPLAN 읽기 지문이 오지에 사는 아이의 경험에 비추어 봤을 때 익숙하지 않은 문화적 내용으로 채워져 있어 시험에서 불이익을 받게 된다. 위 연구자들이 분석한 샘플 시험에서는 '영화(cinemas)', '신문 배달원(paperboys)', '말뚝 울타리(picket fences)', '우편함(letter boxes)', '주차 요금 징수기(parking meters)'와 같은 단어가 자주 등장하는데, 이 모든 것이 오지 마을에는 존재하지 않는다.

요약하자면, NAPLAN은 오지 마을에 사는 크리올어를 사용하는 학생에게 언어적으로도 문화적으로도 문제가 있는 평가이다. 영어를 제1언어로 하는 화자를 대상으로 설계된 표준화 시험은 제2 언어 화자에게 불리할 수밖에 없다. 크리올어 화자는 제2 언어 화자로 인정도 못 받고 있다.

원주민 교육에 대해 '기준 미달 학교' 혹은 '체계적인 사회경제적 불평등'과 같은 일반적인 진단을 하는 것은 이 문제가 너무 크고 심각해서 개선의 여지가 없다고 정해 버리며 절망 속에 손을 놓아 버리는 것에 불과하다. 할 수 있는 것이 없을 때 우리는 문제를 무시해 버린다. 하지만 이러한 태도는 상처에 소금을 뿌리는 격이다. 일반적인 진단은 원주민 학생들의 학업 문제에서 언어적 측면을 완전히 놓치고 있다. 이를 해결하기 위한 명확하고, 현실적이며, 실행 가능한 방법이 없지 않다. 유아 교육에서부터 모어를 수업 언어로 하는 이중언어 교육을 시행하고, 동시에 제2 언어로서 영어에 대한 체계적인 수업을 제공하며, 표준 영어를 단일 언어 모어로 하는 화자라는 상상된 집단이 아니라 실제 시험을 보는 학생들을 위한 시험을 설계하면 된다.

잘못된 언어 능숙도 측정

오스트레일리아 NAPLAN 평가 결과는 또 다른 혼란을 불러일으키기도 했다. 수험자가 표시해야 하는 개인 배경에 '영어가 아닌 언어 배경(Language Background Other Than English)'이라는 범주가 있다. 줄여서 LBOTE라고 불리는데 '학생이나 학부모 혹은 법정 대리인이 가정에서 영어가 아닌 언어를 사용한다'면 여기에 표시해야 한다. 사회과학자나 언어학자가 아니더라도 이것이 얼마나 무의미한 문항인지 쉽게 알 수 있다. 본인은 표준 영어를 사용하더라도 부모가 영어가 아닌 언어를 사용하면 LBOTE가 될 수 있다. 표준 영어 혹은 이와 다른 형태의 영어가 언어 레퍼토리의 일부인 이중언어 혹은 다중언어 사용자도 포함된다. 영어를 전혀 사용할 줄 모르는 타 언어 단일언어 사용자도 이 범주에 속한다. 평가에서는 오스트레일리아의 표준 영어가 사용되지만 LBOTE라는 범주는 수험자의 오스트레일리아의 표준 영어 능숙도에 대해 알려 주는 것이 없다.[24]

무의미한 LBOTE 범주가 평가 결과와 보이는 상관관계도 '이상할' 수밖에 없다. 오스트레일리아 전국 단위에서 LBOTE 학생이 비LBOTE 학생보다 점수가 약간 더 높지만, 그 차이는 거의 없는 수준이다. 그런데 노던준주의 결과만 달랐다. LBOTE 학생 점수가 비LBOTE 학생 점수보다 더 낮았는데 이는 통계적으로 유의미했다. 상식과 다른 이러한 결과가 사회 정의와 관련해서 의미하는 바는 무엇일까?

언어학자 샐리 딕슨(Sally Dixon)과 데니즈 앤젤로(Denise Angelo)는 오스트레일리아 퀸즐랜드주 86개 학교의 자료에서 단지 2개의 학교만이 학생의 언어 관련 정보가 정확하다고 확인했다. 학교가 학생을 등록할 때 NAPLAN에서 LBOTE에 표시하는 것처럼 학부모나 교직원은 학생의 언어를 MLOTE(Main Language Other Than English, 영어가 아닌 언어를 주로 사용하는 화자)라는 항목에 표시할 수 있다. MLOTE 항목에 표시되어 있지 않으면, '무응답'이 아니라 '영어'로 데이터베이스에 전송되기도 한다. 어떤 학생은 EAL/D(English as an Additional Language or Dialect, 영어를 추가 언어 혹은 방언으로 사용하는 화자)라는 항목에 표시되기도 하는데, 교사가 보기에 영어에 문제가 있어 재정적인 지원을 받아야 할 필요가 있었기 때문이었다.

LBOTE, MLOTE, EAL/D와 같은 언어에 대한 범주는 일관성도 없고, 조사한 86개의 학교 중 84개의 학교에서 사용한 범주가 서로 일치하지도 않았다. LBOTE의 예에서 보듯이, 언어와 관련된 범주를 제대로 정하지 않았기 때문이다. 대부분의 학교가 언어 문제에 무관심하거나 다중언어 학교에서조차 단일언어 아비투스가 지배적으로 작동하는 것과도 관련이 있다. 원주민 학생의 언어 문제에 대해서는 학교의 관심이 더 떨어지는데, 노던준주에서 크리올어 혹은 접촉 언어 변이형은 영어가 아닌 다른 언어로 인정받지 못한다. 겉보기에 학생이 어떤 민족인지 드러나면 실제 민족어 능숙도와 상관없이 해당 언어 화자로 범주화되기도 한다.

시중에 돌아다니는 언어와 관련된 '잘못된 자료(dodgy data)' 때문에 교육자들은 언어로 집단을 구분하는 것이 무의미하다고 본다. 앞서 언급했듯이, 원주민과 관련하여 '고질적인' 문제가 있는 노던준주를 제외하고는 LBOTE와 비LBOTE 사이에 학업 격차는 거의 없다. MLOTE와 비MLOTE, EAL/D와 비EAL/D도 마찬가지이다. 그런데 언어가 학생들의 학업 성취에 영향을 주지 않는 것이 아니다. 잘못된 인식은 잘못된 자료 때문이다. 유사한 지위의 화자에 대해 서로 다른 범주를 지속해서 사용하면 혼란을 일으킬 뿐만 아니라 '언어'를 심각하게 받아들이지 않도록 만든다.

4장에서 많은 경우 일반인이 상대방의 언어 능숙도를 제대로 판단하지 못한다는 점을 살펴보았다. 하지만 안타깝게도 교사, 관리자, 다른 교육자들도 다르지 않다. 현재 오스트레일리아의 교사 교육에서 언어와 관련된 의무 연수나 자격 과정은 없다. 이러한 상황에서 오스트레일리아 표준 영어를 사용하지 않는 학생이 학교에서 제대로 된 능력을 발휘하기란 쉽지 않다. "언어 학습의 필요성이 인정되고, 지원되며, 격려되는가에 따라 인종적 불평등에 '갇혀 버릴' 위험의 정도도 달라진다."[25]

크리올어 화자 외에도 영어 학습 대상자로 제대로 인정받지 못하는 집단이 있다. 지배 언어 능숙도에서 구술 능력의 수준은 높지만, 학술적인 리터러시 수준은 높지 않은 소수 언어 배경의 학생들이다. 보통 이 학생들은 어린 나이에 서브머전 학교 교육에 들어온다. 사회생활을 위한 의사소통에서 이 학생들의 악센트와 구술 언어 능숙도는 지배 언어를 단일언어로 사용하는 학생들과 거의 구분이 안 된다. 하지만 언어 학습 대상자로 인정되지도 않고 언어 학습 지원도 받지 못하면서 지배 언어 문해력 능력에서 동료들보다 몇 단계씩 뒤처지게 된다. 구술 언어 능숙도는 높아서 읽기와 쓰기에서 겪는 어려움이 언어 학습 문제로 인정되기보다 학업 부진으로 잘못 진단된다.

이러한 학생들은 전 세계 이민자 배경 학생의 상당한 부분을 차지한다. 뉴욕시에서 공식적으로 '장기 영어 학습자(long-term English language learners)'로 정의된 학생은 영어 학습을 지원해야 하는 학생의 3분의 1을 차지한다. 미국에서 학교 교육을 받은 지 7년이 넘지만, 여전히 영어 학습 지원이 있어야 한다면 '장기 영어 학습자'로 간주한다.[26]

뉴욕시만 하더라도 장기 영어 학습자의 수가 상당하지만, 대부분은 특별한 지원을 받지 못하거나 지원을 받더라도 엉뚱한 지원인 경우가 많다. 예를 들어, 영어 교육 지원이랍시고 영어 구술 능력이 제한적이거나 거의 없는 새로운 이민자들과 같은 교실에 배치되기도 한다. 자신의 영어 실력보다 훨씬 낮은 학생들과 한 교실에 있다 보니 지루함을 느끼며 거의 학습 활동에 참여하지 않는다.

구술 능력이 높다 보니 학생들의 문해력 능력을 잘못 진단하고, 읽기와 쓰기에 대한 지원이 필요하다는 사실도 간과된다. 영어 문해력 능력이 낮으면 학업 성취도 낮아진다. 언어학자 케이트 멩컨(Kate Menken)과 타티아나 켈린(Tatyana Kclyn)의 연구에서 장기 영어 학습자의 고등학교 평균 학점은 D+였고, 거의 20%가 F를 받았다. 실패는 실패를 낳고 많은 장기 영어 학습자는 자퇴하고 만다.

장기 영어 학습자는 많은 경우 성공하기 어렵다. 서브머전 교육은 영어 능숙도를 높이고 교과 내용을 배우는 데 필요한 영어 학습 지원을 제공하지 않는다. 영어 학습 대상자라는 사실도 쉽게 잊히면서 결국 학습 부진아가 되고 만다. 많은 경우 학교를 그만둘 수밖에 없는 상황이 되는데, 자퇴는 생애에서 사회·경제적 불안정을 예측하는 강력한 변수 중 하나이다. 장기 영어 학습자가 불이익을 받는 게 하나 더 있다. 자신의 가정 언어에서도 높은 수준의 언어 능숙도를 발달시키지 못하면서 높은 수준의 이중언어 화자가 될 기회까지 박탈당하고 만다.

부정당하는 다중언어주의 장점

서브머전 교육은 학업 성취에만 부정적인 결과를 가져오는 것이 아니다. 지배 언어를 배우는 이상적인 방법도 아니고, 많은 어린 학생을 장기 영어 학습자로 만든다. 서브머전 교육은 지배 언어 학습은 물론 가정 언어 발달을 저해하기도 한다. 서브머전 교육은 '제2 언어를 배우면서 제1 언어를 잃게 되는' '감가적 언어 학습(subtractive language learning)' 방법이다.[27] 지배 언어만 사용하면서 가정 언어 발달이 저해되면 언어 학습뿐만 아니라 전반적인 인지 발달과 학업 성취에 부정적인 영향을 미친다. 지배 언어를 배우면서 가정 언어 능력도 확장하여 두 개 이상의 언어에서 높은 수준의 구술 언어 능숙도와 문자 언이 능숙도를 습득하게 뇌면 많은 장점이 있다고 알려졌지만, 서브머전 교육에서는 이것이 불가능하다. 가정 언어 습득 기회를 놓치게 되면 언어적, 학업적인 부분 외에도 행동 발달과 경제적인 부분에서도 불이익을 겪게 된다. 이러한 측면에 대해 살펴보자.

미국 내 아시아 배경 학생들의 불안 장애와 문제 행동의 발달 양상을 유치원에서부터 초등학교 5학년까지 추적한 연구에 따르면, 가정 언어 능숙도는 소수 배경 아동과 청소년의 정신 건강에 상당히 중요하다.[28] 해당 기간 문제 행동은 연구에 참가한 모든 학생에게서 증가했다. 하지만 이중언어를 균형 있게 사용하거나 영어가 아닌 언어를 주로 사용하는 학생들에게서 증가 폭이 가장 작았다. 반면, 영어만 사용하거나 영어를 주로 사용하는 학생들은 정신 건강 문제 증가율이 상대적으로 빨랐고, 영어가 아닌 언어만 단일언어로 사용하는 학생들이 가장 높은 정신 건강 문제 증가율을 보였다.

미국에서 영어를 못하는 개인의 삶이 어떠한지는 너무 자명하다. 하지만 우리가 보아왔던 것처럼, 오늘날 수업 관행에서 영어 단일언어 사용자보다 이중언어 사용자의 삶이 더 풍요로울 수 있다는 사실은 종종 망각되고, 이주 배경 학생들을 가능한 한 빨리 영어만 사용하는 일반 교실로 편입할 수 있게 하려고 한다. 이중언어 학생은 양쪽 세계의 좋은 점을 경험하며 학교에서 원만한 관계를 만들면서도 자기 민족 공동체 내 사회문화적 자원에도 접근할 수 있다. 가정 언어 능력이 부족한 아이는 가족과 대화가 단절되지만, 이중언어 학생은 부모님은 물론 조부모와도 의사소통할 수 있다. 이민 상황에서 언어적인 문제로 세대 간에 유의미한 관계를 형성할 수 없는 경우가 생각보다 흔하다. 문화기술지 연구자인 샌드라 쿠리트진(Sandra Kouritzin)은 캐나다 이민 가정에서 부모가 청소년 자녀와 무거운 주제에 관해 대화할 수 없는 상황을 기록하였다. 자녀의 가정 언어 능숙도가 대화할 수준까지 발달하지 못했고, 부모의 영어 능숙도도 그리 높지 못했기 때문이었다.[29]

　미국에서 이민 2세대의 임금 수준과 이중언어 능력과의 관계를 살펴본 연구에 따르면, 가정 언어 능력을 발달시키지 못하면 소수 민족 배경 학생들의 행동과 정신 건강 문제가 악화될 뿐만 아니라 청년기에 경제적 기회까지 줄어든다.[30] 오르한 아기르닥(Orhan Agirdag)은 미국에서 1988년과 2003년 사이에 수집된 두 차례 대규모 종단 연구 자료를 사용하여 3,553명의 언어 능숙도와 임금 사이의 관계를 분석하였다. 연구 참여자는 적어도 부모 중 한 명이 이민자이거나 어린 나이에 미국으로 이민한 경우로, 2000년대 초반 20대 중반이었다.

　이 연구는 스스로 평가한 자신의 영어 실력에 따라 연구 참여자를 높은 수준의 이중언어 화자, 낮은 수준의 이중언어 화자, 영어를 주로 사용하는 화자로 구분하였다. 높은 수준의 이중언어 화자는 영어와 가정 언어 모두에서 읽기와 쓰기 능력을 비롯하여 높은 수준의 능숙도를 가지고 있다. 낮은 수준의 이중언어 화자는 영어와 가정 언어 모두에서 낮은 수준의 능숙도를 가지고 있다. 영어를 주로 사용하는 화자는 영어는 높은 수준의 능숙도를 가지고 있지만 가정 언어는 모르거나 알더라도 낮은 수준의 능숙도를 가지고 있다.

　지금까지의 논의를 기대어 볼 때 영어를 주로 사용하는 화자가 가장 큰 집단을 차지할 것으로 예상할 수 있다. 예상대로 조사 대상 중 과반수가 영어를 주로 사용하는 화자였다. 낮은 수준의 이중언어 화자는 20%가 약간 넘었다. 이들은 청년이지만 앞에서 살펴본 것처럼 장기 영어 학습자였다. 높은 수준의 이중언어 화자는 낮은 수준의 이중언어 화자와 비슷하게 20%를 약간 넘었다. 높은 수준의 이중언어 화자는 운 좋게도 어렸을 때 이중언어 몰입 교육을 시행하는 학군에 살았거나 부모가 가정 언어 읽기 쓰기 능력을 길러 주기 위해 방과 후나 주말에 큰 노력을 기울인 경우였다.

　부모가 자녀의 이중언어 교육에 많은 투자를 한 경우 이후 보상이 돌아왔다. 높은 수준의 이중언어 화자는 한 해에 미화로 3천달러 정도 더 높은 임금을 받는 것으로 나타났고, 이 효과는 임금에 영향을 주는 것으로 알려진 성별, 부모의 경제적 수준, 교육 수준을 통제하더라도 유지되었다. 이 효과는 가정 언어의 사회적 가치에 차이가 있더라도 유지되었다. 예를 들어 중국계 미국인은 다른 민족의 이민자보다 임금이 높은데, 중국계 이민자 안에서는 높은 수준의 이중언어 능력을 갖춘 사람이 낮은 수준의 이중언어 능력을 갖췄거나 영어를 주로 사용하는 사람보다 임금이 높았다. 다른 변수를 통제했을 때, 영어를 주로 사용하는 화자와 낮은 수준의 이중언어 화자 사이에 임금 수준 차이는 발견되지 않았다.

　모든 변수가 같을 때 한 해에 미화로 3천달러를 더 받을 수 있다는 점은 조사 대상이 아직 안정적인 직장에 진입하지 않은 20대라는 점을 고려하면 상당한 효과이다. 높은 수준의 이중언어 능력의 실질적인 경제적 효과는 다른 변수를 같게 놓음으로써 나타나지 않는 간접 효과까지 고려한다면 더 클 것으로 예상된다. 예를 들어 높은 이중언어 능력과 교육 수준은 상관관계가 있어 높은 수준의 이중언어 화자는 높은 수준의 교육을 받을 가능성이 크고 이는 더 높은 임금 수준으로 나타날 수 있다.

　이민자 아동을 지배 언어만 배우도록 하는 것은 교육적, 인지적, 사회 정신적으로 좋지 않다. 이 연구가 보여 주듯, 경제적으로도 좋지 않다. 언어 동화로 경제적 불이익을 받는 것은 개인만이 아니다. 교육 체계를 통해 언어가 동화되면 경제 전반과 우리 모두도 불이익을 받을 수 있다. 언어 동화로 이민 2세대들의 임금 수준이 낮아지면 세수는 줄고 사회복지 수요는 증가한다. 소득이 많은 사람이 내야 하는 세금도 늘어날 수밖에 없다.

요약

교육에서의 언어 다양성은 학교 교육에 내포된 단일언어 아비투스와 언어적으로 다양한 사회구성원들을 교육해야 하는 현실 사이의 뿌리 깊은 불일치 때문에 사회 정의와 관련된 문제를 일으킨다. 이러한 불일치 때문에 '전통적인' 소수 민족 배경을 가지고 있는 학생과 '새로운' 소수 민족 배경을 가지고 있는 학생 모두 높은 수준의 교육을 받지 못하고 있다. '전통적인' 소수 민족 학생은 모어 교육과 이중언어 교육에 대한 헌법적 권리를 가지고 있지만 높은 수준의 교육을 받지 못한다. 민족주의적 언어 이데올로기와 단일언어 이데올로기 아래서 교사 자격, 교수 방법, 교수학습 자료에 대한 유의미한 해결책을 찾기란 쉽지 않다. 소수 민족 학생들이 서브머전 교육을 받는 경우 교육의 질은 더욱 떨어진다.

서브머전 교육은 소수 민족 학생의 학업 성취에도 반한다. 새로운 언어로 교과 내용을 배우면서 새로운 언어도 배워야 하는 이중의 어려움 때문이다. 표준화된 평가, 학년별 수행 목표, 학교 순위와 같은 정책들은 지난 수년간 소수 민족 학생이 보여 준 교육 성과를 무용지물로 만들고 있다. 표준화된 평가가 특정 언어로만 실시되기 때문이다. 특정 언어의 문해력과 수리 능력을 일반적인 '문해력과 수리 능력'으로 보면, 학업 수행 결과가 특정 언어 능숙도만 반영한다는 사실은 망각된다. 문해력과 수리 능력 평가는 지배 언어를 배우는 학습자에게 문해력과 수리 능력은 물론 언어 능력까지 물어보는 평가가 되면서, 이런 학생들의 학술적 성취와 언어적 성취를 제대로 평가하지 못한다.

서브머전 교육은 학업 성취 외에도 언어 학습에서도 좋지 않은 결과를 가져오며 지배 언어 발달을 영구적으로 저해할 수 있다. 특정 소수 민족 학생을 언어 학습 대상자가 아니라고 잘못 판단해서 제대로 된 교육을 받지 못하게 되고, 그 결과 학교에서 사용하는 지배 언어 능숙도가 제한되면서 다시 좋지 않은 학업 성취로 이어지는 악순환에 갇혀 버릴 수 있다.

서브머전 교육은 학업 성취와 지배 언어 능력 향상에도 실패를 초래할 뿐만 아니라 가정 언어 발달에도 좋지 않다. 소수 민족 학생이 가정 언어와 학교 언어 모두에서 높은 수준의 능숙도를 갖지 못하면

가 줄 수 있는 심리적 안정과 경제적 기회를 잃어버리게 된다.

20세기 초반 많은 나라는 이민 2세대, 3세대 아이들의 지속적인 소외로 상당한 부작용을 경험하였다. 이에 대한 대응으로 이주 배경 학생의 학업 부진에만 초점을 맞춰 지배 언어에 대한 이른 노출과 표준화된 시험을 통한 진단과 평가 체계라는 처방을 내렸다. 지금까지의 논의가 보여 주듯, 차별화하지 않고 '같은 것을 더 많이' 제공하는 접근법은 그리 생산적이지 못하다.

증거는 명확하다. 소수 민족 학생에게 지배 언어만을 가르치는 것은 학업적, 사회경제적, 행동적, 정서적으로 좋지 않은 결과를 가져올 위험이 크다. 오히려 학교에서 이중언어 혹은 다중언어 능력을 길러주는 것이 사회의 모든 구성원이 건강하고 생산적인 삶을 살아가도록 하는 중요한 투자가 될 수 있다. 소수 민족 아이들에게 이중언어 능력을 길러주지 못한다면 사회·경제적 조직이 약해지면서 결국 우리 모두에게 영향을 미칠 것이다.

6장

참여와 언어 다양성

「세계인권선언」 제27조는 "공동체의 문화생활에 자유롭게 참여하며, 예술을 향유하고, 과학기술의 진보와 혜택을 공유"할 권리를 인정한다. 앞서 살펴본 노동과 교육은 공동체 참여가 일어나는 중요한 영역으로, 언어 다양성은 고용과 교육에 공평하게 참여하는 데 큰 영향을 미친다. 이번 장에서는 사회복지, 의료, 시민 및 정치 참여, 여가는 물론 소속감 같은 무형의 경험처럼 고용과 교육에 비해 명확히 규정되지 않는 공동체 영역으로 그 논의를 확장한다. 물론 공동체 참여의 양상은 고립적인 것이 아니라서, 노동과 교육에서의 언어적 불이익은 다른 영역에서의 불이익으로 이어진다. 예를 들어 적절한 고용에서 배제된 사람은 여가 활동에 참여할 기회도 제한되기 마련이다. 학업 성취가 낮으면 고용 기회가 제한될 뿐만 아니라 범죄 및 약물 남용에 연루되기 쉽다. 사회 정의는 다면적이며 불이익은 다양한 영역과 교차하는 것이 분명하다. 하지만 이번 장에서는 노동과 교육은 되도록 제외하고 공동체 삶에 참여할 기회에 영향을 주는 언어적 불이익을 위주로 살펴볼 것이다. 이번 장에서 취하는 관점도 두 가지이다. 우선 언어가 참여에 대한 장벽으로 어떻게 작용하는지를 살펴본 후, 언어가 참여의 질에 미치는 영향을 알아본다.

참여를 막는 언어 장벽

세계화된 시대에는 언어가 참여를 제한하는 상황이 항상 존재한다. 능숙한 다중언어 구사자라고 하더라도 특정 언어에 대한 능숙도는 높지 않을 수 있고, 이동성 높은 세계에서 한 개인의 언어 능숙도가 제한되면 언어 능숙도를 요구하는 공동체 활동에 참여하는 것도 제한이 된다. 한 사회에서 의사소통에 널리 사용되는 언어에 대한 능숙도가 높지 않으면 공동체 참여가 쉽지 않고 어떤 경우에는 공동체에서 고립될 수 있다. 언어적 고립이 치명적인 결과를 가져왔던 한 여성의 사례를 자세하게 들여다보면서 언어 장벽에 관한 이야기를 시작해 보자.[1]

2007년 11월 솔탄 아지지(Soltan Azizi)는 14년간 결혼 생활을 유지했던 그의 아내 마르지에 라히미(Marzieh Rahimi)를 분노에 가득 차 오스트레일리아 멜버른 집에서 목 졸라 살해했다. 당시 마르지에는 33세였다. 그녀는 파키스탄 난민 수용소에서 아프간 부모에게서 태어나 19년간 지내다, 10살 위였던 사촌과 정략결혼을 하였다. 결혼 후 4년간은 아프가니스탄에서 살다가, 이란으로 탈출하였다. 그 후 7년은 안전한 국가에서 영주권을 받기를 기다리며 이란 난민 수용소에서 보냈다. 그리고 2005년 오스트레일리아 정착을 허용하는 인도주의 입국 비자를 받았다. 마르지에의 교육 경험을 정확히 재구성하기는 힘들지만, 오스트레일리아에 갓 들어왔을 때 영어를 거의 하지 못했고, 이후 오스트레일리아에서 보낸 2년 반 동안 영어를 배우거나 연습할 기회를 갖지 못했음은 분명했다. 그녀는 이란에서 태어난 세 명의 아이를 돌보면서 오스트레일리아에서 2명의 아이를 더 낳았다. 남편은 정부가 지원하는 영어 교육 프로그램에 참여했지만, 그녀는 그러지 못했다. 가족들의 도움 없이 많은 어린아이를 돌보아야 하는 상황에서 영어 학습에 시간을 내기 어려웠으리라는 것은 당연하다. 시간이 없어서 영어를 배우지 못했다는 것으로 충분한 설명이 되지 않는다면 그녀가 난민으로 겪는 트라우마 또한 고려해 보아야한다. 그녀는 첫째 아이가 고작 세 살이었을 때 아프가니스탄에서 총에 맞아 숨지는 것을 지켜봐야만 했고, 그런 그녀에게 언어 학습이 더 어려웠으리라는 점은 틀림없다.

남편의 살해 혐의에 대한 재판에서 그녀가 살해당하기 오래전부터 이미 결혼이 파국에 이르렀음이 드러났다. 마르지에는 이혼에 대해 심각하게 고민하고 있었지만, 남편을 두려워했다. 이러한 상황에서 할 수 있는 최상의 해결 방법은 비공식적으로 주변 사람에게 도움을 청하거나 여의찮으면 가정폭력지원센터를 통해서 공식적으로 도움을 요청하는 것이다. 하지만 가정 폭력의 경우 종종 가해자가 피해자를 고립시켜 도움을 받지 못하도록 한다는 것이 잘 알려져 있다. 가해자가 공식적이든 비공식적이든 도움을 받을 길이 없었던 마르지에를 고립시키는 일은 그렇게 어렵지도 않았다. 마르지에는 모어로 의사소통할 수 있는 공동체의 크기가 작아서 비공식적인 지원을 받을 만한 사회적 네트워크도 거의 없었고, 영어가 능숙하지 못해 공식적인 지원을 받기도 쉽지 않았다.

마르지에의 가정 언어는 다리어(Dari)였다. 다리어는 아프가니스탄에서 사용되는 페르시아어 방언으로 분류되며, 2000년대에 다리어 사용자가 오스트레일리아에 상당수 정착하면서 하나의 언어 공동체를 형성하기 시작했다.[2] 오스트레일리아 인구조사에서 다리어의 범주가 포함된 것은 얼마 되지 않았다. 1991년 인구조사에서 페르시아어와 다리어 모두 조사 범주에 포함되지 않았으며, '분류 외 아시아어'로 분류되었다. 이란으로부터 이민이 증가하면서 다음 인구조사였던 1996년 '페르시아어' 범주가 추가되었으며, 인구의 0.1%에 해당하는 1만 9,048명이 오스트레일리아에 거주하는 것으로 나타났다. 2001년도 인구조사에서는 '페르시아어' 범주가 유지되었고 전체 화자 수는 약간 증가하여 2만 5,238명이었지만 전체 인구 대비 비율은 거의 변하지 않았다. 2006년 인구조사에서는 범주와 수 모두에서 변화가 있었다. '이란어'라는 범주가 세 개의 하위 범주와 함께 포함되었다. 하위 범주에는 '(다리어를 제외한) 페르시아어', '다리어', '기타'가 포함되었다. '기타'에는 쿠르드어(Kurdish), 파슈토어(Pashto), 발루치어(Balochi)가 포함되었다. 총 '이란어' 화자 수는 전체 인구의 0.2%에 해당하는 4만 3,772명으로 증가하였고, 그중 처음으로 독립된 화자 집단으로 분류된 '다리어' 화자는 1만 4,312명이었다. 다리어 화자는 오스트레일리아 전체 인구 중 0.07%로 상당히 미미한 정도였다. 2011년 인구조사에서 다리어 화자는 2만 179명으로 증가하였는데, 전체 인구의 0.09%를 차지하였다.

여기서는 마르지에가 오스트레일리아에 거주했던 2005년에서 2007년 사이 공동체 현황을 가장 잘 반영하는 2006년 인구조사 자료를 이용한다. 해당 기간 다리어 화자는 전체 인구의 0.07%를 차지하였다. 마르지에가 페르시아어를 비롯하여 다른 이란어 화자와 의사소통할 수 있었다고 가정하면, 그녀가 의사소통할 수 있었던 화자 비율은 전체 인구의 0.2% 정도였다. 물론 다리어와 페르시아어 화자가 오스트레일리아 전역에 고르게 분포된 것은 아니었다. [표 1]은 오스트레일리아 전역, 멜버른시, 케이시 지방 정부 지역, 마르지에가 살았던 교외 햄프턴 파크(Hampton Park) 지역의 다리어와 페르시아어 화자 분포를 보여 준다. 표에서 보듯이 마르지에와 그녀의 가족들이 산 지역은 자기 민족 공동체 지역이 아니었다. 오히려 다리어 혹은 관련 언어 화자를 만날 기회가 상대적으로 더 적었다.

마르지에가 소수이지만 증가하고 있는 공동체 언어 화자였다는 사실 외에 그녀의 언어와 관련된 또 다른 고려 사항이 있다. 바로 영어를 잘 구사할 줄 몰랐다는 사실이다. 오스트레일리아의 언어적 다양성과 높은 이민자 유입에도 불구하고 인구 대다수는 영어만 사용하거나 이중언어 혹은 다중언어 화자더라도 영어를 상당히 또는 매우 잘한다.[3] [표 2]에서

[표 1] 2006년 오스트레일리아의 다리어와 페르시아어 화자

	거주자 수(명)	다리어 화자 수		다리어, 페르시아어, 기타 '이란어' 총 화자 수	
		총합(명)	비율(%)	총합(명)	비율(%)
오스트레일리아 전역	19,855,228	14,312	0.07	43,772	0.22
멜버른시	3,371,889	4,331	0.13	10,842	0.32
케이시 지방 정부 지역	214,959	1,577	0.73	2,442	1.40
교외 햄프턴 파크	22,164	152	0.69	209	0.94

자료 출처: 오스트레일리아 통계청 「인구조사」(2012).

[표 2] 2006년 영어를 잘 구사하지 못하거나 거의 못하는 오스트레일리아 거주자

	거주자 수(명)	영어를 잘하지 못하거나 거의 못하는 거주자	
		총합(명)	비율(%)
오스트레일리아 전역	19,855,288	433,188	2.23
멜버른시	3,371,889	142,878	4.24
케이시 지방 정부 지역	214,959	5,838	2.72
교외 햄프턴 파크	22,164	79	0.36

자료 출처: 오스트레일리아 통계청 「인구조사」(2012).

보듯이 오스트레일리아 거주자 중에 영어를 잘 구사하지 못하거나 거의 못하는 사람 수는 상대적으로 적다.

오스트레일리아는 수십 년 동안 공평한 다중언어 지원을 중요하게 여겼다. 오스트레일리아 연방정부는 정부 기관과 영어를 잘하지 못하거나 거의 하지 못하는 사람 간의 의사소통을 위해 국가 차원에서 통·번역 서비스를 제공했다.[4] 국가 통·번역 서비스는 정부의 문서나 시청각 메시지를 공동체 언어로 번역하거나, 전화, 대면, 화상 번역을 통해 개인과 정부 직원 사이의 상호작용을 매개해 주었다. 하지만 다리어와 같이 새롭

게 출현하고 있는 공동체 언어의 서비스는 기존의 다른 공동체 언어 서비스보다 질적으로든 양적으로든 뒤처져 있다. 통역 서비스를 제공하는 것은 정부 소관인데, 고객이 직접 통역을 요청하거나 고객의 영어 능숙도가 충분하지 못하다고 판단될 때만 통역 서비스를 제공하였다.

마르지에가 고립된 이유를 이해하려면 마르지에가 영어가 지배적인 사회에서 다리어라는 작은 언어 공동체 화자라는 배경을 고려해야 한다. 남편의 살해 시도가 명확해졌을 때, 마르지에가 가족 외에 다리어로 이야기할 수 있었던 대상은 지역사회 구성원이 아니라 몇 주에 한 번씩 통화하는 미국에 사는 여동생이었다. 비공식적인 지원 네트워크가 가능하지 않은 상황에서 마르지에의 주된 지원자는 병원 진료 시 만나 현장 통역사를 통해 의사소통했던 여성 보건 지원사와 여성 보건 지원사가 추천하여 한 번 만나 전화 통역사를 통해 의사소통했던 가정 폭력 지원관이었다. 죽기 며칠 전 마르지에는 국가 긴급 전화 서비스인 트리플제로(Triple Zero)에 두 번이나 전화해 도움을 요청하기도 하였다. 하지만 도움을 요청했던 두 번 모두 상담사가 전화 통역사를 데려오기 전에 전화를 끊었다. 재판장은 판결문에서 다중언어 지원 서비스를 통렬히 비판했다.

2007년 11월 1일 당신의 아내는 경찰에 도움을 요청하기 위해 이른 아침에 트리플제로에 두 번 전화했다. 그러나 전화 상담원의 실망스러운 대처로 어설픈 영어로 말할 수밖에 없었던 당신의 아내는 그 어떤 도움도 받을 수 없었다. 참으로 비극적인 일이며 우리 사회가 비난받아 마땅한 일이다.[5]

다양한 언어가 사용되는 환경에서 긴급 서비스를 제공하는 것이 쉬운 일은 아니다. 미국 내 스페인어 화자의 긴급 전화 서비스 이용에 관한 연구에 따르면 전화 통역 서비스를 통해 전화를 걸 경우 그렇지 않은 경우보다 대응 시간이 두 배 이상 걸리는데, 그 추가 시간 동안 생사가 갈릴 수 있어 상담사가 통역 서비스를 이용하는 것을 꺼린다.[6] 긴급 전화를 전화 통역 서비스로 돌리는 데 걸리는 시간을 고려해 보면 마르지에가 경찰과 실제로 통화하기까지 기다리지 못하고 전화를 끊어버린 것은 놀라운 일이 아니다. 오히려 이해가 안 되는 점은 마르지에에게 다시 전화를 걸려는 대처가 없었고, 긴급 전화가 두 번이나 끊어졌음에도 마르지에의 집으로 경찰이 출동하지 않았다는 사실이다.

오스트레일리아에서 가정 폭력은 심각하게 받아들여지고 있는 사회 문제로 위험에 처한 여성이 이용할 수 있는 공식적인 지원 서비스 네트워크가 있다. 하지만 공식 지원 서비스는 거의 영어로만 운영되어 다른 언어 사용자가 이용하기에는 어려움이 있다. 뉴사우스웨일즈주 이주 여성의 법률 서비스 접근 장벽에 관한 조사가 보여 주듯이, 오스트레일리아에서 영어를 잘하지는 못하는 여성이 '공평한 대우를 받기까지 아직 갈 길이 멀다.'[7]

마르지에 사례는 언어적으로 다양한 상황에서 긴급 서비스 혹은 전반적인 사회 서비스에 공평하게 접근하게 하려면 언어 문제를 어떻게 다루어야 하는지에 관한 문제를 제기한다. 기존 사회 질서가 너무 견고해서 다중언어 서비스 제공으로 공평한 접근을 보장하기란 불가능하다고 치부하기 쉽다. 과연 그런지 미국의 스페인어 긴급 전화 사례를 다시 한번 자세히 살펴보자. 앞서 언급했듯이, 상담사가 통역사에게 통화를 전달하면 대응 시간이 두 배로 늘어나므로 효율적이지 못하다. 그러나 전화 상담 센터에 이중언어 상담사가 있으면 상황은 달라진다. 스페인어 화자에게서 긴급 전화가 오면 바로 이중언어 상담사에게 돌려지므로 대응 시간은 늘어나지 않는다. 지배 언어와 한 개 혹은 그 이상의 언어를 사용할 줄 아는 전화 상담사를 고용하면 효과적인 다중언어 서비스를 제공할 수 있다. 하지만 스페인어 화자의 긴급 전화 서비스에 관한 연구 대상이 되었던 미국의 도시에서 이중언어 상담사는 한 명도 없었다. 도시의 인구 구성을 보면, 영어-스페인어 이중언어 긴급 전화 서비스 상담사가 한 명도 없다는 사실을 믿기 힘들 것이다. 미국 남서부 지역에 있는 그 도시는 연구가 수행되었던 2010년 자료에 따르면 인구의 50% 이상이 히스패닉계였다. 단일언어 긴급 서비스가 당연하고 기준이 되어야 한다는 생각은 바뀌어야 한다. 영어로만 긴급 전화 서비스를 제공하는 것은 공평한 접근을 막을 뿐이다.

언어와 젠더 격차

오늘날까지 세계에서 온전히 성평등을 달성한 국가는 없다. 여성들은 사회에서 다양한 형태로 취약할 수밖에 없는 위치에 노출되어 있다. 이주 여성은 취약 집단 중 하나로, 언어적 고립은 그들이 불이익을 받는 이유이기도 하고, 마르지에의 사례에서 보듯이 생존의 문제이기도 하다. 세계경제포럼이 매년 발행하는 「세계 젠더 격차 보고서(Global Gender Gap Report)」에 따르면 경제 참여와 정치적 권한 영역에서 젠더 격차가 가장 크다.[8] 이번 장에서는 언어 격차가 참여에 미치는 영향 중 젠더와 관련된 것을 주로 살펴보며, 언어 다양성과 젠더가 어떻게 교차하여 복합적인 불이익을 만들어 내는지 알아본다.

2013년 기준으로 여성은 전 세계 2억 1천4백만 명의 이민자 중 49%를 차지한다.[9] 출신국보다 이민국의 성평등 수준이 더 높을 경우, 여성들은 초국가적 이주를 통해 자신의 권한을 강화할 수 있을 것으로 생각하기도 한다. 그러나 아시아, 동유럽, 남미에서 오스트레일리아로 이주한 여성에 관한 문화기술지 연구는 이러한 기대가 사실이 아님을 보여 준다.[10] 연구에 참여한 여성들은 자신의 출신국보다 젠더 격차가 작은 오스트레일리아로 이민을 왔지만, 오히려 이주 전보다 더 전통적인 성역할을 수행하기를 요구받는다고 보고한다. 고학력 기술 혹은 사업 목적으로 이민 온 여성 집단은 이민 전에는 성공한 전문직 여성이거나 사업가였지만 오스트레일리아에서는 주부 혹은 아내의 역할을 하게 된다. 일차적으로 비자 절차상 여성은 남성, 즉 남편의 부양가족이라는 지위에 놓이게 되고, 4장에서 논의했듯이 자기 능력에 맞는 일자리를 구하는 데 장벽이 많기 때문이다.

관료적인 절차에서 언어적인 이유로 이주 여성의 평등권이 부정당하는 사례는 시민권 획득 과정의 일부인 언어 시험에서 명확하게 나타난다. 최근 전 세계 여러 나라가 시민권 획득 과정에서 언어 시험이라는 형식을 도입하고 있다.[11] 오스트레일리아에서 2007년 10월 시민권 획득을 위한 영어 능력 요구 사항이 개정되었다. 이전만 하더라도 예비 시민권자는 이민국 직원과 구술 면담하며 영어 능력을 보여 주면 되었다. '어디에 사세요?', '오스트레일리아 시민권을 가지면 좋은 점이 뭘까요?'같이 간단한 질문에 적절하게 대답하면 되었다. 시험 통과율은 거의 95%였다. 하지만 새로운 시험은 오스트레일리아 시민권과 관련된 20개 질문으로 구성된 전산화된 시험 형태였다. 20개의 질문 중 3개는 오스트레일리아 시민권의 좋은 점에 대한 것인데 이 질문에는 반드시 정확히 대답해야 하고, 전체적으로 60% 이상의 점수를 얻어야 한다. 언어 평가 전문가인 팀 맥너마라(Tim McNamara)와 케리 라이언(Kerry Ryan)은 영어 시험 형식의 변화가 서로 다른 예비 시민권자 집단에 미친 영향을 다음과 같이 설명했다.

2007년 10월 새로운 시험이 도입된 후 2009년까지 기술 이민 지원자가 한 번에 혹은 실패 후 바로 시험에 통과한 비율은 99%였지만, 가족 이민 지원자는 94%에서 91%로, 인도주의 프로그램 대상자는 84%에서

79%로 떨어졌다. 인도주의 프로그램 대상자의 경우 2009년 7월 1일에서 2009년 9월 30일까지 3개월 동안 시험에 통과한 비율은 70%까지 떨어졌으며, 한 번에 통과한 비율은 49.1%로 절반도 되지 않았다. 같은 시기 기술 이민 지원자가 한 번에 시험에서 통과한 비율은 91.5%였고, 가족 이민 지원자는 77.9%였다.[12]

고학력 응시자에게 새로운 시험은 단지 형식만 바뀐 것에 불과했지만, 가족이 재결합하거나 인도주의적 목적으로 이민하려는, 제대로 된 학교 교육을 받지 못한 응시자에게는 큰 장애물이었다. 특히, 어릴 때부터 교육 기회를 박탈당한 여성들에게 더욱더 차별적이었다. 21세기 초반 10년 동안 오스트레일리아 인도주의 프로그램으로 이민한 상당수가 아프가니스탄과 수단 출신이었는데, 이 두 국가는 여성의 학교 교육 참여율이 전 세계에서 가장 낮다. 공식적인 언어 평가는 정규 교육을 많이 받지 못한 사람에게 특히 어려울 수밖에 없다. 이민 전부터 차별받아 온 사람들에게 이민 후에도 차별을 지속하는 것이다. 오스트레일리아 시민권에서 젠더에 따른 배제가 발생한다는 사실은 다음과 같은 오스트레일리아 데이(Australia Day) 특집 기사에서 쉽게 확인된다.

신문의 작은 지면을 채워야 하는 신문 편집자에게 오스트레일리아 데이 다음 날 지면을 채우기란 참으로 쉽다. 새해 벽두에 새로 태어난 아이를 사랑스럽게 안고 있는 엄마의 뿌듯한 모습을 담은 사진처럼, 매년 여름 오스트레일리아 데이에 시청 밖에서 새롭게 오스트레일리아 시민이 된 사람들이 국기를 흔드는 모습을 담으면 되기 때문이다.
올해 『디 에이지(The Age)』는 엄마, 아빠, 네 명의 자식으로 구성된 수단 가족에 관한 기사를 실었다. 지난 20년 넘게 전쟁과 난민 수용소에서 겪은 비참한 폭력으로부터 탈출한 이야기였다. 여전히 한쪽 팔에는 총알

이 박혀 있었지만 아브라함 비아르 쿨 비아르(Abraham Biar Koul Biar)가 오스트레일리아 시민 증명서를 받게 되면서, 이제는 가족 모두가 자랑스럽고 행복하게 자신들을 오스트레일리아 사람이라고 부를 수 있게 되었다. 하지만 아내 아콜(Achol)은 그러지 못했다. 시민권 시험에서 떨어졌기 때문이다. "컴퓨터를 어떻게 사용하는지 잘 몰라서"라고 아콜은 『디 에이지』에 말했다.[13]

얼핏 보면 마르지에와 아콜 같은 여성이 배제되는 것은 낮은 영어 능숙도 때문인 것 같다. 하지만 고립될 수밖에 없는 데는 가정 언어 공동체가 작고 가정 언어로 제공하는 사회 서비스가 제한적이거나 부재한 것과도 관련이 있다. 정착하는 지역의 언어 사용 환경은 이주 여성의 참여 기회에 큰 차이를 만들 수 있다. 이러한 점을 미국 내 스페인어 화자와 오스트레일리아의 중국어 화자를 통해 살펴보자.

히스패닉계는 미국에서 가장 크면서도 가장 빨리 증가하고 있는 소수자 집단이다. 2010년 인구조사에 따르면, 4백만의 푸에르토리코인을 제외하고도 5천50만 명이 미국에 거주하는데 전체 인구의 16.3%를 차지한다.' 이전에 남미계는 미국의 특정 주에 집중되어 거주했지만, 이제 히스패닉계는 미국 전역에 분산되어 있다. 전통적으로 많이 살던 뉴욕, 텍사스, 캘리포니아, 플로리다의 주요 도심뿐만 아니라, 미국 전역의 소도시에서도 보이기 시작했다.'[14] '히스패닉'이라 불리는 포괄적인 집단에는 불법 이주민과 같이 최근 이민자 중에서 가장 불이익을 받는 집단도 상당수 포함되어 있다. 미국의 대다수 히스패닉계는 영어와 스페인어 이중언어 사용자이지만, 불이익을 받는 집단은 대다수의 스페인어 단일언어 사용자이다.[15]

사회학자 조아나 드레비(Joana Dreby)와 레아 슈말츠바우어(Leah Schmalzbauer)가 정착한 지역의 스페인어 공동체 크기와 스페인어 서비스의 이용 가능성에 따른 멕시코 이주 여성의 경험을 연구한 것은 이러한 배경에서다.[16] 이러한 측면이 멕시코 이주 여성이 가정 안팎에서 자율적인 삶을 사는 데 어떠한 영향을 미쳤을까?

첫 번째 연구 지역은 뉴저지주 도심 지역으로 멕시코 이민자들이 밀집해 있으며, 걸어가거나 대중교통으로 갈 만한 거리에서 이중언어 서비스의 이용이 가능했다. 두 번째 연구 지역은 오하이오주 교외 지역으로 멕시코 이민자들이 상대적으로 고립되어 살고 있었고, 스페인어 사회 서비스도 제한적이었으며, 이동하기 위해서는 운전하거나 다른 사적 교통수단에 의존해야 했다. 마지막 연구 지역은 몬태나주 농촌 지역으로 스페인어 사회 서비스를 받을 수 없는 험지이자 오지였다.

이민 후 낮은 사회·경제적 지위를 가진 여성이 가정 안팎에서 자율적인 삶을 살아가는 방식은 세 지역에서 상당히 차이가 났다.

뉴저지에 사는 여성들은 남편의 도움이 없이도 심지어 학대받더라도 가정에서 나와 이동할 수 있었다. 많은 수가 밖에서 일했으며, 의사소통에서도 영어나 스페인어 모두 사용할 수 있어 자녀 교육에도 적극적으로 참여하였다. 상당한 규모의 스페인어 화자 네트워크에 속해 있다는 것은 가족 관계에 어려움이 있을 때 정서적 혹은 실질적인 도움을 받을 수 있음을 의미한다.

오하이오의 상황은 상당히 달랐다. 여성들은 가정 밖의 공간으로 나가기 위해서는 남편과 관계가 좋아야 했다. 사회적 네트워크, 대중교통, 이중언어 서비스의 부재로 가정 내에서의 자율성이 가정 밖의 자율성을 결정하였다. 즉, 남편이 가정적이지 않으면 여성은 고립되었다. 한 연구 참여자는 자신의 미래를 위해 영어 수업을 듣고 싶었지만, 트레일러로 된 집에서 영어 교실까지 대중교통으로 왕복 4시간이 걸렸다. 남편의 차를 이용할 수도 없고, 대중교통을 이용하더라도 자녀의 하교 시간 전에 돌아올 수 없어서, 영어 수업 수강을 포기해야 했다.

몬태나의 멕시코 여성들은 남편의 지원이 있든 없든 어려운 상황이었다. 고립된 지역에 살면서 몇몇은 심지어 장 보는 것도 쉽지 않았다. 험한 길을 운전하는 것이 도심이나 교외 지역에서 운전하는 것보다 고될 뿐만 아니라, 몬태나에서 멕시코인이 운전하면 경찰의 주의 대상이 되곤 했다. 운전면허 검문 때문에 길가에 멈추는 것은 성가신 일 이상이었다. 합법적 지위가 없으면 강제 추방된다는 일상적인 두려움이 있기 때문이었다. 불안정한 환경에서 많은 연구 참여자는 심지어 집을 나가는 것조차 두려워했고, 질병과 같이 외부의 도움이 필요한 일은 쉽사리 심각한 문제로 악화하기 일쑤였다.

요약하자면, 이 연구는 언어적 배제가 사회경제적 맥락의 문제임을 보여 준다. 언어적 배제는 보통 개인의 특성, 즉, '지배 언어에 대한 능숙도 부족'의 결과로 여겨지지만, 언어적 차이를 언어적 배제와 같은 삶의 장애물로 바꾸는 것은 다름 아닌 사회 조직이다. 이민자 논쟁에서 '같은 민족끼리 모여 사는 것(ethnic enclaves)'은 사회적 분리를 가져온다고 비판받지만, 같은 언어를 사용하는 사람이 집중되면 이주 여성들이 자신의 역량을 자발적으로 펼칠 수 있는 중요한 환경이 제공된다. 이러한 측면을 산후 우울증과 관련하여 살펴보자.

인간이 살아가면서 겪는 중요한 경험인 이주와 엄마 되기를 동시에 경험하면 정착과 정신 건강에 어려움을 겪을 수밖에 없다. 서구권 국가에서 엄마가 되는 여성의 대다수는 어떠한 형태든지 '산후우울감(baby blue)'를 경험하고, 이들 중 20% 정도는 산후 우울증을 겪는다고 추정된다. 이러한 수치는 지배 언어 능숙도가 낮은 이주 여성들에게서 더 높게 나타날 것으로 예상된다. 하지만 이중언어 서비스를 받을 수 있는 뉴저지주 도시 지역에서는 영어 능숙도가 부족하더라도 개인의 자율적인 삶에 장애가 되지 않는 것처럼, 지배 언어 능숙도가 엄마가 되는 여성들의 정신 건강에 미치는 영향은 환경에 따라 다르다. 오스트레일리아 퀸즐랜

드주 브리즈번에 사는 중국어 화자 이주 여성의 사례를 살펴보자.[17]

우선, 비교문화 연구에 따르면, 홍콩과 대만을 포함한 중화권에서 산후 우울증은 거의 알려지지 않았다. 여성은 출산 후 몇 달 동안 쭈어웨쯔(坐月子, '앉아 있는 달' 혹은 '한 달 정도 집에 있기')로 알려진 산후조리를 받는다. 한 달 정도 침대에 머물면서 특별한 보양식을 먹으며 집안일도 하지 않는데, 이는 건강을 회복하기 위한 것일 뿐만 아니라 아이를 낳은 노고에 대한 보상이기도 하다.

중국에서 산모의 산후 우울증이 사실상 존재하지 않는 것과는 달리 오스트레일리아의 중국인 이주 여성의 산후 우울증 빈도는 일반적인 경우보다 높다. 보건 연구자인 코디아 추(Cordia Chu)는 중국인 이주 여성의 산후 우울증 발생은 고용 문제와 재정적인 문제뿐만 아니라 도움을 받을 수 있는 사회적 네트워크의 수준과 고립감과도 연관된다고 주장한다. 브리즈번에서 지난 3년 내 아이를 낳은 중국인 이주 여성 집단과의 면담 연구에서, 여성의 정신 건강에 영향을 미치는 가장 중요한 변수는 출신 국가였다.

중국어 화자 이주 여성은 중국 본토 출신인지, 홍콩 출신인지, 대만 출신인지에 따라 차이가 있었다. 오스트레일리아의 중국계 이민자들은 대체로 교육 수준이 높고, 기술 이민이나 사업 이민으로 들어간다. 하지만 중국 본토 출신 이민자 대부분은 우선 대학생 혹은 기술 이민으로 들어가는 반면, 홍콩과 대만 출신 이민자 대부분은 전문직 혹은 사업자로 들어간다. 이는 이민할 때 자신의 인적 자원은 물론 금전적인 것까지 오스트레일리아로 가지고 간다는 것을 의미한다. 홍콩 출신 이민자의 대다수는 1980년대와 1990년대에 이민을 했지만 중국 본토에서 오스트레일리아로의 이민은 최근 일인데, 2011년 인구조사에 따르면 중국 태생 이민자 중 2000년에서 2009년까지 10년 동안 이민한 사람이 가장 많았다. 브리즈번에서 영어를 제외하고 가장 광범위하게 사용되는 언어는 중국어로, 2011년 인구조사에 따르면, 총인구의 2.5%에 달하는 5만 852명의 브리즈번 거주자가 북경어, 광둥어, 혹은 다른 중국어를 자신의 가정에서 사용했다.

세 집단 모두 일반적인 경우보다 실업과 불완전 고용의 정도가 높지만, 중국 본토 출신 이민자가 직업에서는 가장 큰 하락을 경험한다. 중국 본토 출신 이민자는 다른 지역 출신 이민자들보다 교육 수준이 높지만 저숙련노동 혹은 반숙련노동에 종사할 가능성은 더 크다.

세 집단의 차이 중 하나는 브리즈번에 홍콩 또는 대만과 관련된 지역 사회 조직이 많다는 점이다. 연구 당시에 21개의 중국계 종교 단체 혹은 자원봉사 단체가 활동하고 있었는데, 이 중 9개는 대만인들에게만, 5개는 홍콩 태생에게만, 5개는 동남아 출신을 비롯한 모든 중국인에게 열려 있는 단체였고, 단지 한 개만이 중국 본토 출신 이민자만을 위한 조직이었다. 중국 출신 이민자는 사회 지원 서비스를 받기 힘들고, 대만 출신 또는 홍콩 출신과 비교하면 정보, 사회 서비스, 네트워크, 여가 활동에 대한 접근성이 떨어졌다.

출신 국가별로 각 10명이 면담 조사에 참여했는데, 30명의 면담자 중 11명이 산후 우울증을 경험했다고 하였다. 이 중 6명이 중국 본토 출신이었다. 산후 우울증을 겪는 11명 중 10명은 사회적 지원 부족을 문제로 뽑았다. 산후 우울증을 겪지 않은 여성은 산후조리를 하는 동안 오스트레일리아로 자신의 어머니를 부르거나 본국에 가서 출산하고 온 경우였다. 이 두 가지 경우 모두는 재정적으로 여유가 있는 참여자들이 선택할 수 있었는데, 대부분 홍콩이나 대만 출신이었다.

출산 후 가정에서 육아에 집중하느냐에 대한 선택도 재정적 여유와 연관되어 있었다. 홍콩과 대만 출신 여성 각 6명은 집에 머물며 아이를 돌보고, 직장으로 돌아가지 않기로 하였다. 이들 모두는 산후 우울증을 겪지 않았다. 반대로 중국 본토 출신 여성들에게 전업주부는 선택지가 아니었다. 생계를 유지하기 위해서 돈을 벌어야 했기 때문에 육아와 일을 병행하면서 다양한 정도의 스트레스와 피로를 경험하고 있었다.

직장이 있다는 것은 상당한 수준의 영어 능숙도를 지녔음을 의미하지만, 중국 출신이든 대만 출신이든 보건의료 관련 의사소통에는 자신감이 낮았기 때문에 자신과 아이의 의료 서비스를 받기 위해서 중국어를 할 줄 아는 의사나 의원을 찾았다. 중국어를 할 줄 아는 의사가 많지 않기에, 먼 거리를 이동하거나 의원에서도 오랫동안 기다려야 했는데, 이 또한 스트레스 원인 중 하나였다.

결과적으로 산후 우울증을 경험했다고 보고한 여성들은 이용할 수 있는 지원 서비스가 있다는 사실을 알기도 쉽지 않았고, 출산 준비 수업이나 엄마-아이 그룹 활동 같은 서비스에 참여하지도 못했다.

요약하자면, 이주 여성의 언어와 산후 우울증과의 관계는 직접적이기보다는 재정적 안정성과 지역 공동체 네트워크와 같은 다른 요소에 의해 매개된다. 오스트레일리아 퀸즐랜드주로 산모의 어머니를 모셔서 도움을 받을 수 있었던 홍콩 출신 여성과 대만 출신 여성은 재정이 안정적이어서 출산 후에도 집에 머물면서 아이를 돌볼 수 있었다. 또한 지원과 정보를 얻을 수 있는 사회적 네트워크가 있어서 영어 능숙도가 그리 중요하지 않았다. 반대로 재정적으로 힘들고 지역 공동체 네트워크가 부족했던 중국 출신 여성은 영어 능숙도 부족 혹은 자신감의 부족으로 또 다른 스트레스와 불안을 겪을 수밖에 없었다.

언어가 이유가 된 폭력

지금까지 살펴본 평등한 참여를 막는 언어 장벽은 개인의 언어 레퍼토리와 공동체 규범 사이의 불일치로 나타난 결과이다. 보통의 경우 개인의 언어 레퍼토리와 공동체 규범 사이의 차이는 그렇게 크지 않아서, 참여에 대한 절대적인 장벽으로 작용하기보다 참여의 질에 영향을 준다. 종속된 화자가 공동체 삶에서 평등한 참여 기회를 거부당하는 언어 종속화의 한 형태가 언어 차별이다. 2008년 미국의 연구가 보여 주듯 언어 차별은 드문 일이 아니다. 설문에 참여한 아시아계 미국인의 12%가 지난 2년간 서비스를 받을 때 언어를 이유로 차별을 경험했다고 보고한다.[18] 이 수치는 인종 차별을 경험했다고 하는 사람보다 높았다. 연구자들은 언어 차별과 건강 사이에 통계적으로 유의미한 상관관계가 있음을 발견하였다. 언어 차별을 경험한 사람은 그렇지 않은 사람보다 만성질환을 겪을 가능성이 컸다.

언어 차별은 다양한 형태를 지닌다. 미세 공격(micro-aggression)에 대해 살펴보기에 앞서 언어가 이유가 된 폭력에 대해 논의해 보자.

식민지 시기 오스트레일리아에서는 서로 다른 언어를 사용하는 화자 사이에서 폭력이 빈번하게 일어났다. 그중 하나의 사례가 바로 19세기 초 태즈메이니아(Tasmania) 지역에서 활동한 세 명의 산적에 관한 이야기다. 이 중 두 명은 스칼란(Scalan)과 브라운(Brown)이라는 이름의 아일랜드인이고 다른 한 명은 영국인 리처드 레몬(Richard Lemon)이다.[19]

레몬은 자신이 한 마디도 이해할 수 없는 게일어로 이야기하는 브라운과 스칼란이 싫었다. 브라운이 캥거루 사냥을 나간 어느 날 아침, 레몬은 불을 쬐고 있는 스칼란에게 슬그머니 다가가 뒤통수 가까이에 권총을 대고 방아쇠를 당겼다. 큰 캥거루 가죽을 벗길 때처럼 스칼란의 발목을 묶어 고무나무에 매달았다. 그는 브라운이 사냥에서 돌아왔을 때 짧게 말을 했다. '자, 브라운, 이제 우리 둘밖에 없으니 앞으로 서로 잘 이해하는 게 좋을 거야.'[20]

이때는 폭력의 시대였고, 스칼란, 브라운, 레몬 모두 반사회적 범죄자이자 불한당이었다. 그래도 언어적 이유로 구성원 중 한 명을 죽이는 것은 너무 편집증적인 행동이다. 하지만 식민지 시기 오스트레일리아에서 언어적 타자에 대한 편집증적인 두려움은 폭력 집단에서 발생하는 폭력에만 한정되는 것이 아니라 정부도 허용했던 일이었다. 역사학자 로버트 휴즈(Robert Hughes)가 그의 저서 『치명적인 땅(The Fatal Shore)』에서 설명했듯이, 식민지 초기 몇 년간 영어를 사용하는 청교도인과 게일어를 사용하는 가톨릭 교인들 사이에서 분열이 일어났는데, 게일어로 간단한 대화만 해도 처벌받을 수 있었다. 예를 들어, 유럽이 오스트레일리아 대륙을 점령한 지 5년밖에 되지 않았던 1793년 모리스 피츠제럴드(Maurice Fitzgerald)와 패디 갈빈(Paddy Galvin)이라는 아일랜드 남성은 "같이 걸어가면서 아일랜드어로 너무 떠들었다."라는 이유로 300대의 태형에 처해졌다.[21]

18세기 후반에서 19세기 초반 오스트레일리아로 호송된 아일랜드 범죄자의 많은 수는 게일어 말고는 할 줄 아는 언어가 없었다. 영국이 아일랜드를 식민지화하는 것에 반대했던 가톨릭 교인이었던 그들은 오스트레일리아에서도 무차별적인 의심을 받았다. 뉴사우스웨일스 성공회 수장이었던 새무얼 마스든(Samuel Marsden)은 19세기가 저물어 갈 때 가톨릭 교인들을 이처럼 평가했다.

> 종교와 도덕 원칙이 부족한 그들은 냉혈한으로 사악한 행동을 범할 수밖에 없다. 그 결과를 반성하지 않고 반역과 해로움 속에서 살아갈 수밖에 없는 그들은 사회에서 가장 위험한 족속이다.[22]

물론 오늘날 가톨릭은 오스트레일리아 사회의 주류가 되었지만, 종교적, 언어적 편집증은 사라지지 않았다. 식민지 초기 가톨릭에 대한 편집중적 공포와 오늘날 이슬람교도에 대한 편집증 사이의 유사성에 대해 잠깐 생각해 보자. 예를 들어 2015년 초반 뉴사우스웨일스주 검찰총장 브래드 해저드(Brad Hazzard)는 죄수들이 감옥에서 면회나 전화 통화 시 아랍어로 말하거나 아랍어 서신을 교환하는 것을 금지하였다.[23]

식민지 오스트레일리아에서 게일어 화자에 대한 범죄와 국가가 용인한 폭력이 서로 맞닿아 있듯이, 영어가 아닌 언어 화자에 대한 학대 또한 다른 언어 화자를 모욕하는 전반적인 분위기 속에서 일어난다. 지금부터는 오늘날 영어가 아닌 언어를 공공장소에서 말했다는 이유로 발생한 폭력 사례를 논의할 것이다.

2012년 11월 22세의 프랑스 관광객 파니 데상조레(Fanny Desaint-jores)와 친구 2명은 멜버른에서 야간 버스를 탔다.[24] 버스 뒤편에 앉아서 파티 흥에 젖어 있던 그들은 프랑스어로 노래를 부르기 시작했다. 그러나 흥겨웠던 분위기를 다른 승객들은 용인하지 않았다. 버스 앞쪽에 앉아있던 오스트레일리아 여성은 '오시, 오시, 오시(Ausie, Ausie, Ausie)'라는 스포츠 경기에서 사용하는 구호를 외치기 시작하며, '어이, 어이, 어이(oi, oi, oi)'라는 반응을 유도했다. 처음에 프랑스 관광객들은 함께 노래를 부르거나 노래 대결을 하자는 것으로 알고 목소리를 높였다. 그런데 이에 대한 반응으로 다른 버스 승객이 "영어 하지 않을 거면 죽어 버려."라고 말했다. 그즈음부터 다른 버스 승객은 그 장면을 휴대전화로 촬영하기 시작했다. 녹화된 비디오를 보면, 그 이후 유모차에 탄 아기와 어쩔 줄 몰라 하는 네다섯 살 정도 된 아이를 데리고 가던 중년 남성이 상황을 더욱 추악하게 만들어 버렸다. 프랑스 여성에게 입에 담지 못할 폭력적인 위협이 담긴 욕설을 퍼부은 것이다. 버스에서 내린 후에는 프랑스 여성 가까이에 있던 창문이 박살 나 버렸는데, 뭔가를 던진 것으로 보였다.

비디오가 유튜브에 올려지자 며칠 만에 세간의 관심을 끌었고, 미디어는 그 사건을 '인종주의 폭행', '버스에서의 인종주의적 공격', '인종주의적 욕설', '버스에서의 인종주의적이고 폭력적인 욕설 행동' 등으로 다양하게 묘사하며 관심 있게 다루었다. 이후 두 명의 가해자였던 헤이든 스털링 스튜어트(Hayden Stirling Stewart)와 데이비드 로버트 그레이엄(David Robert Graham)은 인종주의적 폭행 혐의로 기소되어 2014년 1월 형이 확정되었다.

재판 심리 동안 그레이엄은 자신의 행동에 대한 비난이 높아지면서 건설 노동자로 일하던 직장에서 해고되고 살던 아파트에서도 쫓겨났다. 폭력 행위자들에 대한 사회적 격리와 징역 조치는 물론 미디어 보도와 소셜 미디어 글들을 볼 때 대중들은 이 사건을 인종주의적 폭력으로 보고 있는 것이 명백했다.

이 사건에 연루된 노래를 불렀던 프랑스인과 폭력을 가한 오스트레일리아인 모두 백인이었다는 점을 생각해 보면 이 사건은 조금 더 복잡해진다. 멜버른 버스에서 영어가 아닌 다른 언어로 이야기했다는 이유로 파니 데상조레를 인종적으로 모욕한 것이 이상하게 보일 수 있는데, 가해자들이 술에 취해 그랬다고 치부해 버릴 수도 있다. 하지만 사건 비디오와 이후 미디어 보도가 보여 주는 바에 따르면, 영어가 아닌 다른 언어로 이야기하는 것을 인종적 열등함으로 등치한 것은 비단 그 가해자만이 아니었다.

폭력적인 언사가 계속될 때, 대부분 내뱉어진 욕은 '씨**(bitch)'처럼 여성의 생식기를 지칭하는 성적으로 모욕적인 말들이었고, 폭력적인 위협 대부분도 가슴을 도려내겠다 같은 성적인 폭력에 대한 것이었다. 유일하게 명확히 인종주의적인 단어는 헤이든 스튜어트가 사용한 'ding'이라는 단어로, 오스트레일리아 사람들이 남부 혹은 중앙 유럽에서 온 이민자, 특히, 이탈리아인, 그리스인, 유고슬라비아인을 헐뜯을 때 사용한다.[25] 또 다른 백인 중년 남성이자 버스 승객이었던 데이비드 그레이엄이 스튜어트에 이어서 흑인에 관한 욕설을 하기 시작하면서 인종주의는 이 사건에서 중요해진다. 데이비드 그레이엄의 공격은 프랑스 여성을 향한 것이 아니었다. 앞서 말했듯이, 그들은 모두 백인이었다. 그의 공격이 향한 곳은 바로 휴대전화로 비디오를 찍고 있던 사람이었다. 그는 마이크 나이나(Mike Nayna)라는 젊은 오스트레일리아 남성으로 부모님은 몰디브와 네덜란드 출신으로 자기 자신을 '갈색(brown)' 피부를 가진 것으로 묘사했다.[26] 미디어와의 인터뷰에서 그는 "분명히 프랑스 여성들은 백인이었고, 버스에서 '갈색' 피부를 가진 사람은 저와 흑인 남자 한 명뿐이었어요."라고 하였다. 흑인에 대한 욕설의 대상은 데상조례였다기보다는 나이나였다. 데상조례는 언어적 차이 때문에 비난의 대상이 되었던 것이고 욕설은 거의 성적 모욕의 형태였다. 격해진 상황에서 데상조례에 대한 언어적이며 성적으로 폭력적인 표현들은 다양한 편견이 서로 맞물린 소용돌이 속에서 나이나에 대한 인종적으로 모욕적인 표현까지 불러일으킨 것이다. 진상은 이러한데 미디어는 일관되게 데상조례를 인종주의적 폭력의 대상으로 지칭하였고, 백인이었던 그녀가 '흑인'으로 지칭되면서 노예 제도와 연관되는 것에 대해 아무도 이상하게 여기지 않았다. 논평가들에게 오스트레일리아 공공장소에서 영어가 아닌 언어를 사용한 것을 '흑인'과 혼동한 것은 이상한 일이 아니었다. 오히려 당연한 일이었다. 논평가들은 언어와 인종과의 관계 그 자체가 아닌 인종적 위계를 불러일으킨 것에 반대한 것이다.

이 사건의 발단이 된 언어가 프랑스어라는 사실은 참으로 특이한 일이다. 프랑스어는 일반적으로 비난받기보다는 칭송받는 언어로 유럽에서 위세가 높다. 하지만 공공장소에서 영어가 아닌 다른 언어를 사용했을 때 반발과 부정적인 반응이 야기되는 것은 오스트레일리아에서 드문 일이 아니다. 모든 사례가 미디어에서 조명되지는 않지만, 그러한 사례들이 있다. 2013년 유사한 사례가 보도되었는데, 태즈메이니아주 호바트(Hobart)에서 버스에 탄 21세 앵글로색슨계 오스트레일리아 여성이 15세 아프가니스탄 난민 소년이 페르시아어를 사용한다는 사실에 분노해 욕하며 폭행한 사건이 일어났다.[27] 영어가 아닌 언어 사용자들은 부정적인 반응을 피하려고 공공장소에서 영어가 아닌 언어를 말하지 않으려고 주의한다. 이데올로기적으로 외국어라고 여겨지는 언어를 공공장소에서 사용하는 것에 대한 광범위한 비난은 젊은 스위스 남성을 대상으로 한 대규모 설문조사 결과가 보여 주듯 비단 오스트레일리아만의 문제는 아니다.[28] 공공장소에서 외국어를 듣는 것에 대해 어떻게 느끼냐고 질문하자 설문에 참여한 4만 3천 명이 넘는 젊은 남성의 과반수가 짜증 난다고 답했다.

언어와 관련된 사회 규범에서 벗어나는 것에 대한 관용이 점점 더 없어지고 있다. 언어 규범을 강요하기 위한 수단으로 폭력이 발생하는 경우는 드물고 형사 범죄에 해당하지만 성적이고 인종적 폭력에 대한 두려움이 여성과 유색 인종들의 자유를 제한하는 것처럼 언어가 이유가 되어 일어나는 폭력에 대한 위험은 언어 지배의 가장 극단적인 측면이라고 할 수 있다.

미세 공격

종속된 언어 화자에 대한 공격이 앞서 논의한 바와 같이 투박하고 폭력적인 방식으로 일어나는 일은 거의 없다. 비판적 인종 이론가들은 인종 간 위계를 지속해서 구성하고 재구성하는 훨씬 더 은밀한 도구는 일상적으로 행해지는 무시하는 말(put-down)이라고 주장한다. 일상적으로 행해지는 무시하는 말 하나하나는 그 자체로 아무런 해가 없어 보이지만, 축적되면 유색 인종에게 상당한 부담이 되며, 은밀하지만 효과적으로 평등한 참여에서 그들을 배제한다. '미세 공격'이라는 개념은 '간단하고 평범해 보이지만 의도했든 의도하지 않았든 일상적인 말, 행동, 환경을 통해 유색 인종에 대한 적대, 조롱, 부정적인 의도를 전달하는 모욕 주기'로 정의되는데, 1960년대 정신과 의사였던 체스터 피어스(Chester Pierce)에 의해 처음 사용되었다.[29]

미세 공격은 미세 저격(assault), 미세 모욕(insult), 미세 묵살(invalidation)로 구성된다. 미세 저격의 예는 인종을 조롱하는 말을 사용하는 것이다. 미세 모욕은 무례한 의사소통이나 해당 인종의 정체성을 깎아내리는 것이다. 미세 묵살은 '유색 인종의 심리적 사고, 느낌, 경험적 현실을 배제, 부정, 무효로 하는 의사소통'이라는 특징을 가지고 있다.[30] 미세 공격 행위 그 자체로는 아무런 해를 가하는 것 같지 않지만, 시간이 지나면서 축적되면 폐해가 많다. 스트레스를 유발하고, 시간과 에너지를 갉아먹으며, 자신감을 떨어뜨리고 부정적인 자기 이미지를 갖게 한다. 미세 공격은 미묘한 경우가 많아서 정작 그 대상은 배제되고 있다고 정확하게 느끼지 못하는 불확실성을 경험하는 경우가 많다. 모호성 때문에 불안과 우울증으로 이어지기도 한다.[31]

'미세 공격'이라는 개념은 많은 경우 인종 차별을 탐색하기 위해 사용되고 있지만, 최근 성차별이나 성적 지향에 따른 차별과 같이 다른 형태의 차별을 탐색하는 데도 확장되고 있다.[32] 같은 방식으로 언어 종속화와 관련된 분석에도 유용하게 확장될 수 있다. 이를 최근 교육 국제화와 함께 증가한 유학생의 배제와 관련하여 살펴보자.

오스트레일리아 내 유학생 연구에서 꾸준히 제기되는 주제가 해당 국가에 잘 소속될 것이라는 유학 전 기대와 실제 유학 중 겪게 되는 배제의 경험 사이에서 일어나는 갈등이다. 예를 들어 일본과 대만에서 온 유학생 경험에 관한 문화기술지 연구에서 연구 참여자들은 유학을 결심하게 된 계기 중 하나가 다양한 문화권에서 온 학생에 대한 포용성이라고 이야기한다.[33] 연구 참여자들은 유학 전에는 '일본인이 아닌' 혹은 '중국인이 아닌' 친구 무리라고 부를 수 있는 '오스트레일리아' 혹은 '국제' 학생 집단의 일부가 되어, 시드니의 멋진 카페를 돌아다니며 유창한 영어로 수다를 떠는 자기 모습을 상상했다고 구체적으로 자신이 품었던 기대를 이야기했다. 실제로 유학 광고들을 보면 다양한 집단의 학생들이 모여 공부 혹은 여가 활동을 하는 모습으로 가득 차 있다. 광고에 나타난 포용성은 인종적으로 서로 다른 모습을 가진 사람들의 이미지를 통해 전형적으로 표현된다.

불행하게도 연구 참여자들의 현실에서 이러한 모습은 거의 일어나지 않았다. 친구를 사귀고, 공부 모임에 참여하고, 그룹 활동하는 그 모든 것은 기대와 달랐다. 대만에서 온 한 학생은 자기 경험을 다음과 같이 묘사하였다.

> 그룹 토론할 때면 모두 자신의 의견을 말하고 나누죠. 근데 눈길도 주지 않아요. 의견도 무시해 버리죠. 말하면 멈추기는 하지만, 말이 끝나면 이내 자기들이 하던 논의로 바로 돌아가 버리죠. 기분이 좋지 않죠. 내 영어가 부족해서라고 생각했어요. 그런데 나중에 다른 유학생들도 비슷한 느낌을 받는다는 것을 알게 되었어요. 똑같이 느꼈던 거예요. 나만의 문제가 아니었던 것이죠. 인종 차별 같은 게 있다고 생각하게 되었죠.[34]

무시당하고, 대화에 끼지 못하고, 자신에 대해 부정적인 감정을 가지게 되는 것은 연구에 참여한 일본인과 대만 참여자에게서만 아니라, 유학생에 관한 연구에서 지속적으로 나타난다. 현지 학생은 현지 학생과 어울리고, 유학생은 같은 인종의 유학생들과만 어울리는 것이다. 다양한 학생들이 행복하게 어울리는 캠퍼스 모습은 광고 이미지 속에만 존재할 뿐이고, 실제로 포용적인 문화를 만드는 일은 여전히 쉽지 않다. 이미 2003년에 고등 교육 연구자들은 "문화적으로 다양한 학생 집단이 있는 것과 그들이 긍정적인 상호작용에 참여하도록 하는 것은 별개이다."라고 주장하였다.[35] 개별 유학생에게는 '수줍어하지 마라.', '자신감을 가져라.'와 같은 많은 조언이 있지만, 유학생들이 현지 학생들과의 긍정적인 상호작용에서 일상적으로 배제되는 것에 대해서는 이해하고 있는 바가 거의 없다.

미국 엘리트 대학의 히스패닉계 학생들에 관한 연구도 캠퍼스에서의 미세 공격을 설명하는데, 앞선 연구 결과와 비슷한 양상이 나타난다.[36] 오스트레일리아 대학의 유학생들처럼, 미국 대학의 히스패닉계 학생들은 배제와 고립을 자주 경험한다. 초점 집단 면담에서 학생들은 캠퍼스에서의 대인관계 경험을 이야기하였다. 모든 학생이 미묘하게 혹은 명시적으로 배제당한 이야기를 하였다. 사소하지만 부정적인 상호작용이 계속되면서 히스패닉계 학생들은 캠퍼스에서 소속감을 잃고, 편안한 느낌을 갖지 못했다. 한 학생은 다음과 같이 말하였다.

교실에 있는 것도 편하지 않아요. 수업에 가면 내가 다르다는 사실을 알게 되고, 매일 그것을 상기하게 되죠. 교실에 저 말고는 흑인 남학생, 흑인 여학생이 있고 나머지는 모두 백인입니다. 나와 다른 흑인 학생 두 명과 항상 같이 앉고, 나머지 애들은 저희와 떨어져 앉으려고 해요. 책상에 책을 올려놓으면 다른 책상 주변에는 사람이 많은데 내 주변 의자는 비어 있는 것을 보게 되죠. 60명의 학생이 하나의 책상에 옹기종기 모여 앉는데 내가 앉은 책상 주변에는 저만 있는 거죠. 교수님도 말하고 나도 늘 생각하는 건데, 왜 여기에 앉지 않는 걸까요?[37]

이러한 경험을 하게 되면서 히스패닉계 학생들에게 캠퍼스는 스트레스를 주는 피곤한 장소가 된다. 이러한 공간에서 벗어나 같은 인종 학생들로 이루어진 편안한 장소를 찾게 된다. 자기 분리라고 비난받을 수 있지만, 그곳에서 자신들이 캠퍼스에서 경험한 배제의 아픔을 완화할 수 있다. 일종의 양면적인 전략인 것이다.

1960년대 체스터 피어스는 미세 공격에 대한 최상의 방어는 미세 공격을 알아보고 신속하게 방어해서 축적되는 피해를 줄이는 것이라고 했다. 히스패닉계 학생들에게도 적용될 만하다. 미세 공격이 인종차별적이라는 것을 인정하면, 대안적인 공간을 만들거나 적어도 자신들이 경험하는 배제가 개인의 문제가 아니라는 것을 깨달을 수 있다.

유학생에 대한 미세 공격에 내재한 인종주의는 언어 능숙도에 의해 가려지기 쉽다. '영어를 못해서' 배제된다고 전제할 수 있는 것이다. 포용적인 캠퍼스 경험을 만들고 종속된 언어 화자들의 평등한 언어 참여를 가능하게 하기 위해서는 은밀하고 미묘한 미세 공격을 드러내 눈에 보이게끔 하는 것이 중요하다.

언어 소외

사회 참여에서 언어 장벽을 경험하고, 언어가 다르다는 이유로 폭력을 당할까 두려워하며, 미세 공격의 대상이 된다면 깊은 고립감과 배제의 감정을 느낄 수밖에 없다. 하지만 언어적 고립과 언어적 배제는 성차별 및 인종 차별과 분리될 수 없다. 지금까지는 언어 장벽과 언어적 차별을 다른 차별과 분리해서 살펴보았지만, 사회 참여를 하는 데 언어와 젠더가 교차할 수 있다는 점도 지적하였다. 이번 절에서는 참여의 질을 더욱 총체적으로 살펴보기 위해 교차성의 관점을 다시 한번 동원한다. 참여의 질을 나타내는 지표로 한쪽에는 소속감을 다른 한쪽에는 소외를 두고 해당 선상에서 생각해 보자. 언어 종속화는 사회적 소외의 핵심 요소이지만, 독립적으로 작동하는 경우는 거의 없다. 이번 절은 런던의 서로 다른 세 집단의 경험을 통해 언어 소외가 계급, 몸, 미디어 사용과 어떻게 교차하는지 탐색한다. 논의하는 집단은 폴란드 출신의 새로운 이민자, 오래전에 이민한 파키스탄 출신 정착자, 동아시아 출신의 단기 거주자이다.

새로운 이민자들이 새로운 장소에서 새로운 네트워크를 만드는 방식에 관한 최근에 진행된 사회 연결망 연구를 먼저 살펴보자.[38] 이 연구에서 새로운 이민자는 2004년 폴란드가 유럽 연합에 가입하면서 영국에 정착한 폴란드인이다. 2004년에서 2011년 사이 50만 명 이상의 폴란드인이 영국에 정착하였는데, 이 기간에 영어 다음으로 가장 많이 사용되는 가정 언어가 폴란드어가 되었다. 사회학자 루이스 라이언(Louise Ryan)은 폴란드 출신 이민자들이 어디에 살고, 어떻게 직장을 잡고, 어떻게 새로운 사회에 참여하는지를 알아보기 위해 사회 연결망 연구 방법을 이용하였다. 연구 참여자로는 20대 대학 졸업자로 혼자 영국으로 이주한 마렉(Marek)이 소개된다. 마렉은 폴란드인 네트워크를 통해 런던에 도착했을 때 묵을 거처와 일자리를 찾을 수 있었다. 폴란드인 네트워크가 런던에서 첫발을 내디딜 수 있게 해준 것이다. 하지만 마렉은 폴란드인 네트워크가 줄 수 있는 것은 여기까지임을 깨닫게 된다. 폴란드인과 함께 생활하면서 영어 능숙도를 향상할 기회는 없었고, 폴란드인 네트워크를 통해 얻게 되는 직장은 고작 저숙련, 저임금 일자리로 자신이 가진 자격 요건에 맞는 일자리를 제공해 주지 못했다. 마렉은 더 나은 직장을 찾기 위해서 영어 능숙도를 향상하는 것을 선결과제로 정했다. 그래서 폴란드인과 함께 살던 숙소를 나와 갭이어로 영국에 온 오스트레일리아와 뉴질랜드 배낭 여행객들과 함께 생활할 수 있는 곳으로 거처를 옮겼다. 그들과 잘 지내면서 마렉의 영어 능숙도는 향상되었고, 친구도 훨씬 광범위하게 사귈 수 있었다.

하지만 마렉은 영어가 완벽해지고 영어권 친구를 사귄다고 해서 기대했던 대로 더 나은 직업을 찾는 등 사회적 조건을 향상시킬 수는 없었다. 어떤 의미에서 마렉은 애먼 곳에 기대고 있었다. 영어권 친구들도 런던의 새로운 이주자였지만, 마렉처럼 런던에 성공하기 위해 온 것은 아니었다. 갭이어로 세계를 보고 파티를 즐기기 위해서 런던에 온 것이었다. 돌아보니 영어 학습에 성공하고 친구 네트워크를 넓히는 것이 해결책은 아니었다.

> 런던에서 관련 기관을 찾거나, 어딘가로 가야 하거나, 해결책을 찾아야 하는 것과 같은 문제가 생겼을 때 도와줄 수 있는 사람이 없었어요. 물어볼 사람도 없고, 그렇게 하는 거야라거나 모든 게 괜찮아질 거야라고 말해 줄 사람이 아무도 없었어요. 한 사람도요. 내가 아는 사람들은 모두 알고 있는 게 아무것도 없었어요.[39]

새로운 환경에서 영어를 습득하고 영어권 친구를 만든다고 필연적으로 사회적 자본을 획득하는 것은 아니다. 이를 경험한 또 다른 집단은 엄마들이다. 어린아이를 키우는 이민자 엄마들은 학교를 통해 지역 네트워크에 접근하기가 상대적으로 쉽다. 폴란드인 여성도 예외가 아니었다. 엄마들의 네트워크는 아이와 함께하는 모임(play date)이나 아이를 서로 돌보아 주는 것으로 보통 발전한다. 하지만 엄마들의 네트워크가 폴란드인 이주 여성이 영국 사회로 진입하는 방식을 바꾸지는 않는다. 이주가 여성들의 계급적 지위를 바꿔놓았기 때문이다. 연구에 참여한 폴란드인 엄마 두 명은 대학을 졸업했으며 폴란드에서는 중산층에 속했다. 하지만 런던에서는 노동자 혹은 낙후한 지역에 살았다. 해당 지역에서 다른 엄마들을 사귀었지만, 자신과 공통점을 발견하기는 쉽지 않았다. 마렉의 배낭 여행객 친구처럼, 지역의 엄마들은 이주 여성들이 원하는 전문 직업 세계에 어떻게 접근할 수 있는지 전혀 몰랐다.

요약하자면, 폴란드 출신의 새로운 이민자들은 이주 전후로 서로 다른 계층 차이를 경험하게 된다. 교육 수준도 높고, 영어도 능통하고 빨리 배우며, 영국 사회에 통합하여 참여하고자 하는 동기도 높지만, 영국에서 그들의 계층적 지위는 참여의 질에 큰 영향을 미친다. 폴란드인 연구 참여자들은 상대적으로 런던으로 이주한 지 얼마 되지 않아 시간이 지나면서 참여의 질이 좋아질지도 모른다. 하지만 런던에 거주하는 또 다른 이민자 집단으로, 오래전에 이민한 파키스탄 출신 정착자에 관한 연구는 계층적 소외가 살아가면서 꽤 오래 지속된다는 것을 보여 준다.

인류학자 카베리 쿠레시(Kaveri Qureshi)는 사회 참여가 몸의 이동성과 어떠한 관련이 있는지를 이해하기 위해 만성 질환을 앓고 있는 파키스탄 노동 계층 이민 남성들을 연구하였다.[40] 연구는 영국 내 파키스탄인에 대한 다음과 같은 관찰로 시작한다.

> 장거리 전화 통화, 잦은 고국 방문과 명절, 유통되는 상품과 미디어 소비, 선물 교환, 파키스탄 내 학교 혹은 병원 건설과 같은 인도주의 사업에 대한 자선 등을 통해 지속해서 재생산되는 '초국가적 민족 세계'가 구축된다.[41]

이와 같은 영국 내 파키스탄인의 초국가적 세계에 대한 묘사는 자신의 문화적, 인종적 정체성 유지를 최우선 과제로 여기며 신체적으로 건강하고 물질적으로 안정적인 이민자라는 정상화된 모습을 전제한다. 하지만 쿠레시가 동런던 지역에서 만난 만성 질환을 앓고 있는 남성들의 이야기는 다르다. 몸이 아프다 보니 초국가적 세계 구축은 고사하고 런던에 자신을 묶어 둘 수밖에 없다.

영국의 전후 제조업 호황은 영연방 이민자라는 노동력 때문에 가능했다. 15~20년 동안 '등골이 휘어질 정도'의 고된 육체노동을 한 많은 이주 노동자는 정확히 제조업 토대가 사라지기 시작한 1980년대부터 건강이 나빠지고 있다는 것을 느끼게 되었다. 몸은 더 이상 힘든 육체노동을 할 수 없고, '가벼운' 사무 노동을 하기에는 교육 수준이 부족했다. 대부분은 실업 상태에 놓이게 되었다.

20여 년이 넘는 기간을 복지 수당에 의존하면서 지내야 하는 상황에서 그들은 자신이 사회에 필요 없는 존재라고 느꼈다. 육체노동을 위해 이주했는데 건강을 잃으면서 역설적으로 여기에도 저기에도 속하지 않은 존재가 되었다. 돈이 없으니 런던을 떠나기도 힘들어 초국가적 실천은 어려웠다. 예를 들어 '저가' 항공이라 해도 그들에게는 '저가'가 아니었으며 몇 년 동안 돈을 모으거나 누군가에게 빌려야 이용할 수 있었다. 파키스탄의 고향에 있는 사람들은 그들을 '부자'로 여기며 방문 때마다 선물이나 답례품을 기대했기 때문에 고국 방문이 더 힘들어지고 기쁘지도 않았다. 초국가주의의 '사회적 접착제'로 불리는 전화 카드도 잔액을 관리해 가며 사용할 수밖에 없었다.

파키스탄과의 초국가적 연결을 유지하는 것만 힘든 일이 아니었다. 때로는 본국과의 연결을 끊어내는 것이 재정적인 어려움을 해결할 수 있는 유일한 방법이었다. 이들 중 많은 수는 호시절에 파키스탄에 지었던 집이나 땅을 파는 것이 런던 집 보수와 같이 예상치 못하게 목돈이 필요한 경우를 대처하는 방법이었다.

쿠레시의 면담자들은 이러한 자신들의 경험을 씁쓸해했다. 자신의 청춘과 몸을 영국에 바쳤지만, 영국은 자신들을 빨리 병들게 하고서는 좋은 노후를 보장해 주지도 않는다고 느꼈다. 한 남성은 다음과 같이 말했다.

제가 한때는 건강을 참 잘 유지하고, 일도 잘했어요. 지금 봐선 상상이 안 되겠지만요. 남동생이 한 명 있는데 저와 열세 살 차이거든요. 같이 있으면 사람들이 저를 동생이라고 했다니까요. 영국에 오기 전과 영국에 사는 1975년에서 1990년 사이에 병원은 물론 의사를 만나러 간 적도 없어요. 그랬던 제가 지금은 이런 병자가 되어 버렸네요.[42]

그들이 씁쓸해하는 것은 나빠지는 건강과 불안정한 재정뿐만 아니라 '시스템'이 자신들을 대하는 방식이다. 복지 수당을 받기 위해서는 일을 할 수 없고 건강이 좋지 않다는 것을 법적으로, 의료적으로 지속해서 증명해야 한다. 시스템은 이들의 의료적 요구를 너무 천천히 처리하다 보니 의료 서비스를 받기 위해 오래 기다리거나 진단이 잘못되기도 해서 상황이 악화하기도 한다.

이주 노동자 남성들은 의료인과의 만남에서처럼 영국에서 사회 참여의 질이 낮은 것을 언어적 어려움이나 문화적 차이 때문에 발생한 '의사소통에서의 오해' 때문이라고 생각하지 않는다. 오히려 배제가 인종적, 계급적 차별의 결과라고 믿는다. 의사들은 노동자가 아니라 국가나 고용주 편에 있다고 보고, 의사들의 우선순위는 치료보다는 비용을 절감하는 것에 있다고 생각한다.

요약하자면, 쿠레시의 연구에서 만난 이민자들은 국가적 경계를 넘어 공동체 두 곳에서 소속감을 느끼는 멋진 초국가적 주체가 아니라 두 곳 모두에서 소외된 씁쓸한 환자이다. 전화카드, 위성 티브이, 문자, 인터넷과 같은 새로운 의사소통도 도구의 출현으로 소외감이 줄어든 것도 아니다. 그들이 처한 사회 경제적 위치에서는 많은 사람이 생각하는 것처럼 국제적 의사소통을 위한 새로운 수단에 쉽게 접근할 수도 없었다. 하지만, 중국, 일본, 한국에서 온 부유한 여성들과 같이 계급상으로 다른 지위에 있는 런던 거주자들에게 본국의 미디어는 런던에서 느끼는 소외감을 줄여주는 도구가 된다.

미디어 연구가 김윤아(Youna Kim)는 런던에 단기 거주하는 중국, 일본, 한국 출신 젊은 여성들의 본국과 영국 사회에서의 참여를 이해하기 위해 미디어 소비와 일상에 관한 면담을 진행하였다.[43] 연구에 참여한 모든 여성은 교육 수준이 높았으며 상대적으로 부유한 배경 출신이었다. 영국으로 이주한 주된 배경은 공부를 더 하면서 결혼에 대한 압력을 비롯하여 본국 문화권에서 여성에게 부여되는 전통적인 규범들을 벗어나기 위해서였다. 그녀들은 런던으로의 이주 동기를 말하면서, 원래부터 탐독하고 누렸던 서구 미디어에 대해 자주 언급하였다. 많은 경우 미디어는 자기 변화의 희망을 주입했고 유학을 생각하게 된 주된 동기로 작용했다.

그러나 고국을 떠나 런던에 정착하자 그녀들의 미디어 소비 패턴은 완전히 바뀌었다. 원래 유학의 동기였고 고국에서는 그렇게 매력을 느꼈던 서구 미디어에 관한 관심을 잃었다. 대신, 모국어로 된 미디어에 관심을 가지기 시작하였다. 변화의 이유는 흔히 예상하는 향수가 아니라 영국 사회에서 배제된다는 느낌을 뼈저리게 느꼈기 때문이다. 다음 인용문은 이러한 측면을 잘 보여 준다.

첫해에는 영국 사회를 알기 위해 티브이를 봤죠. 3년이 지난 지금 더 이상 보지 않아요. 보면 볼수록 더 소외감만 느껴요. 연결고리가 없어요. 너무 영국에 대한 것뿐이에요. 영국 영어의 악센트가 멋져서 좋아했지만, 지금은 소외감만 더 느끼게 할 뿐이에요. (런던에 사는 한국 여성)

좋은 음식도 없고, 타인 감정에 대한 배려도 없고요. 이제 더 이상 싸우지도 않아요. 내가 여기로 결정했잖아요. 제가 영어를 잘하는 것도 아니고요. '멋진 런던에 사는구나.'라는 말 앞에서 이런 좌절감을 이야기할 수도 없어요. 파리에 있는 제 친구도 우울증이 있는데 '넌 멋진 파리에 사는구나!'라는 말을 듣는데요. (런던에 사는 일본 여성)

전 제가 중국 전사가 되는 것 같다니까요. 벽이 느껴져요. 그게 인종 차별인지, 보이지 않는 적대감인지, 냉담함인지, 아니면 문화적 우월감인지 모르겠지만요. 외국에 살면서 점점 더 중국 사람이 되어가요. 그런 느낌이 더 커져요. (런던에 사는 중국 여성)[44]

유학, 특히 어학연수의 이유 중 하나는 유학과 유학을 통해 향상되는 영어 능숙도가 우리가 상상하는 서구 사회에 들어갈 수 있는 빠른 길로 여겨지기 때문이다. 그러나 이들 여성이 느끼듯, 서구 사회에 들어가고자 하는 열망은 상상된 형태일 뿐이고, 일상에서는 사회적 배제를 경험하기 마련이다. 많은 초국가적 이주민처럼, 고국과의 연결이 끊기거나 연결되더라도 가상의 공간을 매개로 할 뿐이다. 유학 간 국가의 주류 사회에 들어갈 방법도 찾기가 어렵다. 이들 젊은 여성은 '좋은 음식이 없는' 것처럼 간단한 것에서부터 불편함을 느끼고, 생각보다 낮은 삶의 질에 대해서 불만족이나 농담도 쉽게 할 수도 없을 정도로 주변화된 경험을 한다. 무엇보다 일상적인 상호작용에서도 그녀들은 박탈감을 겪는다. 매일 일상적인 만남에서 차이와 배제를 느낀다.

요약하자면, 특권층이라는 지위, 젊고 건강한 것, 다양한 의사소통 매체에 대한 접근도 이주민의 질 높은 사회 참여를 보장해 주지 못한다. 이들 여성은 평범한 일상의 상호작용에서조차 편안함을 느끼지 못하면서 깊은 소외감을 경험한다. 이 연구는 언어와 사회 통합이 교차하는 핵심에 일종의 영속적인 아이러니가 있음을 보여 준다. 즉, 경제적으로 발달하면 언어 교육과 유학을 통해 해당 사회에 통합될 수 있겠다는 전망을 할 수 있지만, 일상적인 삶에서는 심지어 상대적으로 특권을 가진 초국가적 이주민도 주변화되고 고향 같은 감정을 갖지 못한다.

요약

언어는 공동체의 삶에 온전히 참여하는 데 중요한 능력이다. 하지만 효과적인 참여를 위해 언어를 배치하는 능력은 불평등하게 분포되어 있다. 부르디외가 우리에게 알려줬듯이 말이다.

이해될 만한 문장을 만들어 내는 데 적합한 능력이 있다고 해서 말해야 하는 모든 상황에서 들을 만하고 인정될 만한 문장을 만들어 내는 데까지 적합하다고 볼 수 없다. 사회적으로 받아들여지는 문장은 단순히 문법적인 것으로만 환원될 수 없다. 적법한 언어 능력이 부족한 화자는 실질적으로 그러한 언어 능력이 요구되는 사회적 영역에서 배제되거나 침묵하기를 요구받게 된다.[45]

공동체의 온전한 일원이 되는 데 중요한 사회적 영역에서 자신의 목소리가 받아들여지지 않는 것은 언어적으로 정의롭지 못하다. 이번 장은 받아들여지는 것에 대한 언어적 장벽을 탐색하는 것으로 시작하였다. 긴급 전화 서비스와 같은 온전한 참여가 중요한 사회적 영역에서 받아들여지지 않으면 기본적인 인권이 침해당하게 된다. 가정 폭력 피해자가 긴급 전화를 했는데 받아들여지지 않는 사회 계약은 명백히 정당하지 못하다. 이러한 사회 계약은 재고해 봐야 하는 것이 우리의 도덕적 의무이다. 평등한 참여를 막는 장벽을 무너뜨리기 위해 다중언어 서비스 제공이 필요하다. 하지만 언어 정의는 이보다 더 나아가야 한다. 다중언어 서비스 제공에 대한 실질적인 한계를 지적하면서, 모든 사람이 들려지고 경청받을 권리가 있다는 사실을 인정할 수 있도록 언어적 상상력을 확장해야 한다. 마르지에 라히미에게 다리어 긴급 서비스를 제공하는 것은 불가능할 수 있지만, 그녀의 말을 제대로 듣고자 했다면 경찰이 그녀의 집에 출동하는 것은 가능했을 것이다.

　침묵을 강요받고 공동체 참여에 배제된 사람들은 단지 언어 때문에 그런 것이 아니다. 언어 정의는 젠더, 계급, 인종과 관련된 차별과 떼려야 뗄 수 없다. 이러한 차별 중 언어적 차별만이 유일하게 피해자를 비난하는 것을 여전히 광범위하게 허용하고 있다. 차별받는 화자에게 배제의 책임이 있고 그들이 겪는 장벽은 충분하지 못한 지배 언어 능숙도 때문이라고 여겨진다. 그러나 언어적 차별을 일으키는 것은 사회 계약이다. 뉴저지, 오하이오, 몬태나의 스페인어 화자 여성의 경험을 비교하면서 보았듯이, 참여를 가능하게 하는 것도 사회 계약이다. 뉴저지의 광범위한 스페인어 화자 네트워크, 접근성 높은 대중교통, 이중언어 서비스 제공은 거주자들에게 높은 수준의 자율성과 참여를 가능하게 했다. 이는 실제로 집에 갇혀 있어야 하는 몬태나 거주 여성과 대비된다. 비슷하게, 영어 능숙도에 대한 자신감 부족은 지역 서비스, 인적 네트워크, 안정적인 재정의 부족을 겪는 오스트레일리아 브리즈번 중국 이주 여성의 산후우울증과도 연관이 있었다.

　젠더, 계급, 인종에 따른 불평등 구조가 젠더, 계급, 인종 차별을 지탱하듯이, 언어 불평등은 언어 차별 과정을 통해 적극적으로 (재)생산된다. 언어 차별은 언어가 이유가 되는 폭력과 학대라는 노골적인 형태로 나타나기도 한다. 상대적으로 흔하지는 않지만, 언어가 이유가 되는 폭력과 학대에 대한 두려움은 종속된 언어 화자의 자유를 제한하고 언어적 지배를 강화한다. 더 미묘하지만 만연해서 훨씬 더 부정적인 영향을 미치는 언어 차별의 형태는 미세 공격이다. 미세 공격은 종속된 언어 화자의 참여하고자 하는 노력을 무력화하고 상호작용에 대한 일상적인 참여를 약화해 공동체의 삶에 적극적으로 참여할 능력에 오히려 부정적인 영향을 광범위하게 미친다.

　언어 차별은 런던의 서로 다른 세 이주민 집단의 경험에서 보았듯이,

젠더, 계급, 인종 차별과 교차하여 사회적 소외를 만든다. 계급 차이로 소외감을 느껴 공동체 삶에 온전히 참여할 수 없었던 새로운 이민자 폴란드인부터, 더 이상 일할 수 없자 사회에서 배제된 오래된 이민자 파키스탄인, 단기간 머물면서 일상에서 소속감을 느끼지 못하는 동아시아인까지, 그들은 모두 언어, 젠더, 계급, 인종적으로 종속되면서 사회적 소외를 경험하였다.

공동체적 삶에 온전히 참여하지 못하면, 장기적으로 사회적 차원의 소외로 이어질 수 있다. 우리가 언어와 관련된 불평등을 해결하기는커녕 인정조차 못하면, 소외로 인한 파편화는 우리 모두의 안녕을 위협할 수 있다.

7장

전 지구화와 언어 다양성

4~6장은 자유민주주의 민족국가라는 틀 안에서 언어와 사회 정의의 관계를 살펴보았다. 민족 단위에 초점을 맞춘 것은 사회 정의가 보통 주권 국가의 틀 안에서 개념화되기 때문이다. 민족국가는 여전히 사회 정의 연구와 논의에서 가장 중요한 기준점이지만, 경제 세계화는 경제 발전과 사회 정의에 영향을 미치는 주체로서 국가의 능력을 약화시키고 있다. 남반구 몇몇 국가들은 아직도 사회 정의의 주체가 될 만한 능력을 갖추지 못했다. 하지만 국가 내 불평등은 국가 간에 나타나는 전 지구적인 불평등으로 심화될 수 있다. 이번 장은 초점을 달리하여, 언어 다양성과 전 지구적 사회 정의 사이의 관계를 탐색해 본다.

사회 정의는 국가적인 부분과 국제적인 부분이 서로 밀접하게 연결되어 있어서 이를 함께 고려해야 한다. 첫째, 세계에서 사회경제적 혜택을 받지 못하는 대다수는 글로벌 남부에 살고 있다. 글로벌 북부 국가 내부에서 상대적으로 소수 집단인 혜택받지 못하는 사람들에게 관심을 가지는 것도 중요하지만, 전 지구적인 관점에서 언어 다양성과 사회 정의가 어떻게 접합하는지 이해하는 것이 중요하다. 둘째, 아프리카의 공동체, 민족, 심지어 대륙 전체가 경제, 교육, 의료에서 배제되는 것은 국제 이주의 핵심 요인이자 글로벌 북부 도시 내부에서 이주민이 불이익을 받는 전제 조건이다. 마지막으로 글로벌 북부 국가는 많은 부분 식민주의와 신식민주의를 통해 내적으로 높은 수준의 사회 통합을 성취하였다.[1]

지금까지 민족국가 차원에서 살펴본 많은 언어 불평등은 전 지구적 차원에서도 작동한다. 언어 다양성은 계층화되어 있고, 국제어의 위계는 민족어 혹은 지역어 위계보다 강하다. 세계화는 종속된 언어의 종속된 화자에게 불이익의 층위를 하나 더 얹어 놓는다. 종속화가 지역적인 지배 언어와의 관계를 넘어 세계적인 지배 언어인 영어로까지 확장되기 때문이다. 이번 장은 전 지구적 정의라는 관점에서 영어의 국제적 확산, 이와 관련된 담론과 실천을 살펴본다. 국제 공용어로서의 영어 혹은 '모든 이를 위한 영어'가 매력적으로 들릴지 몰라도 현실에서 영어의 확산과 관련된 담론과 실천은 전 지구적 불평등을 공고히 하는 핵심 기제이다. 우선 영어가 국제 원조 및 개발과 관련하여 어떠한 역할을 하는지 살펴본 후 영어가 교육, 지식, 상품에의 접근을 구조화하는 방식에 초점을 맞춘다. 마지막으로 국제어로서의 영어가 재현을 통해 불평등을 공고히 하는 방식을 살펴본다.

언어와 국제 원조 및 개발

언어 다양성은 오랫동안 사회 발전에 장애물로 여겨졌다. 20세기 중반 정치적 탈식민주의 시기 개발 정책은 민족 단일언어주의(national monolingualism)에 따라 언어적 동화를 추구하였다. 인도네시아 같은 예외적인 경우를 제외하고 새롭게 독립한 국가들은 지배 민족어로 과거 식민 지배 국가의 언어를 선택하였다. 그 결과 영어권 세계는 동심원적 체계를 구성하게 되었다. 동심원의 '중심(the center)'에는 영국과 영국의 정착 국가인 오스트레일리아, 캐나다, 아일랜드, 뉴질랜드, 남아공, 미국이 있다. 영어권 중심 국가를 '외부원(outer circle)'으로 둘러싸는 것은 가나, 인도, 자메이카와 같은 과거 식민지 국가로 영어가 공식어의 지위를 가지며 공적 영역에서 중요한 역할을 한다. 나머지 국가들은 가운데 두 층위의 원을 둘러싸는 '확장하는 원(expanding circle)'으로, 이 국가들은 교육 기관에서 광범위하게 영어를 가르치지만 영어의 기능은 관광 산업과 국제적 의사소통으로 제한된다.[2]

물론 세 층위의 원은 경계가 명확하지 않다. 하지만 동심원 모형에서 국제어인 영어가 가지는 언어적 위계에 관한 은유를 읽을 수 있다. '중심 영어'는 '외부'와 '확장하는' 영어를 지배한다. 이후 논의는 영어의 확산과 이에 따라 야기되는 사회 정의 문제가 최근 가장 극명하게 나타나는 '확장하는 원' 사회에 초점을 맞출 것이다. 그 전에 새롭게 독립한 국가가 탈식민지화하고 발전하기 위해서는 언어 다양성을 극복하고 하나의 언어를 채택해야 한다는 생각에 대해 우선 논의해 보자.

정치학자 찰스 테일러(Charles Taylor)와 마이클 허드슨(Michael Hudson)이 수집하여 구성한 '민족어 구획(ethnolinguistic fractionalization)' 자료는 언어 다양성의 정도와 저개발 사이의 상관관계를 보여 주기 위해 사용되곤 한다. 이 자료는 한 국가 내 언어 집단의 수와 국내총생산 사이에 부적인 상관관계가 있음을 보여 준다. 다시 말해, 언어 다양성이 높은 사회일수록 빈곤의 정도도 높은 것이다.[3] 해당 자료는 국가 경제를 성장시키고 빈곤을 줄이는 방법으로 언어 동화를 촉진해야 한다는 주장의 증거 자료로 사용된다.

다른 정치학자인 조너선 풀(Jonathan Pool)은 언어 동화가 사회를 발전하게 하고 빈곤을 줄일 것이라는 전제가 잘못된 추론임을 날카롭게 분석하였다.[4] 그 추론이란 이런 것이다. 어떤 국가의 지배적인 민족 언어 집단 구성원이 종속된 언어 집단 구성원보다 좋은 교육을 받고, 취업도 쉬울 것이며, 수명도 길 것이다. 비슷한 논리로 단일언어 국가가 다중언어 국가보다 경제적으로나 기술적으로 더욱 진보되고 시민적 삶도 안정적일 수 있다. 이러한 사실에 기반해 많은 국제 원조 감독관들은 민족 단위에서 소수 민족 구성원이 언어적으로 동화되면 해당 개인은 물론 국가적으로도 이익이 될 것이라고 결론 내린다. 하지만 이러한 추론의 문제는 통계 자료에 기반한 상관관계의 오류이다. 높은 수준의 언어 다양성이 불이익과 정적인 상관관계에 있다고 해서 둘 사이에 인과관계가 있는 것도 아니며, 언어적 차이를 동화시킨다고 해서 원하는 사회 발전의 결과를 얻을 수 있다는 것을 의미하지도 않는다.

하지만 한 개의 지배 언어로 통일하는 것이 사회경제적 발전을 가져올 것이라는 상관관계의 오류는 계속해서 상당한 영향력을 발휘하고 있다. 무엇보다 영어를 사회 개발의 수단으로 활용하자는 담론이 부상하기 시작했다. 그 결과 20세기 후반과 21세기 초반 수많은 영어 교육 프로그램, 프로젝트, 정책이 출현했다.[5]

비판 사회언어학자들은 실질적인 지원이 아니라 국제어인 영어의 보급을 통해 사회를 발전시키려는 것은 전 지구적 불평등을 영속화할 것이라고 지적한다. 이러한 종류의 주장과 맞닿아 있는 것이 언어학자 로버트 필립슨(Robert Phillipson)이 주장한 '언어 제국주의'이다. 필립슨은 '언어 제국주의'를 "영어의 지배는 영어와 다른 언어 사이의 구조적이고 문화적인 불평등을 고착화하고 재구성함으로써 나타나고 유지된다."라는 말로 정의한다.[6]

이러한 과정이 어떻게 작동하는가는 지난 몇십 년간 캄보디아에 제공된 국제 원조의 일부로 영어 교육을 강화한 것에서 찾아볼 수 있다.[7]

영어 교육에 대한 재정적 지원은 캄보디아가 받은 원조의 중요한 일부분이었다. 예를 들어 1990년대 중반 영국 국제 원조 기관 한 곳과 오스트레일리아 기관 두 곳은 캄보디아인이 영어를 배울 수 있도록 1천2백만 달러에 달하는 금액을 영어 교육 원조로 제공하였다. 같은 기간 기초 문해 교육 지원에 제공된 자금은 외부 기관 모두 합쳐 5백만 달러 정도였다. 원조 자금의 우선순위에 있어서 이러한 차이를 제대로 이해하려면 캄보디아가 세계에서 가장 빈곤한 축에 속하는 국가라는 사실을 알아야한다. 2013년 기준으로 캄보디아인의 75%는 빈곤한 농촌 지역에 살며기본적인 교육도 받지 못하고 생산 기술을 배우지도 못했다. 캄보디아의주요 수출 산업은 의류 제작과 관광이었다. 캄보디아 성인 인구의 셋 중둘이 기능적 문맹 상태였다.

캄보디아 인구의 90%는 민족적으로 크메르족으로 크메르어를 모어로 사용하였다. 나머지 10%는 베트남인, 중국인, 그리고 자신의 언어를가진 20개의 소수 민족이었다. 캄보디아는 1953년까지 프랑스 식민지였다. 식민지 시기에 모든 정규 교육은 프랑스어로 이루어졌다. 짧았지만상대적으로 안정적이던 시기에 프랑스어와 함께 크메르어가 정규 교육의 언어로 사용되었지만, 캄보디아는 곧 참혹한 내전에 빠져들었고, 내전은 1990년대 초반에서야 끝이 났다. 오늘날 민족어인 크메르어와 더불어 영어가 광범위하게 가르쳐지지만, 중국어, 프랑스어, 베트남어도 일정한 역할을 하고 있다.

이러한 배경에서 보면 기초 문해 교육보다 영어 교육 원조를 우선시한 원조 비용은 이해하기 힘들다. 사회학자 스티븐 클레이튼(Stephen Clayton)은 캄보디아에서 영어의 필요성은 난민 수용소를 운영하는 단체와 유엔과도행정기구(UNTAC) 같은 국제 원조 기구가 만들어 낸 것이라고 주장한다. 이들 단체는 영어가 캄보디아가 국제적 고립에서 벗어나국제 원조를 받을 방법이자 재건과 개발의 수단이라고 보았다. 캄보디아에서 영어의 필요성은 거의 외부 단체에 의해 만들어졌고 개발에 대한외부적 지향에 근거해 있다. 영어가 내포한 원조, 관광, 국제화에 대한 외부적 지향은 소수의 캄보디아 엘리트에게만 유리할 뿐이다. 영어에 능통한 이들은 외부 원조 단체에 접근할 수 있고, 외부에서 추동된 개발 모델은 내부에 깊숙이 자리 잡게 된다.

외부 개발 모델은 캄보디아 인구의 대부분을 차지하는 지방과 도시

빈민들에게 도움이 되지 않는다. 그들은 영어에 접근할 수 없다. 예를 들어 수출 무역에서 의류 산업 노동자의 한 달 평균 임금은 미화로 45달러로 이들은 원조 단체가 제공하는 시간당 2센트짜리 영어 수업도 수강할 만한 여유가 안 된다. 영어 공부에 쏟을 시간과 에너지가 없는 것은 말할 필요도 없다. 캄보디아인 대부분은 빈곤에 처해 있어 영어를 배우는 것은 고려할 수 있는 선택지가 아니다. 한낱 이룰 수 없는 꿈일 뿐이다. 영어를 중요시하는 신자유주의적 세계 시장의 개발 모델은 대다수 캄보디아인이 받을 수 있는 자국어 문해 교육이라는 선택지를 제거해 버린다.

선택은 특권의 표시이다. 캄보디아에서 영어의 선택은 일차적으로 국가 외부와 내부의 사회경제적 불평등에 따라 구조화되어 있으며, 신자유주의적 시장 모델에서 영어의 특권은 지역 노동 시장의 구조조정을 통해 경제적 불평등을 심화시킨다.

영어의 보급이 개발에 대한 외부적 지향과 연관된 경우는 아랍에미리트 사례에서도 발견할 수 있다. 아랍에미리트도 개발을 위해 영어에 상당히 의존했다는 점에서 참혹한 빈곤을 겪었던 캄보디아 사례와 비슷하다. 아랍에미리트의 개발 방식은 원유 추출을 바탕으로 하여 극단적일 정도로 자본 집약적이며, 궁극적으로는 세계 혹은 지역 엘리트의 이익을 채워줄 뿐이다. 사회언어학자 소헤일 카르마니(Soheil Karmani)가 주장하듯, 국제 영어 교육 산업은 아랍에미리트의 개발 방식을 이루는 핵심이었다.[8]

과거 휴전 오만(Trucial Oman)이었던 아랍에미리트는 알려진 바와 같이 1971년 12월 반식민지 관계를 유지하던 영국으로부터 독립하였고, 그 후 수많은 극적인 변화를 경험하게 된다. 1968년 인구조사에서 18만 226명이었던 인구는 2009년 567만 1,112명으로 30배 이상 증가했으며, 1969년부터 시작한 원유 수출로 부유한 국가로 성장하였다.

이 기간에 아랍에미리트는 광범위한 언어 변화도 경험하게 되는데,

오늘날 영어가 가장 지배적인 공공 언어가 되었다. 대부분의 사립 초중등학교와 대학의 수업은 영어로 진행된다. 사회적으로 광범위하게 일어난 아랍어에서 영어로의 언어 변화는 아랍에미리트가 원유 부국인 것을 고려하면 놀랍다. 캄보디아는 국제 원조 기구들이 도움이 된다고 하는 것을 받아들일 수밖에 없었지만, 석유 부국인 아랍에미리트는 스스로 위원회를 꾸려 자신의 언어를 선택할 수 있는 지위에 있었다.

소헤일 카르마니는 아랍에미리트를 비롯하여 바레인, 쿠웨이트, 오만, 카타르, 사우디아라비아를 포함한 걸프 협력 이사회(Gulf Cooperation Council) 국가에서 석유에 기반한 지대 추구 국가(rentier country)와 영어 교육 산업 출현 사이의 관계를 탐색하였다.[9] 「아랍 인간개발보고서(Arab Human Development Report)」에 따르면, '자원의 저주'라는 잘 알려진 역설처럼 그 지역에서 석유는 득보다는 해가 더 많았다. '자원의 저주'는 천연자원이 풍부한 국가들이 일차 자원 수출에 과도하게 의존하면서 생산 기반 시설과 산업에 이익이 유입되는 효과가 없어 자원이 부족한 국가보다 사회 발전이 더디다는 역설을 의미한다.

일차 자원 추출에 과도하게 의존하는 것이 경제와 사회·정치에 이롭지 못하다는 사실을 잘 알고 있음에도 불구하고 걸프 협력 이사회 국가들이 계속해서 석유 수출로부터 오는 수입에 과도하게 의존하는 이유는 세 가지이다. 첫째, 지대 추구 경제를 통해 정치적 합의를 요구할 수 있다. 둘째, 석유 수출을 통해 노동 집약적인 개발이 아닌 자본 집약적인 개발을 이룰 수 있다. 셋째, 국제적인 수요가 증가하면 계속해서 높은 수준의 원유 추출과 이에 따른 지대 추구 방식으로 사회를 조직하도록 하는 강력한 압력이 존재하게 된다.

석유에 계속해서 과도하게 의존하게 하는 이러한 세 가지 이유는 걸프 협력 이사회 국가들의 언어 정책과 직접적인 관련이 있다. 우선, 지대 추구 국가는 정치적 합의는 쉽지만, 과세를 통해 국가를 운영하는 국가에 비해 정치 참여는 쉽지 않다. 결과적으로 지대 추구 국가에서 사회와 국가 간의 관계는 약하거나 충분히 발전하지 못한다. 언어 정책을 비롯한 국가 정책에 아랍어를 하는 시민의 필요성, 요구, 실천을 반영할 필요가 없는 것이다.

다음으로, 자본 집약적인 개발 방식은 많은 수의 국제 자문가와 전문가에게 의존할 수밖에 없는데, 전문가들은 이득까지는 아니더라도 배경과 전문 지식의 특성상 영어를 선호한다. 마지막으로, 원유 추출을 계속해서 높은 수준으로 유지하라는 국제적 요구와 압력은 대규모 산업화와 교육보다 지대 추구 방식을 계속해서 지지하도록 해 영어에 대한 선호에 간접적으로 영향을 미친다.

카르마니는 걸프 협력 이사회 국가들의 영어 교육 작동 방식을 시장을 지배하기 위해 경쟁자들이 담합하는 카르텔의 작동 방식에 비유하였다. 영어 교육 산업은 언어 정책, 더욱 중요하게는 교육에서의 언어 실천을 통제하고, 영어 교육 기업의 이윤은 서구 영어 사용 국가로 흘러 들어가게 된다는 설명이다. 지난 수십 년간 걸프 협력 이사회 국가들은 영어에 대해 상당한 투자를 했음에도 불구하고 이 지역의 전반적인 영어 능숙도 수준이 낮다는 것은 전반적으로 합의되는 바다. 영어 교육에서 '성공'하지 못하는 것은 한편으론 언어 능숙도에 대한 압력이 증가하면서 언어가 상품이 되어 버린 언어 교육이 가지는 특징이다. 동시에 책임과 투명성이 부족한 카르텔 작동 방식의 특징이기도 하다.

요약하자면, 영어의 부상은 오늘날 개발 담론 및 실천과 깊게 얽혀 있다. 영어는 지역적 맥락이 가지는 특수성에 대한 고려 없이 외부적 지향을 가지는 개발의 형태와 밀접한 연관이 있다. 영어를 만병통치약으로 추앙하면서, 영어라는 글로벌 상품은 가장 취약한 사회 구성원에게 생산 기술을 습득하면서 영어도 배우라는 이중의 부담을 지운다. 대부분 원조 국가는 현실적으로 이를 추진할 수 없어 '개발'을 국제 '전문가'의 손에 맡기게 된다. 더 나아가 '모두를 위한 영어'와 같은 교육 정책은 많은 경우 산업 정책에 대한 고려 없이 만들어져서 영어로 생산적인 경제적인 활동을 할 수도 없다. 경제학자 에릭 라이너트(Erik Reinert)는 이를 다음과 같이 설명했다.

> 유럽이 지난 500년 동안 해 왔듯이, 인재 양성에 대한 수요를 만들어 낼 만한 산업 정책을 고려하지 않고 교육의 중요성을 강조하면, 국제 개발 정책은 궁극적으로 부유한 국가에서 일자리를 찾을 인재 양성에만 지원하여 가난한 국가에 재정적 부담을 가중할 뿐이다.[10]

정의롭지 못한 영어 교육

영어 교육은 어떻게 정의롭지 못한 일이 되고 불평등을 공고히 할까? 교육은 좋은 것이라는 전제에 익숙한 우리는 '정의롭지 못한 영어 교육'이라는 말에 코웃음을 칠지도 모르겠다. 그렇다면 증거를 보자. 영어 교육이 한 사회 안에서 어떻게 불평등을 공고히 하는지 중국에서 온 젊은 여성인 웨이 루(Wei Ru)의 사례를 보자.[11]

2004년 웨이 루는 중국 북쪽 지방 헤이룽장성 시골 마을에서 고등학교 마지막 해를 보내면서 중국의 국가 수준 대입 시험인 가오카오(高考)를 준비하고 있었다. 웨이 루는 나나이족(Nanai) 출신이었다. 나나이족은 시베리아 원주민으로 과거부터 아무르강 중류 지역에 살고 있었다. 오늘날 아무르강의 해당 지역은 중국과 러시아 접경이다. 골디(Goldi) 혹은 중국에서 허저(Hezhe) 혹은 허전(Hezhen)으로 불리는 나나이족은 중국과 러시아에 나뉘어 사는데, 두 나라 모두에서 매우 작은 소수 민족이다. 2000년 러시아에는 1만 2천 명, 중국에는 4천5백 명의 나나이족이 있었다. 2000년대 초반 나나이어를 할 수 있는 사람은 러시아에는 약 5천 명 정도만 남았고, 중국에서는 20명뿐이었다. 20명도 모두 노인이었다. 웨이 루는 나나이족 출신이지만 나나이어는 못 했다.

웨이 루는 중국어만 했고 교육도 중국어로만 받았다. 공식적으로 혹은 비공식적으로 수년 동안 러시아어를 배우기도 했다. 어린 시절과 청소년기에 고향에서 러시아어를 배울 기회가 많았다. 활발한 국경 무역으로 러시아 쪽에서 국경을 넘어 방문하는 경우도 많았고, 러시아 국경을 넘어가는 일도 흔했다. 러시아어는 학교 교육과정에서 중요한 과목이었다. 러시아어 교사의 수준도 높았고 학생들도 러시아어 배우는 것을 좋아했다. 교수 방법도 효과적이었고 일상에서 러시아어의 중요성도 느낄 수 있었다. 더 나아가 나나이족 문화를 알고자 했던 웨이 루에게 러시아어는 국경 너머에 있던 나나이족과 이어 주는 중요한 언어였다. 웨이 루에게 러시아어는 나나이족의 민족어와 같은 것이었다.

정규 교육을 받는 동안 웨이 루는 우수한 학생이었다. 모든 과목에서 수석을 했기에 좋은 대학과 원하는 학과에 입학할 수 있을 것 같았다. 하지만 중국이 2001년 세계무역기구 회원이 되고 같은 해 2008년 베이징 올림픽 개최권을 획득하면서 중국의 대학 입시 방침이 급격히 변화하기 시작했다. 가오카오에서 영어 과목이 전보다 훨씬 중요해졌고, 러시아어를 비롯한 다른 언어 과목의 점수 가중치가 급격하게 떨어졌다. 영어는 경영, 법, 과학기술 등 가장 선호되는 학과 입시에서 필수가 되었다.

웨이 루가 살던 지역의 2004년도 고등학교 졸업생은 직격탄을 맞았다. 수년 동안 러시아어에 투자해 왔고 영어 교육은 거의 받지 못했기 때문이다. 웨이 루는 힘없이 이야기했다.

러시아어를 배운 게 오히려 역효과가 났어요. 완전히 망했다고요! 가오카오 러시아어 과목에서는 [150점 만점에] 130에서 140점은 맞을 수 있었어요. 실제로 120점 정도가 평균이고요. 그런데 영어에서는 50점밖에 못 받는다고요. 현실이 이래요.[12]

이러한 상황에서 웨이 루의 동기 중 많은 수는 영어 공부를 하기 위해 마지막 해를 유급하기로 결정했다. 웨이 루와 그녀의 가족은 지역의 질 낮은 영어 교육을 고려했을 때 영어를 배우기 위해 유급하는 것은 별 의미가 없다고 생각하였다. 고등학교 교육과정이 러시아어에서 영어로 바뀌었을 때 교사를 수급할 방법은 러시아어 교사를 영어 교사로 전환하는 것뿐이었다. 그 과정에서 지원이 잘 되던 러시아어 프로그램의 우수한 러시아어 교사는 지원이 부족한 영어 프로그램의 형편없는 영어 교사가 되어버렸다.

우수한 학생이었던 웨이 루는 소수 민족 가산점을 받아 소수 민족 학생에게 교육 기회를 제공하기 위해 설립된 대학인 중앙민족대학(Minzu University of China)에는 입학할 수 있었다. 하지만 영어가 입학 필수인 전공은 가능하지 않아 인류학과를 선택하였다. 2008년 사회언어학자 제니 장(Jenny Zhang)에게 중국에서의 영어 학습과 사용 경험을 말하면서 웨이 루는 여전히 부족한 영어 능력 때문에 자신의 전공이 바뀌게 된 것을 씁쓸해했다. 또한 자신의 미래에 영어가 계속해서 큰 문제가 될 것으로 생각했다. 많은 교재가 영어로 되어 있었고, 몇몇 수업은 외국인 교원이 영어로 가르쳤기 때문에 영어는 학습에서 중요한 언어였다. 학업에 성공하기 위해서 영어 실력을 높여야 하는데, 자신이 생각하기에 이는 자기가 어떻게 할 수 없는 부분이었다. 최선을 다하더라도 중고등학교 때부터 영어를 공부했던 동료들의 영어 실력을 따라잡는 일은 거의 불가능했다.

웨이 루는 졸업 후에 고향으로 돌아가 공무원이 되기를 원했다. 러시아어 실력이 러시아와 중국의 접경 지역 공무원이 되는 데 도움이 될 것이 분명했다. 하지만 꿈을 이루기 위해서 웨이 루는 또 다른 영어 시험을 봐야 했다. 러시아어와 달리 영어는 공무원 임용 시험 과목이었다.

웨이 루는 영어에 대한 접근이 공평하지 못해서 불이익을 받았다. 이러한 불이익이 공정하지 못했던 것은 대학 입시에서 영어를 필수로 지정하는 일이 전적으로 자의적이었고, 웨이 루와 같은 상황에서 '실제' 가치가 있었던 러시아어는 배제되었기 때문이다.

중국의 많은 지역에서 영어는 '실제' 가치를 지닌다. 3장에서 살펴본 광저우 아프리카타운처럼 산업화되고 도시화된 남동 지역에서 특히 그러하다. 하지만 저널리스트 레슬리 창(Leslie T. Chang)이 자신의 책 『여공들(Factory Girls)』에서 중국 동부의 수출품 공장에서 일할 기회를 찾아 농촌의 고향을 떠나온 중국 여성의 삶을 묘사하는 데서 나타나듯이, 영어 사용 기회는 공평한 것이 아니다.[13]

웨이 루의 사례에서 보듯이 농촌 지역에서 자라면 교육 기회가 제한되며 교육에서 상당한 불이익을 받는다. 도시 지역의 동년배에 비해 농촌의 젊은 여성들은 도시에서 더욱 나은 삶을 찾고자 고향을 떠날 때까지 제대로 된 교육을 받은 경험이 거의 없다. 그녀들은 영어 실력이 계층 이동에 중요하다고 생각하며 중국 영어 열풍의 일부가 된다. 레슬리 창이 둥관(Dongguan)에서 만난 여성들의 일부는 하루 11시간을 일하면서도 사설 어학원에서 영어를 공부하기도 한다. 하지만 이 정도로 충분하지 않다. 영어 실력을 향상하기 위해서는 사용할 기회가 있어야 하는데 그럴 기회가 없는 것이다. 영어를 사용할 기회는 해외 영업을 맡은 사무직, 여행 가이드, 환대 산업 종사자에게만 가능하다. 그런데 해당 직업은 키가 작은 여성이 일할 수 없다.

(의아하겠지만) 제대로 읽은 것이다. 키가 영어 사용 기회에 대한 접근을 매개한다. 중국에서 키는 중요하고 만연하게 계층을 분별하는 척도이다. 살아 있는 동안 기근을 경험한 사회에서 키만큼 자신이 낮은 계층 출신임을 보여 주는 것도 없다. 예를 들어 공장에서 160센티미터 이상의 여

성들은 사무직으로 갈 수 있는데, 160센티미터 이하는 생산직에 머물러야 한다.

중국계 미국인이었던 레슬리 창은 이를 잘 보여 주는 사례로 다음 대화를 기록했다. 둥관에서 성공하고자 했던 여성 한 명은 영어를 어떻게 하면 잘할 수 있는지 물었다. 창은 여행업에서 직장을 알아보기를 권했다.

> 그녀는 손바닥을 정수리에 대고는 말했다. "날 봐요. 최소한의 키 요구 조건이 안 된다고요. 여행 가이드가 되려면 적어도 160센티는 되어야 해요." 그렇다. 또 말도 안 되는 충고를 해 버렸다. 둥관 같은 지역에서 키가 영어 사용 기회에 영향을 미친다는 것을 잊고 있었다.[14]

소수 민족 학생과 농촌 지역 학생의 교육 불이익은 국제적으로만 아니라 중국 내에서도 광범위하게 논의되고 있다. 중국 교육 당국은 2017년까지 의무 시험에서 영어 과목을 제외하거나 비중을 줄일 것이라고 발표했다.[15] 영어 교육을 보편화하고 고등 교육을 받거나 공무원이 되는 데 영어 시험을 의무화하면서 지역이 발전하기보다 소수 민족이나 농어촌 학생들의 교육 불이익이 오히려 공고해졌다. 사회언어학자 가레스 프라이스(Gareth Price)는 영어 교육이 사회경제적 계층을 유지하는 방식을 분석하며 다음과 같이 결론을 내렸다.

> '모두를 위한 영어'라는 정책과 담론은 기회라는 프레임으로 제시되지만, 영어가 교육과 취업 시장에서 근본적으로 문지기 역할을 할 때 영어라는 문화 자본을 실제로 획득해야 할 수밖에 없다. 지역, 학교, 개인은 도시와 농촌에서 공교육에 지원되는 자원의 차이를 고려할 때 전혀 공평하지 않은 운동장에서 경쟁할 수밖에 없다.[16]

질 좋은 영어 교육에 접근할 기회가 학교 체계에서 공평하게 주어진다고 하더라도, 교육을 통해 얻을 수 있는 혜택은 여전히 불공평하게 분배된다. 인도네시아 농부는 다음과 같이 설명했다.

왜 자식을 대학 보내서 돈 쓰는 짓을 해요? 졸업하고도 백수가 되는데요. 대학을 마치면 사무직이 되려고 하지 농장에서 일할 바에는 백수가 되겠다고 한다니까요. 자식이 정부 기관에서 일할 수 있게 도와줄 수 있는 사람을 내가 알고 있는 것도 아니고, 뇌물을 바칠 돈도 없고요.[17]

영어 교육이 정의롭지 못할 수 있다는 논의를 마무리하기 위해 교육 언어학자 광웨이 후(Guangwei Hu)와 루브나 알사고프(Lubna Alsagoff)가 중국의 의무 영어 교육을 공공 정책으로 분석한 것을 요약하고자 한다.[18] 후와 알사고프는 언어 정책을 평가하는 데 있어서 도덕적 정의, 실질적 적용 가능성, 배분의 효율성, 분배적 정의라는 네 가지 고려 사항을 제시한다.

도덕적 성의라는 이상적인 측면에서 보자면 보편적 영어 교육은 공공재이다. 영어에 대한 접근은 도구적인 언어 권리의 형태로 간주하여야 한다. 모든 이는 영어라는 국제적으로 중요한 언어를 배울 권리가 있다. 하지만 학생들은 영어를 배울 권리를 가지는 것만큼 자신의 모어를 충분히 발달시킬 표현적 언어 권리를 가지고 있으며, 다른 유용한 지식을 획득할 권리도 있다. 영어에 대한 도덕적 정의라는 주장에 따르면 영어를 배우는 것은 모어나 다른 과목의 지식을 배우는 것을 방해하지 않는 수준으로 제한된다.[19]

실질적 적용 가능성 차원에서 중국에서의 보편적 영어 교육을 실행하는 데는 해결하기 쉽지 않은 제약이 있다. 이러한 제약에는 수준 높은 교사의 심각한 부족, 적절한 교재의 부족, 영어가 유의미하게 사용될 수 있는 사회언어 환경의 부재가 포함된다.

언어 정책의 실행과 관련된 문제는 시간이 지나면 해결될 수 있으니 이 때문에 비판받을 필요는 없다고 주장할 수 있다. 하지만 시간이 지나도 해결되지 않을 수 있다. 정책 입안자들이 정책에 대한 실질적인 실행 계획을 세우지 않는다면, 미래가 나아질 것이라는 믿음을 가질 이유가 없다.

보편적 영어 교육이라는 결정은 배분의 효율성과 관련하여서도 바람직하지 못하다. 교사 교육, 외국인 교사 채용, 적절한 교재 개발, 영어 교육에 필수적인 인프라 구축에 상당한 비용이 필요하다. 하지만 여러 자료를 보면, 상당한 투자에도 불구하고 중국의 영어 교육은 효과적이지 못하다.

마지막으로 큰 비용이 소요되지만 효과적이지 못한 영어 교육의 문제를 해결하는 데는 우리가 이미 살펴본 러시아어의 사례처럼 다른 교과목의 재정적 희생과 비효율성을 가져올 수 있다. 분배적 정의라는 문제가 제기될 수 있는 것이다. 영어의 중요성을 높이면 대다수 학생의 희생 아래 잘사는 도시 학교의 소수 학생만 이익을 볼 수 있다. 보편적 영어 교육은 다른 학생들에게는 불이익을 주면서 엘리트 집단에게만 이익을 줄 뿐이다.

특권화된 지위로 중국 엘리트들은 대다수가 혜택을 받을 수 있는 정책에 할당될 수 있던 자원을 독점하게 된다. 정작 엘리트만을 위해 자원이 사용되면서 대다수는 피해를 보지만 보상을 받을 수는 없다. 그 결과 영어 교육은 권력과 접근의 불평등한 분배를 영속할 뿐만 아니라 새로운 형태의 불평등을 초래한다.[20]

도덕적 정의, 실질적 적용 가능성, 배분의 효율성, 분배적 정의의 관점에서 중국의 보편 영어 교육 정책 결정은 바람직하지 못하다. 연구자들은 영어 교육 정책이 한족이라는 주류 민족 학생뿐만 아니라 소수 민족 학생에게도 혜택이 있는지 평가하는데, 그 결과는 더 암울하다. 연구자는 중국의 보편적 영어 교육 정책을 '희귀한 수준의 낭비(outlandish extravagance)'라고 결론 내린다.

중국의 보편 영어 교육이 중국 주류와 소수 민족 모두에게 잘못된 정책이라면 정책적 대안은 무엇인가? 연구자들은 영어를 의무 교과목이 아닌 선택 교과목(enrichment subject)으로 제공하고 고부담 평가에서 영어를 제외해야 한다고 제안한다. 다른 개발도상국 국가의 영어 교육과 관련한 연구도 유사한 결론을 내리고 있다.[21]

학술 국제어인 영어의 부당성

언어 정책 연구자와 언어 권리 활동가는 세계적으로 교육에서 영어의 역할을 제한해야 한다고 주장하지만, 대부분 국가에서는 영어의 역할이 점점 커지고 있다. 많은 비영어권 국가에서 영어는 교육과정 내 교과목에서 전용 수업 언어로 빠르게 변화하고 있다. 웨이 루는 다니던 중앙민족대학에서 영어 전용 수업을 따라가기가 힘들었는데, 교과목으로서의 영어와 전용 수업 언어로서의 영어가 항상 명확히 구분되는 것은 아니다. 영어 전용 수업 도입이 가장 뚜렷하게 나타나는 곳은 대학이다. 비영어권 국가의 고등 교육 기관에서 영어로 수업을 진행하는 경우가 많아지고 있는데, 이를 '영어화(Englishization)'라는 용어로 설명하곤 한다.[22]

영어 전용 수업 확산의 핵심 동력 이면에는 보편 영어 교육처럼 상관관계 오류가 있다. 매년 세계 대학 순위를 보면 세계에서 가장 우수한 대학 대부분이 영어권 주요 국가 소속이다. 예를 들어 2015년 '타임지 세계 대학 평판 순위(Times Higher Education World Reputation Rankings)'를 보면, 상위 100개 대학 중 58개가 미국, 영국, 오스트레일리아에 있다.[23] 그 결과 영어와 학문적 우수성이 연결되고 전 세계 정책 입안자들은 영어를 하면 학문적으로 우수해진다고 잘못 인식하게 된다.[24]

영어 전용 수업은 보편 영어 교육처럼 불평등을 심화한다. 앞서 살펴보았듯이, 영어 전용 수업은 고등 교육에 대한 장벽을 높여 특권층에는 더 많은 특권을 주면서 비특권층에는 더 큰 불이익을 준다. 이번 절에서는 영어 전용 수업과 관련된 또 다른 형태의 불평등으로 지식 생산에 초점을 맞춘다. 영어가 학문적 우수성과 등치되면서 다른 언어로 생산되고 유통되는 지식의 가치는 떨어진다.

고등 교육에서 영어 전용 수업의 확산은 과학과 연구 영역에서 영어가 세계 공용어가 되는 것과 밀접한 관련이 있다.[25] 이러한 영어 확산 양상과 관련하여 광범위하게 논의되는 것은 크게 두 가지이다. 첫째, 영어가 과학과 연구에서 세계 공용어로 지배력을 가지면서 다른 언어는 학문적 개념을 표현할 수 있는 능력을 잃게 된다. 즉, 과학 지식을 형성하고 표현하는 데 필요한 사용역을 잃게 되거나 발달하지 못하는 것이다. 둘째, 영어의 지배력으로 연구를 알리고 출판하는 데 영어 원어민이거나 영어권 핵심 국가에 소속된 학자들이 유리해진다. 비원어민 영어 화자, 특히 주변부 국가 대학 소속의 학자들에게 국제 학술지에 출판해야 한다는 것은 영어로 글을 써야 한다는 것을 의미하므로, 자신의 업적을 알리고 출판하는 데 불이익이 있을 수밖에 없다.[26]

하지만 전 지구적인 영어 확산이 가져오는 부정적인 결과와 관련하여 고려해야 할 점이 한 가지 더 있다. 영어가 학문적 우수성을 매개한다고 당연시하면서, 지역에서 활용되는 중요한 지식이 생산되지 못한다. 세계 학술 공용어로서 영어가 가지는 부당함을 하나씩 살펴보자.

교육학자 포 킹 초이(Po King Choi)는 영어를 학문적 우수성의 매개체로 자연화하는 데 내재한 오류를 다음과 같이 비유하였다. "수도꼭지는 설치했는데 배관을 놓지 않으면 물이 흐를 수 없는 것처럼, 수업 언어만 바꾼다고 학문적 우수성이 길러지는 것은 아니다."[27] 이러한데도, '영어'와 '우수성'을 등치하는 것이 너무 당연해서 아무도 '배관을 놓는 일'에는 관심이 없다.

고등 교육 기관인 대학은 왜 '배관 놓는 일'은 망각하면서 '영어는 학문적 우수성이다'라는 단순한 등식을 받아들일까? 이에 답하기 위해서는 학술 경쟁과 대학 순위라는 문제로 돌아가야 한다. 지난 10년 동안 대학 순위는 믿을 수 없을 정도로 영향력이 높아졌다. 학계 내외로 대학 순위는 정책 수립과 재정 지원의 토대가 된다. 많은 사람이 이러저러한 형태의 평가에 항상 동의하는 것은 아닌데도 대학의 수행 능력은 평가되어 순위가 매겨져야 한다는 생각에는 대부분 동의한다. 그 결과 학계에서 경쟁은 당연시되고, 대학 순위가 의미가 있으니 교육, 사회, 경제 정책에 사용되어야 한다는 생각도 당연시된다.

영어는 경쟁이 펼쳐지는 핵심 영역이다. 대학 순위는 대학의 학문적 수행을 연구 및 출판, 학습 환경, 평판, 국제화라는 서로 다른 영역에 대해 평가하고 가중치를 매겨 수치로 나타낸다. 학습 환경을 제외하고, 각 영역은 겉으로는 언어 중립적이지만 들여다보면 영어의 중요성을 강조한다.[28]

연구 및 출판에서는 영어 학술지나 출판사가 순위가 높고, 우수하고, '국제화'되어 있으므로 영어를 중요하게 여길 수밖에 없다. 지식 생산에서 세계적 영향력이 가장 중요하다면 영어로 출판해야 한다.

평판은 가장 논쟁적인 영역으로 다양한 방식으로 평가되지만, 다양한 종류의 전제와 연관되어 있다. 한국 대학 순위처럼 다국적 기업 인사 담당자에게 한국의 어느 대학 출신을 고용하기를 선호하냐고 물어본다면, 영어와의 연관성은 교묘하지 않다. 아시아 지역 혹은 국내 회사에서 직장을 찾으려고 하는 졸업생은 '평판'을 받을 만한 대상으로 여기지도 않는다.

마지막으로 국제화 영역은 영어 전용 수업을 도입한 대학에 상당히 유리하다. 비영어권 국가 대학이 대학 순위를 올리기 위해 수업 언어를 영어로 변경할 수밖에 없다. 더 나아가 외국인 교원 비율과 외국인 유학생 비율과 같은 국제화 영역의 지표에서 높은 점수를 받기 위해서는 영어 전용 수업의 수를 늘려야 한다.

요약하자면, 대학 순위는 영어의 특권을 강화하는 방향으로 작용하며 영어와 학문적 우수성 사이의 연관성을 전제한다. 대학 순위에 따라 고등 교육 정책을 수립한다면, 영어가 학문적 우수성을 의미한다는 전제를 받아들이고 있는 것이다.

대학 순위는 대학이 공공에 대한 책무성을 강화하기 위한 수단으로 받아들여지기도 한다. 대학 순위 결과가 예산을 잘 사용하고 있는지, 예산 투자가 회수되고 있는지와 같은 논리에 대한 명확한 지표가 된다. 하지만 대학 순위를 매기는 쿼쿼렐리 시먼즈(Quacquarelli Symonds, 이른바 QS 대학 순위 발행), 티이에스 글로벌(TES Global), 상하이 랭킹 컨설턴시(Shanghai Ranking Consultancy, ARWU 대학 순위 발행) 같은 기관은 아무런 공적인 책무성이 없다. 영어가 학문적 우수성을 반영하는가 하는 질문에 대해 동의한 적도 동의를 구한 적도 없다. 동의가 구해진 적도 구해질 일도 없기 때문에 영어는 학문적 우수성이라는 등식이 지속해서 은폐되는 것이다.

이러한 과정에서 대학 순위는 영어와 학문적 우수성 사이의 등식을 실질적으로 제도화한다. 사회학자 막스 베버(Max Weber)는 통계를 이용한 현대 사회의 제도적 실천을 쇠우리(iron cage)에 비유하였다.[29] 부기(bookkeeping), 회계, 대학 순위가 그 예가 될 수 있는데, 통계적 논리를 따를 수밖에 없으면서 민주주의와 윤리 영역은 제한되고 대안의 가능성도 사라진다. '학문적 우수성'이 공공선에 기여하는 것이 아니라면 어떤 의미가 있는지 모르겠다.

영어와 학문적 우수성 사이의 등식이 가지는 또 다른 부정적인 측면은 영어가 아닌 언어로 연구하고 지식을 알리는 것을 평가절하하는 것이다. 미국과 영국 기반의 학술지가 가장 높은 순위를 차지하면서 영어로 출판해야 한다는 압박이 높아질 뿐만 아니라, 의사소통 학자 강명구가 밝히듯 특정한 형태의 연구를 수행해야 한다는 압박도 생기게 된다.[30]

국제화와 세계적 경쟁력이라는 명목으로 한국 학계는 다른 지역처럼 '높은 수준'의 국제 학술지에 출판해야 한다는 압박이 높아지게 되었다. 학술지의 '수준'은 미국에 본사를 둔 다국적 미디어 기업 톰슨 로이터가 소유한 데이터베이스인 '과학기술 논문 인용 색인(Science Citation Index, SCI)', '사회과학 논문 인용 색인(Social Sciences Citation Index, SSCI)', '예술 및 인문과학 논문 인용 색인(Arts and Humanities Citation Index, AHCI)'에 속해 있는지로 측정되었다. 한국 학계에서는 SCI, SSCI, AHCI에 속한 학술지에 출판하면 학문적 명성뿐만 아니라 재정 지원도 받을 수 있다. 교수 채용에 있어서 중요한 고려 사항일 뿐만 아니라 교수 종신직을 받는 데도 필수 불가결한 조건이다.

2007년 SSCI에 속한 1,865개의 학술지 중 79.62%에 속하는 1,585개의 학술지가 미국과 영국에 기반을 두고 있었다. SSCI에 속한 '국제' 학술지는 영어권 핵심 국가에 근거를 둔 학술지에 분명히 편향된 것이다. 아시아권 국가 중에 SSCI 학술지가 있는 국가는 일본이 7개로 0.38%, 중국이 5개로 0.27%, 인도가 4개로 0.21%, 한국은 3개로 0.16%, 싱가포르와 대만이 1개로 각각 0.05%를 차지했다. 미국과 영국이 아닌 국가에서 발행되는 SSCI 학술지 논문도 대부분 영어로 출판되었다. SSCI 학술지에 출판해야 한다는 압박은 곧 영어로 출판해야 한다는 압박에 불과하다.

SSCI에 색인된 학술지에 출판해야 한다는 압력이 출판 언어뿐만 아니라 연구 내용도 변화시키고 있다는 점을 발견하기 위해 강명구는 커뮤니케이션 분야 SSCI 상위 학술지에 아시아권 학자들이 출판한 논문을 분석하였다. 그 결과 대부분 논문은 '지역의 현상을 미국 주류 이론의 틀'에 맞추거나 '주류 이론적 개념을 재정의하며 전용'하였다. 소수의 학술지만이 지역적 맥락에서 연구 문제를 구성하고자 했다.

강명구는 SSCI 학술지에 출판하라는 압력을 통해 연구 경쟁력을 향상하고자 했던 한국의 정책이 실제로는 지역에 기반을 둔 지식 생산과 지역 사회와 국가에 실질적으로 필요한 연구 주제를 형성하는 데 위기를 가져왔다고 주장한다. 한국에서 세계적 수준의 사회과학 분야 학자를 길러내기 위한 시도는 당면한 사회적 맥락과 문제를 등한시하게 했다.

많은 학자는 여전히 지역에서 의미 있는 지식을 생산하고 보급하여 공동체에 기여하고자 한다. 하지만 이는 자신의 경력에 도움이 되지 않거나 자신의 연구에 대한 가치를 의심하기 쉽게 만든다. 포 킹 초이는 홍콩 학계에 대해 '움직이는 언어'에서 다음과 같이 이야기하였다.

[…] 우린 영어권 나라에서 한 자리를 차지하려고 연구하거나 저술하는 것이 아니에요. 우리가 살아가고 연구하는 공동체와 사회에 봉사하기 위해 그러는 거죠. 우리와 유대감을 가지는 사람들과 소통하고 싶습니다. […] 모어이자 주된 언어인 중국어로 된 출판은 중요하게 여기지 않아요. 그러다 보니 경력을 쌓고자 하는 학자들은 중국어로 출판하려고 하지 않죠. 흥미롭고도 슬픈 것이 이러한 마음가짐이 우리에게도 영향을 미쳐 중국어로 출판하는 우리 스스로가 출판물이 시원찮다거나 제대로 된 출판물이 없다고 생각하게 돼요. 공동체에 봉사하고자 저술하는 우리에게 이는 불공정할 뿐만 아니라 우리 사회와 영어권 사회 모두에게 학계의 역할을 축소할 뿐이죠.[31]

요약하자면, 학술 분야의 '국제화'는 실질적으로 영어가 매개된 지식 중심 체제를 강화한다. 영어를 매개로 생산, 보급되는 지식을 다른 언어로 생산, 보급되는 지식보다 가치 있다고 여기는 것이다. 이 과정에서 지역에서 알려진, 지역에 관한, 혹은 비판적인 형태의 지식 생산과 보급은 사라지게 된다.

영어권 중심에 조공 바치기

2013년 나는 아랍에미리트를 구성하는 7개의 에미리트 중 소규모에 속하면서 아부다비나 두바이의 국제적인 요란함과는 동떨어진 아즈만(Ajman)에서 교통 체증에 갇혀 있었다. 그때 영국 국기인 유니언 잭으로 칠해진 차가 내 시야에 들어왔다. 눈이 휘둥그레졌다.[32] 그 차는 국기 스티커나 국기 이미지 혹은 실제 국기로 꾸며진 것이 아니었다. 유니언 잭으로 완전히 색칠되어 있었다. 평범한 중동 차들 속에서 그 조그만 차는 영국 민족을 나타내는 하나의 섬과 같았다. 아랍에미리트의 다른 차와 달리 영국에서처럼 운전대가 오른편에 있다는 점은 그 차를 더욱 도드라지게 만들었다.

알고 보니 그 차는 고등 교육 기관의 광고였다. 볼튼대학교(University of Bolton)의 광고로 뒤쪽 창문에 "아랍에미리트 라스 알 카이마(Ras Al Khaimah) 최초의 영국 대학에서 영국 학위를 취득하세요."라는 슬로건이 부착되어 있었다.

볼튼대학교는 맨체스터시 소재 교육 기관으로 영국 대학의 순위표(league table)에서 하위권에 머물고 있지만, 꾸준히 이름을 올리고 있다. 2008년 볼튼대학교는 최북단이라 가장 개발이 더디었던 에미리트인 라스 알 카이마에 분교를 열었다. 처음에는 영국 대학 순위가 낮아서 분교 운영에 성공할지 회의적이었으나, 처음에 100명이었던 등록 학생은 2010년 300명으로 늘어나며 어느 정도 잘 운영되고 있는 것처럼 보였다.

원유 산업도 관광 산업도 활발하지 않았던 라스 알 카이마는 자유무역지역에 미국과 영국 대학 분교를 유치하여 고등 교육의 허브로 거듭나고자 했다. 하지만 해외 대학 분교 중 하나였던 미국의 조지메이슨대학교는 2009년에 3년 만에 갑자기 문을 닫았다.[33]

세계적으로 많은 해외 대학 분교는 실패로 끝이 났다. 라스 알 카이마에서 조지메이슨대학교가 철수한 것과 더불어 많은 관심을 끌었던 실패 사례는 싱가포르에서 뉴사우스웨일스대학교, 두바이에서 서던퀸즐랜드대학교이다. 하지만 해외 대학 분교 유치는 국제화 정책으로 계속해서 인기를 받으며 2012년 기준으로 전 세계에 해외 대학 분교 수는 200개에 달한다. 2006년에 82개교였던 것을 고려하면, 10년도 안 되는 기간 150%라는 놀라운 성장세를 보인다.

전 세계 해외 대학 분교 중에서 영국 대학이 가장 많고, 전 세계 해외 대학 분교 중에서 4분의 1이 아랍에미리트에 있다. 하지만 해외 대학 분교 유치 지형은 점점 더 다양해지고 있다. 영국 외에도 오스트레일리아와 미국은 오랫동안 자신들의 고등 교육 기관을 해외에서 프랜차이즈화하는 데 큰 노력을 기울이고 있다. 최근에는 프랑스와 독일과 같은 유럽 대학들도 가담하고 있으며, 인도, 이란, 말레이시아, 파키스탄 같은 국가들까지도 분교 설치 행렬에 동참하고 있다.

전 세계에서 해외 대학 분교를 유치하고자 하는 나라들 또한 다양해지고 있다. 걸프 지역 외에도 아시아 국가들이 가장 큰 성장세를 보이는데, 특히 중국과 태국이 그렇다. 아프리카 국가들도 해외 대학 분교를 유치하기 시작했으며, 이미 탄자니아에 이란이슬람아자드대학교(Iranian Islamic Azad University)가 세워졌고, 중국과 말레이시아 대학을 비롯하여 많은 대학도 계획 단계에 있다.

해외 대학 분교가 급증하는 이유는 무엇일까? 지식 추구나 고등 교육에 대한 평등한 접근이 그 이유는 아닐 것이다. 교육사회학자 필립 알트바흐(Philip Altbach)와 제인 나이트(Jane Knight)에 따르면, 해외 대학 분교를 세우고자 하는 첫 번째 이유는 이윤 추구이다.[34] 영리 대학에서 특히 뚜렷한데 꽤 많은 수가 암묵적인 학위 장사를 하는 것이다. 하지만 금전적인 이익은 공공 재정이 부족해진 기존의 비영리 대학에도 점차 중요한 목적이 되고 있다.

해외 대학 분교 설치에 관한 이야기가 이 책의 논의와 어떠한 관련성이 있는지 궁금할 것이다. 해외 대학 분교 설치는 전 지구적인 영어의 확산과 연관이 있다. 해외 대학 분교에서 수업 언어는 거의 예외 없이 영어이고 분교는 앞에서 살펴본 고등 교육의 영어화 현상의 일부이다. 그렇다면 전 지구적 정의와는 무슨 관련이 있을까?

교육의 상업화는 2006년 유엔이 주목했듯이 이미 사회 정의와 관련된 주요한 관심사이다.

우수한 교육에 접근할 기회가 불평등하게 분배된 것과 교육을 상업화하여 공개된 경쟁 시장의 논리에 따르는 상품으로 여기는 최근 경향 사이에는 밀접한 연관이 있다. 수년 동안 구조조정 정책을 추진해 온 국제 경제 기관들은 개발도상국 정부가 초등 교육을 유상으로 실시하도록 했다. 이러한 교육 개혁은 광범위한 저항으로 정작 실현되지 못했지만 적지 않은 사회적 여파가 있었다. 공공 서비스에 대한 책임감은 약해지고 보편 사회 정책에 대한 지원은 줄어드는 경향 속에서 점차 교육도 상품으로 그리고 학생은 소비자로 여겨졌다. 이러한 문제를 해결하기 위해 아무런 조치도 취해지지 않는다면 우수한 학교와 대학은 특권층만 접근할 수 있을 것이고 대다수 대중은 싸고 질 낮은 교육 기관에 만족하게 될 것이다.[35]

교육을 이윤 추구의 동기에 종속시키는 것은 지금까지 계속 살펴본 바와 같이 사회 내적으로 불평등을 공고히 할 수 있어 동의하기 쉽지 않다. 또한 글로벌 남부에 있는 분교가 글로벌 북부에 있는 본교의 재정을 보조한다는 점에서 특권과 불이익을 공고히 하는 예로 볼 수 있다. 해외 대학 분교는 영어의 전 지구적 확산에 내재한 신식민주의적 관계를 보여주는 사례이기도 하다. 국제어인 영어에 투자하는 것은 일차적으로 영어권 중심 국가 출신의 교사, 교사 교육 담당자, 교재, 교수법에 투자하는 것을 의미하므로 결과적으로 재정은 주변부에서 중심부로 유입된다.

영어와 관련되어 나타나는 주변부에서 중심부로의 재정적 보조를 보다 자세히 이해하기 위해 한국의 몇 가지 수치를 살펴보자.[36] 2009년 한국 공교육 예산의 약 40%가 영어 교육에 투입되었다. 절대적 수치로 2009년에만 120억 달러에 이르는 공적 지출이 영어 교육에 있었다. 한국의 영어 사교육 투자는 이보다 커서 2009년에 130억 달러에 달한다. 한국의 인구는 5,000만 명 정도이다. 이 수치로 보자면 한국인 일 인당 매년 500달러를 영어 교육에 투자하고 있다.

'확장하는 원(expanding circle)'에 속하는 국가 하나가 지급하는 영어 교육 비용이 이 정도이다. 물론 한국은 영어 교육에 과도하게 소비하는 국가라고 할 수 있다. 그렇더라도 세계적으로 영어 교육은 거대한 산업으로 큰 이윤을 남기는 것은 분명하다. 이 계산에는 영어에 투자하여 생기는 기회비용 측면은 고려하지도 않았다. 다시 말해 영어에 돈, 시간, 노력을 투자해야 해서 훨씬 유용하거나 필요한 다른 것에는 투자를 못 하고 있다.

전 지구적으로 나타나는 영어에 대한 막대한 투자가 영어권 중심 국가의 교육 기관, 출판사, 미디어 회사에 직접 흘러 들어간다는 점을 고려하면, 영어의 전 지구적인 확산은 영어권 핵심 국가에 이익이 되는 것이 분명하다. 로버트 필립슨(Robert Phillipson)은 아래와 같이 설명한다.

프랑수아 그린(Francois Grin)은 프랑스 교육 연구 기관의 지원을 받아 스위스와 세계 여러 국가에 관한 연구를 토대로 현재 교육에서 영어의 지배가 가져오는 영향을 조사하였다. 그린은 특권화된 시장 효과(privileged market effects), 의사소통 절약 효과(communication savings effects), 영어 교육 절약 효과(language learning savings effects, 외국어 교육에 많은 투자를 할 필요가 없는 것), 대안 인적 자원 개발 투자 효과(alternative human capital investment effects, 다른 목적으로 수업 시간을 활용하는 것), 적법성과 수사적 효과(legitimacy and rhetorical effects)를 양적으로 파악하여 계산하였다. 그 결과는 유럽 대륙 국가는 매년 최소 100억 유로, 평균 160~170억 유로 정도를 영국과 아일랜드로 보내고 있다. 미국은 시간과 재정을 투자하여 외국어로서의 영어를 정규 교육에서 시행할 필요가 없어 매년 190억 달러를 절약하고 있다고 추정하였다.[37]

전 지구적으로 영어에 대한 투자가 막대하지만 이러한 비용은 국제적으로 하나의 공통어를 가지는 데서 오는 이득으로 정당화된다. 국제기관이 의사소통을 위해 영어를 사용하는 이유이기도 하다. 다중언어 통·번역 서비스를 제공해야 하는 책임이 있는 유럽 연합은 이러한 경향에서 예외이다. 유럽 연합의 다중언어 지원 의무는 비용이 너무 많이 들어 비효율적이고 예산 감당이 힘들다고 비판받는다. 하지만 유럽 연합의 다중언어 정책이 비용이 많이 들고 비효율적이라는 비판은 경제학자 미셸 가졸라(Michelle Gazzola)와 프랑수아 그린이 보여 주듯 잘못된 주장이다.[38]

유럽 연합의 통·번역 서비스에 대한 지출은 연간 11억 유로이다. 많아 보이지만 전체 연간 예산 1472억 유로에서 1%도 안 된다. 유럽 연합의 다중언어 정책에 대한 지출은 연간 일 인당 2.2유로 정도로 커피 한 잔 값이다.

얼마 되지 않음에도 불구하고 유럽 연합이 모든 통·번역 서비스를 폐지하고 영어를 유일한 공용어로 채택한다면 이 비용이 더 낮아질 것 또한 사실이다. 하지만 이런 주장을 하는 사람이 있다면 언어와 관련된 비용이 완전히 없어질 수 없다는 점도 인식할 필요가 있다. 모든 문서가 제대로 쓰였고 법적으로 완벽한지 검토하는 언어 서비스는 여전히 필요하기 때문이다. 비용은 통·번역가에서 대필, 편집, 문서 검토를 하는 사람으로 넘어갈 뿐이다.

그렇다면 전체 비용을 낮출 수 있지는 않을까? 안타깝게도 그렇게 되지 않는다. 실제로 불가능한 일이다.

영어만 사용하는 정책 아래서 대부분의 유럽인은 언어 제공을 위해 커피 한 잔에 해당하는 액수보다 훨씬 더 큰 비용을 지급하게 될 것이다. 우선, 영국과 아일랜드는 비용을 지급할 필요가 없다. 영어를 이미 '매우 잘'하는 유럽 대륙의 7% 정도 되는 사람들도 비용을 지급할 필요가 없다. 유럽 의회에서 어떤 일이 일어나고 있는지 이해하고 어떠한 형태든지 유럽 연합에 참여하는 민주주의 권리를 행사하려면 유럽의 80% 정도 되는 나머지 사람에 대한 영어 교육 비용을 지급해야 한다. 80%의 유럽인 중 영어를 어느 정도 향상하는 데 드는 비용이 이미 영어를 '잘'하거나 '어느 정도' 하는 사람에게는 얼마 되지 않겠지만 영어를 모르는 성인에게는 천문학적일 수 있다. 개별적인 언어 비용까지 합친다면 총합은 현재보다 훨씬 클 것이다. 더 나아가 이러한 비용을 모두가 나눠서 지는 것이 아니라 개인에 따라 지출하는 정도는 다르게 될 것이다.

언어 비용을 공공 지출이 아닌 개인적인 언어 학습 비용으로 부과하는 것은 공정하지 못하다. 유럽 연합 참여가 언어 학습에 투자하는 개인의 재정적 능력에 따라 달라질 뿐만 아니라 언어 학습에 투자할 필요가 없는 아일랜드와 영국의 영어 원어민과 비교하면 대륙 유럽인들에게 공평하지 않다. 이미 살펴본 것과 같이 영어 원어민들은 영어를 외국어로 배우는 사람들로부터 상당한 언어 보조금을 이미 받고 있는데, 유럽 연합에서 영어만 사용한다면 언어 비용을 나누어 가질 이유가 완전히 사라져 버리게 된다. 증거는 명확하다. 유럽 연합의 다중언어 제공은 영어만 사용하자는 정책보다 비용적으로나 윤리적으로나 더 낫다.

국제어로서의 영어가 가져오는 심리적 폐해

지금까지 우리는 국제어로서의 영어 담론과 실천에서 나타나는 첫째, 교육에 대한 접근 및 지식 생산과 보급에서의 불평등, 둘째, 중심부는 주변부의 언어 학습 노력으로부터 수입을 얻는 동안 언어 학습 비용은 중심부에서 주변부로 전가되는 현상을 살펴보았다. 이번 절에서는 관점을 약간 바꿔서 국제어로서의 영어와 관련된 문화적 재현이 가지는 정의롭지 못한 측면에 초점을 맞춘다. 많은 정의 이론가는 불평등의 중심에는 심리적인 요소가 있다고 주장한다. 사회학자들은 수치심을 통해 가난한 자들은 가난이 자신들의 책임이고 부자들은 부자가 될 만한 이유가 있다는 점을 받아들이게 하는 것이 빈곤의 핵심 요소라고 주장한다.[39] 인종과 식민지 억압 이론가들은 오랫동안 심리적인 요소에 주목해 왔는데 인종주의와 식민주의에 종속된 자들은 열등하다는 콤플렉스를 주입받음으로써 자신들에 대한 억압이 정당하다고 받아들이게 된다.

이번 절은 언어 종속의 심리적 결과를 탐색한다. 수치심, 식민지적 비굴함, 열등감 콤플렉스가 언어 종속화의 핵심 측면이라고 주장하는 것은 새롭지 않다. 마하트마 간디(Mahatma Gandhi)는 이미 1908년에 "수백만의 사람에게 영어라는 지식을 보급하는 것은 우리를 노예로 만드는 것이다."라고 주장하였다.[40] 프란츠 파농(Frantz Fanon)도 식민지 언어는 식민지 화자에게 식민지 주체라는 위치만 부여할 뿐이라고 주장하였다.

말한다는 것은 언어의 형태를 이해하여 문장을 만들어 내는 일이지만, 그것보다 문화를 취하고 문명의 무게를 지탱하는 일이다. [⋯] 모든 식민지 민중은 자신의 문화적 고유함이 말살당하면서 생겨난 열등감 콤플렉스로 영혼이 잠식당한다. 문명화된 민족의 언어와 대면하고 있는 자신을 발견하기 때문이다. 그 언어는 바로 식민지 지배 국가의 문화이기도 하다.[41]

식민지 열등감 콤플렉스는 과거의 유물처럼 보일 수 있다. 하지만 국제어로서의 영어 담론과 실천은 지금도 열등감 콤플렉스를 불러일으켜 계층과 인종적인 측면은 물론 불평등과 관련된 모든 사회 구조 안에서 심리적으로 기형적인 양상을 초래하고 있다.

내가 겪은 일화부터 보자. 나는 2009년 에미리트의 국립대학교 중 하나인 자이드대학교(Zayed University) 소속으로 아랍에미리트에 살고 있었다. 다른 중동 국가 대학을 방문할 기회가 많았고, 그때마다 문화 간 의사소통 연구에 관한 특강을 했다. 한 번은 방문 지역 행정부서에 개인 정보와 방문 목적을 서면으로 보고해야 했다. '소속' 난에 '자이드대학교(Zayed University)'라고 쓰자, 어깨 너머로 보던 학과 행정 조교가 나를 초청한 교수에게 "저분 오스트레일리아에서 오신 거 아닙니까?"라고 물었다. 모든 사람이 나를 보았고, 나를 사기꾼으로 생각하는 것 같았다. 그 순간 나는 그렇게 느꼈다. 그러자 나를 초청한 교수 중 한 명은 나에게 친절히 "모두가 우러러볼 정도로 훨씬 있어 보이니" '아부다비 소재 자이드대학교(Zayed University, Abu Dhabi)'가 아니라 '시드니 소재 매쿼리대학교(Macquarie University, Sydney)'로 바꿔 달라고 요청했다. 나는 그렇게 했다. 하지만 방문 학자라는 나의 가치는 나의 연구보다 내가 서양 대학 소속이라는 사실과 더 관련되어 있다는 것을 인식하게 되었다.

담론분석학자 에스마트 바바이(Esmat Babaii)가 진행한 학계의 '자기 주변화'에 관한 연구를 보면 나의 경험이 비단 고립된 사건은 아닌 것 같다.[42] 비판적 신식민주의 전통에서 에스마트 바바이는 식민지적 비굴함이 학계에서 어떻게 작용하는지 살펴보기 위해 영어 교육 분야 아시아 학회 자료집에 나온 자기소개를 분석하였다. 초청 주제 강연자와 서양 학자의 자기소개는 제외한 후 아랍 국가, 중국, 인도, 인도네시아, 이란, 일본, 한국, 말레이시아 소속 학자 512명의 자기소개 말뭉치를 구성하였다. 말뭉치 분석을 통해 저자들은 자신들의 지역 대학 학위보다 서양과 연관된 부분을 강조한다는 것을 발견하였다. 이러한 자기 제시 전략은 '자기 주변화'의 증거였다.

예를 들어 비서구 대학에서 박사학위를 받은 연구자는 서구 대학에서 박사학위를 받은 연구자에 비해 박사학위 수여 대학을 거의 밝히지 않았다. 서양 학계와의 연관성에 대한 부분은 자주 표출됐다. 발표자가 서양 대학에서 박사학위를 받은 학자와 연관이 있거나 지도를 받았으면, 해당 정보가 자기소개에 나타났다. 자기소개에서 언급된 서양 학계와의 연관성은 미국 학회 참가, 단기 연수 참가와 같이 사소하거나 거의 관련이 없어서 보기에 우스꽝스러운 것도 있었다. 어떤 사례에서는 20년간 지역에서 쌓은 경력보다 영국 대학에서 한 학기 동안 강의 한 개를 진행한 것이 더 자세히 기술되어 있었다. 유감스러운 일이 아닐 수 없다.

바바이는 자기 주변화하는 학자를 구사대에 비유하며 다음과 같이 결론을 내린다.

자기 주변화하는 주변부 학자는 구사대와 같이 서구적 에토스가 지배하는 학계에서 […] '강제된 정체성'에 저항하고자 하는 독립적인 학자들의 노력에 제동을 걸거나 때로는 무력화한다.[43]

주변부 학자의 자기 주변화는 항상 그렇듯 주변부 대학이 가지는 불리한 물적 조건, 앞서 논의했던 지역에서 생산된 지식의 종속화, '비원어민' 영어 화자라는 지위와 같은 다양한 취약성과 연관되어 있다. 그렇다면 언어만 관련된 부분을 떼어내서 언어가 주는 심리적 폐해를 더욱 명확하게 보여 줄 수는 없을까?

나의 다른 일화를 소개할까 한다. 2001년 시드니대학교에서 가르치고 있을 때, 한국에서 온 유학생 한 명이 내가 운영하던 프로그램에서 낙제할 것 같자 나의 연구실에 자살하겠다는 쪽지를 남겼다. 그 학생은 수업을 따라갈 만큼 영어를 하지 못한다며 자신을 '패배자'라고 했다. 영어를 잘 하지 못하는 것에 '죄책감'을 느꼈고, 자신의 부족한 영어 때문에 부모님과 자신을 돌보아 준 '좋은 선생님'인 나를 비롯하여 다른 사람들을 배신했다고 했다. 나는 큰 충격을 받고 작은 것이라도 그녀를 도와주려 했다. 그녀가 당시의 우울증에서 벗어나 삶을 계속 사는 것은 알았지만, 그 직후 대학을 그만두고 오스트레일리아를 떠났기에 어떠한 삶을 살았는지는 알 길이 없다. 그 경험은 참으로 잊히지 않아 몇 년간 종종 생각이 났다. 그녀의 영어는 대학에 입학할 수준을 통과했기에, 문제는 그녀의 실제 영어 능숙도가 아니라 자신의 영어 실력에 대한 비현실적으로 높은 기대로 자신이 영어를 못한다고 생각하는 것이었다. 나는 그녀가 이러한 집착에서 벗어나 영어와 관련 없는 삶의 길에서 행복을 찾았기를 바란다.

이러한 일화 역시 하나의 고립된 사건이 아니다. 한국 조기 유학생과 가족에 관한 송주영의 연구를 보자.[44] 21세기 초반 한국에서는 많은 학생이 미국이나 다른 영어권 나라로 일시적으로 떠나는 조기 유학이라는 '한국 교육 대탈출(Korean education exodus)'이 일어났다. 2006년 2만 9,511명의 한국 초중고등학교 학생이 교육 비자를 받았는데, 그중 절반이 초등학교 학생이었다. 이 수치는 부모의 이주로 비자를 받는 부모 동반 학생의 경우는 포함하지도 않았다. 송주영은 2000년대 초반 10년 동안 4만 명 이상의 한국 학생이 조기 유학을 하면서 '완벽한' 영어를 습득하기 위해 해외에 살고 있다고 추정했다. 조기 유학의 전형적인 형태는 엄마가 아이와 함께 해외로 떠나고 아빠는 한국에 남아 아이의 해외 교육을 재정적으로 지원하는 것이다. 이러한 형태의 조기 유학이 흔해지면서 기러기 가족이라는 용어도 생겨났다. 기러기처럼 매번 날아가서 서로 만나는 것이다.

영어에 대한 욕망이 대단해서 영어 능력에 대한 비용으로 가족 간의 유대도 희생하고 가족 간의 별거도 감수하는 게 생각해 보면 참으로 놀라운 일이다. 영어가 가족이나 친구보다 먼저 놓이는 것이다. 송주영이 면담한 엄마 중 한 사람은 미국 해외 연수 동안 어린 딸의 가장 친한 친구가 한국인인 게 못마땅했다. 둘이 만나면 한국어로 이야기해서 딸의 영어 능력에 대한 투자가 실패하고 있다고 느꼈다. 엄마들에게 행복이란 아이들의 영어 능력, 특히, 영어 발음으로 매겨지는 투자에 대한 이익과 닿아 있었다. 한 엄마는 이렇게 이야기하였다.

영어는 투자하는 돈과 아이의 학습 성과 사이에 밀접한 상관관계를 볼 수 있는 곳이에요. 돈을 많이 투자할수록 학습은 더욱 효과적인 거죠. 맞아요. 특히 애가 어릴수록 영어 교육에 투자하는 돈의 값어치가 보인다니까요. 그걸 보면 기분이 좋아요.[45]

이 인용을 보면 영어에 투자하는 것이 마치 소비 중독 같다. 이미 살펴보았듯이 포화된 언어 학습 시장이 계속 성장하려면 중독이라는 요소가 시장 체계 속에서 작동해야 한다. 그렇다면 우리는 어떻게 영어 학습에 중독될까? 목표를 마법같이 만들고 동시에 도달할 수 없게 해야 한다. 바로 이 지점에서 송주영이 확인한 자기 비하 언어 이데올로기가 개입한다. 영어 교육과 학습에 대한 투자에도 불구하고 많은 한국인은 자신의 영어가 형편없다고 생각하고 한국 내에서 영어 교육은 희망이 없다고 느낀다.

너무나 만연한 영어 교육 산업은 가족보다 영어 실력을 더 중요하게 여기게 하며 열등감을 지속해서 주입한다. 여기에 종속되면 한편으로는 영어 교육 산업에 큰 이익을 안겨주면서 다른 한편으로 정신 건강에 심각한 폐해를 겪게 된다. 안타깝게도 이러한 일은 한국에서만 일어나는 것이 아니다. 그 형태는 조금씩 다르겠지만 세계 많은 곳에서 일어나고 있다.

송주영의 연구 속 한국 여성들에게 영어를 배우는 것은 자신들이 영어를 못한다는 것과 영어라는 전 지구적 체계 안에서 계속해서 주변에 머물 수밖에 없다는 것을 아는 길이다. 영어를 배우는 것은 알고 보면 소외의 과정일 수 있다. 개발 사회학자 카루나 모라르지(Karuna Morarj)는 인도 농촌의 교육을 통해 소외의 과정을 설명한다.[46]

인도 북부 우타라칸드(Uttarakhand)의 아글라강(Aglar) 유역 마을에서 대중 정규 교육은 1990년대가 되어서야 제공되었는데 이것이 양날의 칼과 같았다. 초중등 보편 교육이 시작되면서 그 지역 모든 학생은 서비스업에서 일하고 싶어 한다. 그런데 그 꿈을 이룬 사람은 거의 없다. 서비스업에 대한 경쟁이 치열하고, 아무리 정규 교육을 받아도 농촌 출신 아이들은 사무직 임금 노동에 대한 일자리 경쟁에서 더 많은 기회를 가져온 도시 출신 아이들과 현실적으로 경쟁이 안 된다.

정규 교육을 통해 아이들은 인도의 중산층이 될 수도 없었고 농촌에서 살 기회마저 박탈당했다. 학교는 농사와 목수업 같은 공예를 배울 기회를 제공하지 못했다. 대신 읽고 쓰는 방법을 배우면서 농사를 비롯하여 농촌 일 하는 법을 알지 못했고, 더욱 중요하게는 비임금 육체노동을 더는 하고 싶어 하지 않았다. 모라르지가 면담한 마을 사람들은 앞서 언급한 인도네시아 농부와 비슷한 주장을 하였다. 정규 교육을 통해 직장을 구할 수 있으면 괜찮지만, 직장을 구하지 못하면 정규 교육을 받지 않은 사람이 더 잘 산다는 것이다. 교육은 인도 농촌의 몰락이라는 문제에 대한 해결책의 일부이기도 하지만 문제의 일부이기도 했다.

그 문제는 첫째, 앞서 논의했듯이 경제적이며, 둘째, 심리적이다. 모든 사람이 영어 실력이 높으면 기회의 문이 열릴 것이라고 믿는 상황에서, 영어를 배웠는데 그렇지 않은 현실 아래서는 인지적 부조화를 겪을 수밖에 없다. 동시에 지역에서 의미 있는 삶을 살아갈 기회의 문마저도 닫혀 버린다.

교육을 둘러싼 소외와 실망의 경험은 시장 경제의 포용과 배제라는 역동 속에서 '세계의 일부가 되는 것이 세계의 주변에 머무르게 되는 것'임을 보여 준다.[47]

자기 주변화, 중독적 과소비, 자기 비하, 소외라는 논의에서 국제어로서의 영어가 야기한 심리적인 폐해가 얼마나 영속적인지는 여전히 감춰져 있다. 이처럼 기형적인 결과가 가능한 것은 영어와 관련된 담론과 실천이 전 지구적 '체제' 안에서 작동하기 때문이다. 하지만 이러한 논의에서 지배적인 중심부 화자는 자신의 책임에서 손쉽게 빠져나갈 수 있다. 지금까지 살펴본 바와 같이 주변부 화자의 언어적 열등감은 언어적 수치심이라는 담론을 통해 적극적으로 생산된다. 앞으로 언어적 수치심의 두 가지 사례를 살펴볼 것이다. 하나는 중심부 청자를 위해 주변부 영어 화자의 말에 자막을 다는 행위와 다른 하나는 주변부 영어를 놀리는 행위이다.

주변부 화자의 말에 자막을 다는 행위는 흔하다. 프로그램 하나를 자세히 살펴보자. 영국 교육 미디어 제작사인 펌킨티브이(Pumpkin TV)가 제작한 「패션이 공정하다고?(How fair is fashion?)」라는 다큐멘터리이다.[48]

이 다큐멘터리를 선정한 이유는 콕 짚어 뭔가를 비판하기보다 전 지구적 불평등 속에서 부유한 글로벌 북부의 소비자가 글로벌 남부의 의류 노동자 착취에 가담하게 되는 방식에 관해 중요한 정보를 전달하기 때문이다. 이 프로그램이 담고 있는 진보적인 내용에도 불구하고, 프로그램 자막은 방글라데시 영어 발화를 이해할 수 없는 것으로 묘사한다.

「패션이 공정하다고?」 프로그램은 글로벌 북부 소비자를 위한 값싼 의류 생산과 판매의 연결고리와 다국적 패션 소매 기업의 막대한 이익, 글로벌 남부 섬유 노동자에 대한 착취를 설명하는 데 참 좋은 자료이다. 다큐멘터리는 방글라데시에서 촬영되었는데, 7년 동안 다카(Dhaka) 섬유 공장에서 일한 18세 여성을 비롯하며 여러 이야기를 담고 있다. 그 여성은 일주일에 100시간을 일하는데 한 달에 받는 월급은 고작 미화 40달러에서 50달러 남짓이다. 그녀는 십여 가구와 화장실과 수도를 공유해야 하는 슬럼가의 작은 방에 남편과 살고 있다. 집으로 오는 진흙탕 길은 하수구를 겸하고 있다.

이 다큐멘터리는 방글라데시 시골에서 피플트리(People Tree)라는 공정무역 패션 상품을 생산하는 협동조합을 조명하며 희망적인 메시지로 끝을 맺는다.[49] 협동조합에서 일하는 의류 노동자는 다카에서 일하는 노동자와 비슷한 수준의 임금을 받는다. 하지만 다카의 노동자들과 달리 하루에 9시에서 5시까지 정해진 시간만큼만 일한다. 제대로 된 고용 계약을 맺고 협동조합은 자녀에 대한 보육과 교육 서비스도 제공한다. 무엇보다 일이 자율적이고 다양해서 자기 일에 대한 자부심도 있다. 그런데 이 성공적인 개발 이야기는 국제어로서의 영어와는 아무런 상관이 없다.

다큐멘터리에서 면담한 모든 노동자는 방글라데시어로 말하지만, 경영자, 정책 입안자, 노동조합 고위 간부는 영어를 사용한다. 다큐멘터리에서 언어의 선택은 방글라데시에서 알려진 격차를 반영한다. 영어를 배울 기회와 영어 실력은 특권을 나타낸다.

그러나 다큐멘터리에 등장하는 사람이 방글라데시어를 하든 영어를 하든 방글라데시 사람이면 방글라데시어를 하는 노동자이든 영어를 하는 엘리트인지에 상관없이 영국 시청자에게는 이해할 수 없는 언어를 사용하는 것으로 다루어진다. 방글라데시어를 하든 영어를 하든 방글라데시 사람이 하는 말을 이해하는 데 도움을 주는 매개가 등장한다. 방글라데시어는 번역되고 영어는 자막이 붙는다. 방글라데시어를 영어로 번역하는 것은 언어 차이이므로 필수적이다. 덧붙일 만한 상징적인 의미를 담고 있지 않다. 자막의 목적이 청각 장애가 있는 시청자에게 다큐멘터리에 대한 접근권을 보장하는 것이라면 영어 번역과 같은 기능을 하는 것이라고 말할 수 있다. 하지만 다큐멘터리에서 영국 사람의 영어에 대해서는 자막을 달지 않으면서 방글라데시 사람의 영어에는 영어를 듣는 시청자들을 위해 자막을 다는 것은 방글라데시 사람의 영어를 이해할 수 없고 부적법한 것으로 만들어 버린다. 부르디외는 이에 대해 다음과 같이 설명한다.

발화는 이해되고 해독되어야 하는 기호일 뿐만 아니라 부의 기호로 평가되고 가치가 인정되어야 하며 권위의 기호로 믿고 복종되어야 한다.[50]

자막이 붙여진 말은 부와 권위가 부족한 기호인 것이다. 다큐멘터리에 나오는 방글라데시 엘리트는 유창한 영어 화자이고 개인적으로 듣기에도 완벽히 이해할 수 있는 영어를 사용했다.[51] 그들이 이해할 만한 영어를 사용하고 매개 없이 스스로 말할 수 있다는 사실을 받아들이지 않는 것은 그들 말의 적법성을 인정하지 않기 때문이다. 이해할 수 없다는 느낌은 수치심을 줄 수 있다.

주변부 화자를 이해할 수 없는 것으로 인식하는 것은 6장에서 살펴본 것처럼 개발 상황에서 참여를 배제하는 이유가 된다. 많은 연구에서 국제 개발 '전문가'와 지역 협력자 사이의 상호작용에서 지역 협력자의 말에 귀 기울이지 않는 사례가 제시된다. 예를 들어 캄보디아 교육 전문가인 비스나(Visna)는 국제 교육 전문가와 기말고사에 대해 논의한 회의에서 있었던 일을 전했다.

> 비스나와 동료들은 과목, 학생, 시험 출제와 관련된 경험이 있었다. 해당 과목에 대한 연수도 받았고 학생들과 같은 배경 출신이며, 교육부가 정한 방침에 따라 시험을 내본 적도 있었다. 하지만 해외 전문가들은 자신들이 시험을 내겠다고 했다. 시험 출제 후 비스나와 동료들에게 피드백을 구했다. 하지만 세 가지 이유로 시험이 지금 상황에서 적절하지 않았다. 첫째, 학생들이 시험 문제를 풀기에 배정된 시험 시간이 너무 짧았다. 둘째, 문제가 너무 어려웠다. 학생들의 현재 영어 수준을 넘어서는 과업이 많았고 수업 시간에 배우지 않은 기술에 대한 것도 있었다. 셋째, 지시 사항과 과업이 명확하지 않았다. 하지만 시험 출제자는 피드백을 반영하지 않았고, 시험을 본 대다수 학생은 낙제했다.[52]

이 예에서 보듯 비스나와 같은 글로벌 남부 영어 화자의 말을 듣지 않거나 거부하면 '개발을 위한 영어'라는 가치는 심각하게 훼손된다.

열등감을 주입하는 또 다른 형태는 다른 사람의 영어를 가지고 장난을 치는 것이다.

『뉴욕타임스(The New York Times)』가 독자들에게 금발 여성과 관련된 농담을 보내라고 하거나 지금까지 본 것 중 유색 인종의 가장 재미난 행동을 알려 달라고 하는 상황을 상상해 보자. 이러한 일이 지금 일어난다면, 온라인 공간은 난리가 나고 성과 인종 문제에 관심이 있는 사람들은 소셜 미디어상에서 논쟁할 것이다. 성과 인종 관련 분야 학자들도 흥분해서 금발 여성과 유색 인종들이 그렇게 우스꽝스러운 방식으로 행동하는지에 대한 분석을 내어놓을 것이다. 물론 이러한 일이 일어날 가능성은 없다. 명백히 그리고 노골적으로 성차별적이고 인종 차별적이기 때문이다. 하지만 언어와 관련해서는 이러한 종류의 농담이 종속된 화자를 깎아내린다고 여겨지지 않는다.[53]

위에서 내가 참고한 『뉴욕타임스』 기사는 2010년 '칭글리시(Chin-glish)'에 대한 것으로 당시 독자들은 아주 많은 이메일을 보냈다. 반응은 대단했고 소셜 미디어상에서도 화제가 되자 『뉴욕타임스』는 '해외의 희한한 표지판' 사진을 보내달라고 했다. 심지어 한 언어학자의 블로그도 "의도하지 않았던 중국어 번역 실수가 웃기고 이해할 수 없는 영어를 낳는지" 보여 주고자 일련의 분석을 제공하며 거들었다. 이 에피소드는 예외적인 것이 아니다. 지금도 종속된 화자, 특히, 아시아계 화자들의 영어를 조롱하는 수많은 웹사이트를 발견할 수 있다. 주변부 화자를 이른바 이해할 수 없다는 식의 농담은 일상적인 상호작용에서도 많이 활용된다. 잘 알려진 사례가 2015년 초반 아르헨티나 대통령 크리스티나 키르치네르(Christina Kirchner)가 중국을 국가 원수로 방문했을 때 트위터에서 'r'을 'l'로 바꿔 발음하며 중국 영어 악센트를 흉내 낸 것이다.[54]

성차별적이거나 인종 차별적인 농담이 더 이상 받아들여지지 않는 것은 참으로 감사할 따름이지만 종속된 방식의 말에 대한 농담에 대해서도 비슷한 관점을 가져야 할 시기가 왔다. 누군가의 언어를 놀리는 것은 성차별적이고 인종 차별적인 농담만큼이나 편견을 가진 행위이고 종속된 화자의 자신감과 자존감에 상처를 줄 수 있다.

요약

국제어로서의 영어는 식민주의의 유산이다. 오늘날 영어는 개발에 필수적인 것으로 여겨진다. 영어 교육을 통해 경제 성장을 이룰 수 있고, 전 세계 어려운 이들은 더 온전하게 경제적이고 사회적인 활동에 참여하고 기회를 얻을 수 있다고 기대된다. 반대로 영어는 '히드라'나 '폭군'으로 악마화되기도 한다.[55] 이번 장에서는 전 지구적인 정의라는 관점에서 그 전제와 한계를 살펴보았다. 국제어로서의 영어가 선인지 악인지에 관한 판단의 전제는 지배 계층 화자의 특권은 그들의 말에서, 세계 빈곤층이 겪는 비참도 그들의 말에서 나온다는 상관관계의 오류에 근거해 있다. 하지만 언어라는 변수만 바꾼다고 변화가 일어나는 것이 아니다. 전 지구적인 불평등은 정의롭지 못한 신식민주의 세계의 산물이고 영어는 그러한 불평등을 더욱 복잡한 방식으로 공고히 하는 데 공모하고 있다.

영어가 도움이 된다는 믿음 때문에 전 세계 많은 사회는 학교 체계 내에서 보편적 영어 교육을 시행하고 있다. 영어 교육은 공교육 외에도 사교육으로 추구되기도 한다. 영어 교육의 질은 개별 학습자나 학습자 집단이 이용하는 교보재에 따라 달라지기 때문에 모두를 위한 영어는 사회 내에 존재하는 불평등을 공고히 할 수 있다. 더 나아가, 보편 영어 교육은 지역적으로 의미가 있을 수 있는 다른 교과목이나 다른 언어 교육을 위한 자원을 빼앗을 수 있다.

국제어로서의 영어 담론과 실천은 지역적인 것보다는 세계적인 것을 지향하곤 한다. 지식과 관련해서도 영어를 매개로 생산되고 보급되는 지식이 다른 언어를 매개로 생산되고 보급되는 지식보다 더 뛰어난 것으로 여겨진다. 영어가 아닌 언어로 생산되는 지식에 가치를 두지 않는 것이다. 그 과정에서 연구될 만한 주제는 재설정되고, 지역의 문제는 간과된다. 한 나라의 학계가 지역의 문제를 간과하고 세계적으로 의미 있는 연구에만 집중하는 것은 공공선에 기여해야 한다는 의무를 저버리는 일종의 배신행위이다. '세계적인 것'이 현실에서는 '미국적인 것'이나 '영국적인 것'을 의미하곤 해서 '세계적인' 연구를 하고자 하는 노력은 영어권 중심 국가에 대한 조공 혹은 보조금의 형태로 보아야 한다.

국제어로서의 영어 담론과 실천이 주변국에서 중심국으로 흘러 들어가는 보조금이라는 사실은 영어 교육의 비용을 보면 더 명확해진다. 주변부는 막대한 재정과 기회비용을 들여 영어 교육에 투자하지만, 영어권 중심부는 그러한 비용을 지급할 필요가 없다. 국제 의사소통 비용은 불편함을 감당해야 하는 측에게만 불평등하게 부과된다. 더 나아가 영어 교육은 중심부가 주도하면서 주변부의 영어와 관련된 비용은 중심부의 중요한 수입이 된다.

다른 종속화와 같이 국제어로서 영어라는 헤게모니는 종속된 자들에게 심리적 비용까지 유발한다. 영어를 배운다는 것은 자신의 영어가 주변화되는 것을 감수하며 '완벽한' 영어라는 동질적이고 상상된 이상에 영원히 도달하지 못한 채 살아가야 하는 것을 의미한다. 영어의 심리적 폐해는 주변적 화자를 이해할 수 없거나 우스꽝스러운 사기꾼으로 재현하는 것과 같은 언어적 수치심을 유발하는 행위로 나타난다.

이번 장에서는 '세계화의 하이퍼 핵심부 언어'[56]인 영어에 대해 주로 논의할 수밖에 없었지만, 정의롭지 못한 영어는 영어라는 언어에 고유한 것이 아니다. 영어의 부당함은 '영어'가 하나의 상품일 수밖에 없고 그 속에서 지배와 종속이 일어나는 신자유주의 제국의 부당함이다. 피터 아이브스(Peter Ives)는 다음과 같이 말하였다.

지배 언어의 '강제'를 우리는 '선택'이라고 배워왔지만, 비판적 의식을 침잠시킬 수 있어 서발턴(subaltern) 집단에 부정적인 영향을 미친다. 억압과 압제에 대한 투쟁을 막을 수도 있다. 영어 혹은 지배 언어를 배우는 일은 추상적인 차원에서는 그 자체로 부정적인 것은 아니지만, 발생하는 맥락을 보면 심리적, 사회적, 문화적 파편화를 강화한다. 따라서 영어과 같은 '국제어'는 코즈모폴리터니즘이 영어에 기대하는 역할, 바로

'세계화'로 소외되고 억압된 이들이 목소리를 낼 수 있도록 해야 한다는 그 역할을 결코 충족시킬 수 없다.[57]

8장

언어 정의

'정의란 무엇인가?'라는 소크라테스의 질문에 대한 대답은 '정의는 불의를 극복하는 것이다'가 될 수밖에 없다.[1]

이 책은 언어와 관련된 불의를 살펴보았다. 언어 종속화와 지배의 과정이 작동하는 방식과 노동, 교육, 공동체 참여의 영역에서 경제적 분배, 문화적 인정, 정치적 재현의 불의가 국가 안에서 그리고 국가 간에 언어와 연관되는 방식을 살펴보았다. 마지막 장에서는 관점을 바꿔 언어 정의의 내용이 무엇인지 묻는다. 철학자 낸시 프레이저의 이론을 다시 한 번 가져와 추상적인 정의가 그 내용을 획득하기 위해 불의를 어떻게 극복할 수 있을지를 구상해 보는 것으로 언어 정의의 내용을 찾아보고자 한다.

언어 특권

『언어 다양성과 불평등: 정의로운 사회를 위한 사회언어학』이라는 제목을 가진 책에서 언어 권리에 대해 심도 있게 논의하지 않고 정치 철학의 관점에서 규범적인 의미의 언어 정의에 대해서도 논하지 않은 것이 의아할 수 있다. 1장에서 설명했듯이 이는 실용적인 접근을 취하고자 했던 본 책의 의도에 따라 의도적으로 선택한 것이었다. 아마르티아 센이 『정의의 아이디어(The Idea of Justice)』라는 책에서 주장한 것을 참고하여 이 책의 접근은 '완전히 정의로운 언어 질서가 무엇일까?'라는 질문보다 '언어 정의를 어떻게 조금 더 확보할 수 있을까?'라는 질문을 출발점으로 삼았다. 그럼에도 불구하고 언어 정의에 대한 규범적인 접근이 이 책에서 살펴본 언어 불의를 극복하는 데 어떤 이바지를 할 수 있을지는 생각해 볼 필요가 있다.

정치 이론에서 언어 정의에 보이는 관심은 서로 다른 언어 사이에 정의를 어떻게 실현할 수 있을지를 결정하는 것, 곧 철학자 필리프 판 파레이스(Philippe van Parijs)가 '동등한 존중(parity of esteem)'이라 일컬은 부분이다.[2] 정치 이론에 바탕을 둔 언어관은 사회언어학을 거의 고려하지 않는다. 정치 철학에서 언어 관련 연구가 전제하는 언어관은 '언어'는 곧 '명명된 언어'라는 것이다. 하지만 이 책에서 설명한 불의의 대부분은 실제로 명명할 수 있다면 '하나의 언어 안'에서 일어나거나 '명명된 언어'라는 레퍼토리에 대한 서로 다른 평가와 연관되어 있다. 4장과 7장에서 살펴보았듯이, 중요하지 않은 레퍼토리는 이해할 수 없는 말로 여겨지기도 한다. 언어를 통해 사회가 조직되는 근본적인 방식은 다양한 언어의 사용이라는 사실을 고려하지 않으면 언어 정의에 대한 규범적인 접근은 한계를 지닐 수밖에 없다.[3]

규범적인 언어 정의와 관련된 연구는 두 가지 흐름으로 구별할 수 있다. 첫째는 소수어와 국어 사이의 불평등, 두 번째는 국어와 국제어인 영어 사이의 불평등에 관한 것이다. 대부분의 연구는 다음 두 가지 중 하나의 입장을 취한다. 하나는 국가가 '선의의 방관(benign neglect)'으로 시민들의 언어 선택에 개입하지 않는다면 언어 간의 정의는 실현될 수 있다는 주장이다. '선의의 방관'이라는 주장이 가지는 한계는 쉽게 드러난다. 국가 운영, 특히 교육은 항상 특정 언어로 이루어지기 마련이고, 이를 위해 선택하는 언어가 그 자체로 중요한 언어가 되어 버린다.

다른 하나는 언어 권리를 향상해야 한다는 주장이다. 언어 권리는 차별받지 않을 권리, 표현의 자유, 집회·결사의 자유 같은 권리와 비슷하게 개인의 권리로 여겨진다. 이러한 형태의 언어 권리는 상대적으로 논쟁의 여지가 없다. 인권과 자유가 "인종, 피부색, 성, 언어, 종교, 정치적 또는 기타의 견해, 민족적 또는 사회적 출신, 재산, 출생 또는 기타의 신분과 같은 어떠한 종류의 차별이 없이"[4] 모든 사람에게 적용된다는 「세계 인권선언」 제2조를 바탕으로 국제법과 국내법으로 보장되어 있다. 하지만 '언어 인권'의 지지자들은 언어 권리를 모어로 교육을 받을 권리처럼 다수에게 보장되는 집단의 권리로 여기곤 한다. 집단의 권리라는 관점을 따르게 되면 '전통적인 의미에서 소수자로 인정되지 않은 집단'(3장 참고)은 국제법의 관심을 받기 힘들다. 서로 다른 집단은 서로 다른 것을 요구하기 때문이다. 모어로 교육받을 권리는 민족적으로 지배적인 집단에는 당연하다. 전통적인 의미에서의 소수자 집단은 모어 교육을 작은 양보 정도로 생각할 것이다. 하지만 이민자에게 모어 교육은 상당한 성취일 수 있다.

언어 정의에 규범적으로 접근하는 정치 이론의 한계 때문에 정치 철학자 윌 킴리카(Will Kymlicka)와 앨런 패튼(Alan Patten)은 이제는 고전이 된 2003년 논문에서 "정치 이론가들의 초점은 새롭고 나은 접근법을 찾기보다 오래된 접근법을 비판하는 데 있다."라고 지적했다.[5]

철학자 필리프 판 파레이스는 2011년 『유럽과 세계를 위한 언어 정의(Linguistic Justice for Europe and for the World)』라는 책을 통해 선의의 방관과 언어 권리라는 '오래된 접근'을 넘어 새로운 접근법을 찾고자 하였다. 판 파레이스는 영어와 다른 민족어 사이의 '동등한 존중'에 관심이 있었다. 우선, 판 파레이스는 하나의 공용어는 모든 이가 세계 정치 영역에 참여할 기회를 줄 수 있다는 점에서 영어의 세계적 확산은 전 지구적 정의라는 목적으로 나아가는 데 환영할 만한 일이라고 주장한다. 인류의 긴급한 문제가 전 지구적으로 나타나는 시대에 전 지구적으로 해결책을 찾기 위해 논쟁하고 노력하는 데 하나의 언어로 소통하는 일은 중요하다. 영어는 이미 많은 사람이 배웠고 사용할 수 있다는 점에서 공용어라는 역할을 하는 데 이상적인 위치에 있다. 판 파레이스는 전 지구적인 숙의를 위해서 영어 교육을 강화할 필요가 있다고 주장한다.

동시에 판 파레이스는 국제어로 영어를 선택하는 것이 영어 원어민에게 명백히 유리하고 다른 민족어 화자에게 불리하다는 사실도 인식하고 있다. 공정하고 평등한 방식으로 이 문제를 해결하기 위해서 판 파레이스는 두 가지 접근을 제안한다. 우선, 영어 원어민 비율이 높은 국가에 '언어세'를 부과한다. 둘째, 국가 단위와 지역 단위 모두에서 모든 이가 지역 언어를 말하도록 강제하는 체제를 갖춰야 한다. 이는 해당 지역의 새로운 이주민에게도 마찬가지이다. 강제적인 체제가 없으면 영어를 사용할 가능성이 크기 때문이다. 이를 통해 영어가 아닌 언어에 대한 '존중'을 유지한다. 전반적으로 판 파레이스는 영어 교육의 비용을 언어 특권을 누리고 있는 이들에게 부과하는 재분배적 접근을 확장하고 있다.

영어 화자의 수가 많은 나라에 '언어세'를 부과하자는 언어적 재분배 아이디어가 현실적이지 않다고 치부해 버리기 쉽다. 하지만 이는 핵심을 놓치고 있다. 판 파레이스가 선호되는 언어에 초점을 맞춘 것은 사회언어학적으로 중요한 혁신이다. 지금까지 언어 불평등에 관한 연구는 주로 불이익을 받는 것에 초점을 맞춰 왔으며, 불공정한 배치로 특권을 누려 온 언어에 관한 관심은 전반적으로 부족했다. 성차별이 남성의 특권에 관한 관심 없이는 이해하기 힘든 것처럼, 인종주의가 백인의 특권에 관한 관심 없이는 이해하기 힘든 것처럼, 언어 정의의 목적도 언어 특권에 대한 논의 없이는 나아갈 수 없다.

1989년 백인 특권에 대한, 지금은 고전이 된 논문을 쓴 사회학자 페기 매킨토시(Peggy McIntosh)는 2012년 '인종주의에 반대하는 일은 인종주의의 다른 측면인 백인들의 특권에 대한 이해 없이는 효과적일 수 없다고 생각한다.'라고 했다.[6] 언어 정의도 언어 특권에 대한 이해 없이는 효과적으로 나아갈 수 없다고 보는 게 타당하다. 언어를 중요하게 고려하는 다문화 교육 연구[7]를 제외하고는 지금까지 언어 특권의 본질을 살펴보고자 한 합의된 연구 노력은 없다.

특권은 억압 체계에서 사회적 지배 집단이 노력하지 않고 받는 혜택이다. 특권은 두 가지 방식으로 작동한다. 첫째는 특권층이 차별받지 않는 것, 둘째는 공정하지 못한 혜택을 받는 것이다. 사회적 특권의 핵심 중하나는 특권을 주는 사회적 범주가 특권층에게는 상대적으로 드러나지 않는다는 점이다. 남성이 젠더가 작동하는 방식에 대해 망각하는 그 지점에서 여성들에게 젠더라는 사회적 범주는 더 분명해진다. 백인이 인종이 작동하는 방식에 대해 망각하는 그 지점에서 유색 인종에게 인종이라는 사회적 범주는 더 분명해진다. 언어적으로 지배적인 집단도 언어 다양성이 작동하는 방식에 대해 망각할 수 있다. '언어'는 노동, 교육, 공동체의 참여를 위해 새로운 언어를 배울 필요가 없는 사람에게는 중요한 문제가 아니다. 자신의 악센트가 미래의 고용주에게 어떻게 들릴지 걱정할 필요가 없는 사람에게 언어는 중요하지 않다. 언어 능숙도가 교실에서 토론에 참여하기에 적정한지, 긴급 전화하면서 들을 만한 가치가 있는지를 고심할 필요가 없는 사람들에게 언어는 중요하지 않다.

언어 특권을 이해하는 것은 언어 지배를 이해하는 데 중요하다. 3장에서 살펴보았듯이 언어 학습은 개인이 책임져야 하는 일이라고 생각한다. 자신이 받는 혜택이 스스로 노력한 결과이지 불평등 체계와 얽혀 있는 것이 아니라고 보는 것이 지배층의 특권이다. 특권에 대한 인식을 높이면, 언어가 사회 계층화를 초래하는 양상을 볼 수 있다. 언어적으로 종속된 사람들에 대한 공감도 높일 수 있다. 무엇보다 특권에 대한 인식을 높이는 것은 '소수자 편에서 지지 행동을 하는 것(ally behaviors)'과 함께 가야 한다. 이 책에서 접하기도 한 언어적 불평등을 겪고 있는 많은 이들은 언어가 불평등의 원인이 될 수 있음을 설명하고 긍정적인 변화를 위한 연대에 함께할 수 있는 고용주, 동료, 변호사, 교사, 친구, 정책 입안자와 같은 실질적인 동맹자가 필요하다.

현실적인 언어 유토피아

언어 정의의 내용이 무엇인지 살펴보는 또 다른 방식은 언어가 평등한 방식으로 작동하는 맥락과 제도를 살펴보는 것이다. 철학자 에른스트 블로흐(Ernst Bloch)는 유토피아에 관한 기념비적 논문인 「희망의 원리(Das Prinzip Hoffung)」에서 사회 변화를 위한 운동을 추동하기 위해서는 '구체적인 유토피아'에 대한 전망이 중요하다는 점을 강조한다.[8] 그는 성취 가능한 전망만이 사회 변혁의 전제 조건인 희망을 만들어 낼 수 있다고 주장한다. 최근의 신자유주의적 자본주의를 비판하는 학자들도 '현실적인 유토피아'에 대한 전망이 사회 변화를 만들어 내는 데 중요하다고 역설한다.[9] 많은 사람이 대안적인 사회 조직이 필요하다고 생각하지만, 긍정적인 전망이 실행 가능하거나 도달 가능하지 않다면 변화를 위한 행동은 거의 일어날 수 없다. 유토피아를 '구체적'이고 '현실적'으로 만들기 위해서는 희망을 품는 것과 더불어 실행 가능하고 도달 가능한 전망을 내놓아야 한다.

여기서 뭔가 대단한 것을 제시하려는 것이 아니다. 하지만 다음 두 가지 면을 동시에 고려해 보고자 한다. 하나는 언어 정의와 관련된 측면에 초점을 맞추며, 다른 하나는 조직 내에서 언어를 다양하게 사용했을 때 공공선이 향상된 실존했던 맥락과 제도를 찾는 것이다. 이러한 점을 고려하여 논의하는 사례는 17세기 이스파한(Isfahan)과 오스트리아 빈 중 앙도서관으로, 언어적 다양성을 제도적으로 조직하는 것이 실행 가능하 고 도달 가능하다는 사실을 보여 주고자 한다.

17세기 이스파한부터 시작해 보자. 1598년 사파비(Safavid) 왕국의 왕이자 샤 아바스(Shah Abbas)대왕으로도 알려진 샤 아바스 1세는 페르 시아의 수도를 이스파한으로 옮기고, 한 세대도 지나지 않아 이스파한을 국제적이고 화려한 정치와 경제의 중심으로 발전시켰다. 그 시기 이스파 한의 모습은 너무도 놀라워서 '세계의 절반(nesf-e jahan, نصف جهان)'이라는 별명을 얻기도 했다. 1637년 이스파한에 거주했던 독일 학자 아담 올레 아리우스(Adam Olearius)는 도시를 다음과 같이 묘사했다.

> 아시아는 물론 유럽 국가 대부분은 이스파한에 상인을 보냈다. [⋯] 이 스파한에 인도인은 평상시 대략 1만 2,000명이 머물고 있다. [⋯] 인도 인 외에도 호라산(Khurasan), 챠타이(Chattai), 부하르(Bukhar) 지역에 서 온 수많은 타르타르족은 물론 튀르키예인, 유대인, 아르메니아인, 조 지아인, 영국인, 네덜란드인, 프랑스인, 이탈리아인, 스페인인들도 거주 한다. [⋯] 이 중에서 기독교인이지만 아르메니아 상인이 가장 부유했는 데, 페르시아인들보다 힘든 항해를 마다하지 않기 때문이었다. 누구든 어디로든 항해할 절대적인 자유가 있었다. 외국인은 관세만 내면 페르 시아에 들어와서 상품을 거래할 수 있었다.[10]

이스파한의 다중언어적이고 다문화적인 거주자들 중에 이스파한의 황금 시기에서 가장 성공하고 특별했던 민족은 아르메니아인이었다. 아 르메니아인이 성공하는 데는 샤 아바스의 개입과 도움도 컸다.

1603년에서 1604년 겨울 샤 아바스는 지금 이란 북서쪽 끝에 위치 한 졸파(Jolfa)라는 도시에 살던 아르메니아인을 이스파한으로 이주시켰다. 그들은 뉴졸파(New Jolfa)라 불리는 이스파한의 지역 일부에 정착했고 기존의 졸파는 폐쇄되었다.

강제 이주가 다문화 황금시대의 시발점이었다는 사실이 그다지 좋아 보이지는 않는다. 하지만 역사적인 맥락을 고려할 필요가 있다. 16세기에 오토만 제국과 사파비 제국은 계속해서 전쟁을 벌여왔는데, 전장은 주로 오늘날 아르메니아, 아제르바이잔, 조지아, 이란 북서부, 이라크 북부, 레바논, 시리아, 튀르키예 동부에 걸친 접경 지역이었다. 두 제국은 이 지역에서 대량 학살과 강제 이주 같은 초토화 정책(scorched earth policy)을 펼쳤다.

졸파 거주민의 이주와 정착은 초토화 정책의 변형된 형태였다. 샤 아바스는 군사적 이익이라는 단기적 목적 외에도 장기적인 목적이 있었다. 바로 인적 자원을 획득하는 것이었다.

샤 아바스가 아르메니아인을 높이 평가한 이유는 그들이 가지고 있던 풍부한 초국가적 연결망이었다. 기독교인이라 유럽과 연결되어 있었고, 무역망은 동아시아까지 닿아 있었다.

지역 문화에 대한 지식과 동양과 서양 언어와 전통에 대해 익숙했던 그들은 사파비 왕국과 시아파 페르시아의 사업가로 출중한 역량을 보일 만한 위치에 있었다.[11]

아르메니아인은 자신들의 초국가적 연결망을 통해 인도 무굴 왕국에서는 통역가로, 폴란드에서는 기반이 탄탄한 무역상으로 활동했다. 또한 많은 지역에서 외국 상품은 곧 '아르메니아 상품'이라고 알려져 있었다.

간단히 말해, 샤 아바스는 이 초국가적 집단으로부터 민족적 충성심을 얻고 싶어 했다. 그의 계획이 성공하면서 아르메니아인과 이스파한 모두 발전하여 이스파한은 무역 중심지로 번성하게 되었다.

샤 아바스는 뉴졸파 아르메니아인의 충성심을 얻기 위해 종교적 자유를 허락하고 완전한 시민권과 사법권을 부여하는 등 광범위한 양보를 하였다. 아르메니아인이 누린 권리 중에는 시장에서 흥정할 때 무슬림처럼 욕하고 저주할 수 있는 것도 있었다.

샤 아바스는 뉴졸파를 방문하기도 했으며, 성탄 혹은 부활 미사에 참여하기도 하며 새로운 시민들의 삶에 깊은 관심을 보였다. 무슬림도 아닌 새로운 백성에게 너무 우호적이라는 비판이 일자 샤 아바스는 아르메니아인은 고향도 버리고 이스파한에 사는 만큼 소중한 손님으로 대해야 한다고 대응했다. 또한 이주 비용으로 일 인당 1,000토만이라는 비용이 들었는데, 이는 아르메니아인이 아니라 이란을 위한 투자라는 사실을 분명히 했다.

샤 아바스의 실용적이고 자유주의적이었던 접근으로 소수 집단과 그들이 속한 사회 모두 번성하였다.

1630년대 이스파한의 아르메니아인은 교양과 형이상학을 가르치기 위해 자신만의 이중언어 대학을 설립하였다. 이 고등 교육 기관은 이후 이탈리아에서 인쇄술을 공부하여 이란에 이를 소개한 호브하네스 바르타펫(Hovhannes Vardapet)을 비롯하여 많은 유명 학자를 배출하였다. 이란에서 처음 인쇄된 책은 다름 아닌 1638년에 출판된 시편의 아르메니아 번역본이었다.

4세기가 지난 오늘날까지 이란의 아르메니아인은 학교와 교회를 유지하고 있으며, 아르메니아어도 높은 수준으로 구사한다. 테헤란 아르메니아인에 관한 최근 연구에 따르면, 응답자의 100%가 아르메니아어를 정기적으로 사용하며 이중언어를 중요하게 생각했다.[12]

코즈모폴리턴적이며 다중언어적, 다문화적이었던 이스파한의 황금시대뿐만 아니라 그 쇠퇴를 살펴보는 것도 의미가 있다. 모든 지배자가 샤 아바스 대왕과 같은 계몽 군주가 될 수는 없다. 후속 왕 중 일부는 뉴졸파의 부유한 아르메니아인을 세금을 걷을 수 있는 황금알 낳는 오리로 여기기도 했다. 대부분의 정권은 샤 아바스가 했던 것만큼 아르메니아인의 충성심을 얻기 위한 노력도 하지 않았다. 하지만 종교적 자유, 완전한 시민권, 이중언어 교육에 대한 권리는 4세기가 넘는 기간 동안 계속해서 유지되었다.

이란이라는 국가와 아르메니아인이라는 초국가적 소수 집단 사이의 상호 이익을 위한 동맹은 쉽게 사라지지 않았다. 하지만 외부로부터의 새로운 세계사적 압력 앞에서는 지속될 수 없었다. 대영제국의 팽창으로 이란은 영국과 굴욕적인 치외법권을 인정하는 조건부 항복 조약을 맺을 수밖에 없었고, 아르메니아인은 영국이 항로를 개설하고 통제하면서 아시아와 유럽 사이의 무역에서 자신의 경제적 기반을 잃어갔다.

17세기 이스파한에서 현대 오스트리아 빈으로 이동하여 빈 중앙 공공도서관을 방문해 보자. 도서관은 책, 컴퓨터, 행사를 자유롭게 즐기며, 공부하고 인터넷 검색을 하거나 그냥 시간을 보내기도 하는 공공장소이다.

빈 중앙도서관에는 놀라울 정도의 다중언어 컬렉션이 있다. 독일어는 물론, 보스니아·크로아티아·세르비아어, 영어, 튀르키예어로 된 책이 있다. 알바니아어, 체코어, 프랑스어, 헝가리어, 이탈리아어, 폴란드어, 포르투갈어, 루마니아어, 러시아어, 슬로바키아어, 슬로베니아어, 스페인어로 된 책도 적어도 각각 500권은 된다. 이 정도까지는 아니지만, 아랍어, 카탈루냐어, 중국어, 고대 그리스어, 네덜란드어, 에스페란토, 핀란드어, 라디노어, 롬어, 스웨덴어, 이디시어로 된 책도 있다. 이들 언어는 물론 다른 언어에 대한 언어 학습 자료도 제공한다.

사회언어학자 브리기타 부슈(Brigitta Busch)의 문화기술지 연구에 따르면, 독일어가 아닌 다른 언어로 된 책들을 수집하는 기준은 크게 두 가지이다. 하나는 영어와 프랑스어와 같이 주요 외국어로 된 서적을 수집하는 것이고, 다른 하나는 보스니아·크로아티아·세르비아어같이 빈에 거주하는 이민자의 언어로 된 서적을 수집하는 것이다.[13] 두 가지 원칙에 따라 사서의 배치와 이용 가능성이 고려된다. 즉, 특정 언어로 된 컬렉션을 만들 때 이를 관리할 사서가 적어도 한 사람은 있어야 한다. 이용 가능성은 장서의 수가 충분해야 하고 정기적으로 새로운 책들이 수집될 때, 특정 언어로 된 컬렉션이 의미가 있고 방문객이 관심을 가지게 된다는 것이다. 물론 실제 컬렉션이 만들어지는 것은 이러한 원칙에 우연도 작용한다. 예를 들어, 중국학 은퇴 교수가 자원봉사자로 일하면서, 중국어 컬렉션이 만들어졌다. 반대로 도서관은 체첸어 컬렉션에 대한 필요성을 느꼈지만, 전쟁을 겪은 체첸 지역에서 도서 거래 유통망을 찾을 수가 없었다.

한 언어를 책임지는 사서는 자신의 신념에 따라 언어 정책을 수립할 수 있다. 예를 들어 러시아어 책임 사서는 러시아어 자료 사용자의 요구와 수요를 자세히 파악했다. 러시아어 컬렉션은 '러시아 여성'들이 좋아하는 범죄 소설을 잘 갖추면서도, 다양한 구소련 국가에서 온 난민을 위한 책을 수집했다. 구소련 난민은 비소설과 러시아어로 된 독일어 학습 교재를 선호했다.

실용적인 접근을 했던 러시아 사서와 달리 튀르키예어 사서는 컬렉션의 '질'을 높이는 것을 자신의 임무로 보았다. 질을 높이는 방법은 독일이 아닌 튀르키예에서 출판된 자료를 수집하는 것이었다. 당시, 『허리예트(Hurriyet)』 신문사를 중심으로 튀르키예어 출판사가 번성하고 있었다. 연구자와의 면담에서, 튀르키예어 사서는 그 이유를 다음과 같이 설명하였다.

[독일 내 튀르키예어 출판은] 독일의 이주 노동자 문화를 주로 다루죠. 공장에서의 노동, 빈곤, 그들이 겪는 간난이 주요 주제예요. 하지만 튀르

키예 문화는, 내가 자라나면서 배운 튀르키예 문화는, 지금 실제 튀르키예 문화는 그런 것이 아니거든요. (…) 튀르키예에도 그런 새로운 중간의 문화가 있어요.[14]

문화에 대한 순수한 태도와 보수적인 수집 정책에도 불구하고 튀르키예 배경의 청년들은 도서관을 사랑하며 많은 학생들이 과제를 하러 도서관에 온다. 수학 문제를 풀면서 독일어나 튀르키예어로 의사소통하기도 한다. 영어, 독일어 음악은 물론 튀르키예 디아스포라 음악가든 국내 음악가든 좋아하는 튀르키예 음악을 듣기 위해 인터넷에 접속하기도 한다.

전 세계에서 모인 이주민이 빈 인구의 네 명 중 한 명을 차지하는데, 이들이 중앙도서관을 가장 많이 이용한다. 난민에게 도서관은 인터넷과 독일어 학습 교재를 무료로 이용할 수 있는 공간이며, 이주 배경의 청년에게는 친구와 만나 어울려 놀 수 있는 공간이다. 여행자는 도서관 건물을 구경하고 무료 인터넷에 접속하기 위해 도서관을 방문하기도 한다. 공공도서관은 민주적인 다문화 공간인 것이다.

빈 중앙도서관은 사회적 결속을 위한 언어 정책이 협상되는 곳이다. 접근에 제한이 없고, 언어 다양성이 존중되며, 언어 정책은 궁극적으로 도서관 사용자와 직원 간의 협상의 과정으로 여겨진다. 연구자는 도서관의 포용적인 언어 정책은 중앙 관료에 의해 내려진 대단한 계획의 결과가 아니라 시민의 참여로 나타난 결과라고 결론 내린다. 그 조건은 다름 아닌 공적 자금으로 운영되고 모든 이가 이용할 수 있는 열린 비상업적 공공장소라는 것이다.

빈 도서관의 예는 언어와 문화가 다르더라도 공적인 공간에 제약 없이 참여하여 의사소통할 수 있도록 한다면 포용적인 언어 정책을 실질적으

로 만들어 낼 수 있음을 보여 준다.[15]

요약하자면, 2장에서 논의했듯이, 인류 역사에서 사람의 이동과 언어 접촉은 사회를 조직하는 데 핵심적이다. 17세기 이스파한과 같은 다문화주의의 황금시대를 살펴본 이유는 평등하게 조직된 제도를 당위적으로 요구하는 것을 넘어 실제로 실행 가능하고 도달 가능하다는 것을 보여 줌으로써 언어 정의에 대한 상상력을 넓힐 수 있기 때문이다. 언어 다양성의 가치를 인정하며 '다문화주의가 작동하는' 빈 중앙도서관과 같은 오늘날 공간에 관한 관심도 중요하다. '다문화주의의 실패'와 다양성의 증가가 야기하는 사회적 어려움과 도전에 관한 이야기를 미디어를 통해 일상적으로 듣고 있는 우리에게 긍정적인 사례를 알리는 것은 희망이라는 대안적 담론을 만드는 데 필수적이다. '현실적인 유토피아'가 우리에게 알려주는 것은 3장의 공공 화장실 예와 비슷하게 가장 포용적인 공간과 제도는 언어적으로 가장 민주적인 공간이라는 점이다.

언어 정의를 위한 투쟁

사회 정의는 투쟁 없이 쟁취될 수 없다. 계급, 젠더, 인종과 관련된 중요한 사회 정의 문제는 노동 운동, 여성 해방 운동, 반식민주의 운동, 민권 운동과 같은 사회 운동과 그 속에서의 지속적인 투쟁과 밀접하게 연관되어 있다. 이 책의 전반적인 주장에 이론적 토대를 제공한 피에르 부르디외는 언어를 둘러싼 사회적 투쟁을 지속해서 살펴보았다.[16] 이 책의 마지막은 사회 투쟁의 영역으로서 언어 정의를 탐색해 본다.

4장에서 오스트레일리아의 출신 국가별 학력과 고용 간 격차에 관한 연구를 살펴보았다. 이 연구를 진행한 사회학자 발 콜릭-페이스커는 민족과 계층 간의 교차성을 긍정적으로 접근하는 방법이 있다고 알려줬다. 오스트레일리아에서 그 방법은 지난 반세기 동안 '비앵글로색슨 정체성'과 '노동 계층'의 연관성이 점점 더 약해지는 사회의 변화를 조명해 보는 것이다. 오늘날 오스트레일리아에서는 다른 나라에서는 성공하지 못한 언어와 문화적 배경이 다양한 중산층을 볼 수 있다.

　　제2차 세계 대전 후 유럽 대륙에서 오스트레일리아로 건너온 이민자들은 이민 전 무슨 일을 했는지와 상관없이 대부분 노동 계층이 되었다. 그 결과 전후 오스트레일리아에서는 비영어권 배경 이주민과 노동 계층은 거의 겹쳤다.

　　1980년대를 거치면서 이러한 일대일 대응에 균열이 생기기 시작했다. 예를 들어 시드니 교외의 가장 부유한 지역 인구의 20~30%가 해외에서 태어난 사람들로 2011년 인구조사에 따르면 거의 비슷한 비율로 가정에서 영어가 아닌 언어를 사용한다고 밝혔다. 현재 다문화 배경의 중산층을 구성하는 사람들은 주로 기술 이민을 온 사람들과 이민자들의 오스트레일리아 태생 자녀들이다.[17] 비영어권 배경 이민자의 오스트레일리아 태생 혹은 오스트레일리아에서 교육받은 자녀들 다수는 교육 수준이 높다. 전후 유럽 대륙에서 온 이민자의 자녀뿐만 아니라 1970년대부터 계속된 초기 아시아 이민자의 자녀는 노동 시장으로 들어와 다문화 배경 중산층의 주요 구성원이 되고 있다.

　　다문화 배경의 중산층 집단은 재현과 관련된 투쟁에도 적극적으로 개입하고 있다. 오스트레일리아라는 상상된 민족국가에서 적법한 자리를 주장하며, 오스트레일리아가 더욱 포용적인 이미지를 가지는 데 기여하고 있다. 민족 소속감을 새롭게 정의하려는 노력은 지난 50년간 사회적으로 매우 다양해지고 있는 대부분의 자유민주주의 국가에서 발견된다. 그 예로 최근에 오스트레일리아와 독일에서 출판된 이민 2세대의 개인적인 경험을 담은 책을 간단하게 살펴보자. 이 책은 민족 소속감에 대해서도 다양하게 상상해야 한다고 주장한다. 첫 번째 책은 『오스트레일리아에서 레바논 무슬림으로 성장하기(Growing Up Lebanese Muslim in Australia)』이며, 다른 책은 『우리는 새로운 독일 사람(Wir neuen Deutschen)』으로, 성공한 저널리스트인 나디아 자말(Nadia Jamal)과 타흐레드 찬답(Taghred Chandab)이 첫 번째 책을, 외즐렘 톱추(Özlem Topçu), 앨리스 보타(Alice Bota), 쿠에 팜(Khuê Pham)이 두 번째 책을 집필했다.[18]

두 책 모두에서 유년 시절 홀로 남겨진 것과 같은 기억이 강하게 나타난다. 자말과 찬답은 어렸을 때 자신들에게 허락되지 않았던 '전형적인 오스트레일리아 문화'로 책을 시작한다.

> 우리 이름으로는 안 되는 것이 꽤 있었다. 학교 캠프에도 못 갔고, 수영복을 입을 수도 없었고, 친구 집에서 자고 오는 것도 안 됐다. 이 모든 것이 무슬림으로 하람(haram, 아랍어로 '금지된')된 것이었다.[19]

톱추, 보타, 팜은 각각 튀르키예, 폴란드, 베트남 출신 부모로부터 독일에서 태어났는데, 어렸을 때 자신들의 부모보다 더 '강하게' 보였던 독일인 부모가 있었으면 하는 생각을 했다고 고백한다. 그들의 기억에 남은 것은 톱추의 경우 부모가 유치원 축제에 무슨 옷을 입혀야 할지 몰랐다거나, 광대 차림을 하고 가면 될 거라고 했던 것이 '완전히 잘못된' 생각이었다는 사실처럼 대수롭지 않은 것들이었다.

하지만 이들은 성장하면서 이러한 차이가 힘의 원천이 될 수 있음을 받아들이게 되었다. 자말과 찬답은 다음과 같은 생각에 이르게 된다.

> 어린 소녀였을 때는 이러한 것들이 중요했고 재미있어 보였는데, 커가면서 되돌아보니 부모님은 종교를 통해서, 문화를 통해서, 아니면 이 두가지 모두를 통해서 우리의 삶을 단련시켰다고 믿게 되었다. [⋯] 자기

전에 동화책을 읽어 주지 않은 것처럼 문화적 기준점이 어떤 부분에서는 달랐지만, 우리가 뭔가를 놓쳤다고는 생각하지 않는다. 제2 언어를 배운 것처럼 어떤 부분에서 우리는 더 풍요로웠다.[20]

지금 그들은 오스트레일리아 사회에서 오스트레일리아인이며 무슬림이며 레바논인일 수 있는 적법한 공간을 요구하는 것이 중요하다고 생각한다.

『우리는 새로운 독일 사람』은 독일인이 의미하는 것이 무엇인지 다시 상상해 보자고 말한다. 청년이 된 톱추, 보타, 팜은 차이와 함께 살아가는 방법을 배웠다는 것에 힘을 느낀다. 독일 사회에 익숙하고, 독일에서 어느 정도 성공적인 경력도 있으며, '독일인이라고 느끼는' 그들이지만, 여전히 지배담론 속에서는 "독일인이 아니고" "덜 독일인답다"라고 여겨진다. 이러한 문화적 재현이 바로 지금 그들이 극복하고 싶은 것이다. 독일인이라는 것에 대해 보다 넓은 상상을 해 보자고 주장하는 그들의 책 또한 문화적 재현에 대한 지속적인 투쟁의 일부이다.

새로운 문화적 재현이 출현할 때 어쩌면 반발은 필연적이다. 자유민주주의 국가들은 점점 더 다양성을 존중하고, 현재 사회 질서에서 종속된 자들은 인정을 위한 투쟁을 계속하지만, 단일 민족이라는 담론은 계속해서 소환된다.

1990년 중반 처음으로 오스트레일리아에 왔을 때 민족주의적 열망을 나타내는 전시가 눈에 띄게 증가하고 있었다. 오스트레일리아 데이(Austrailia Day)가 가까워져 오면 국기와 국기 색을 전시하는 일이 많아졌다. 몇십 년 동안 거의 중단되었던 앤잭(ANZAC) 데이(제1차 세계 대전에서 전사한 오스트레일리아와 뉴질랜드 참전군인을 추모하는 공휴일-옮긴이) 추모 행사도 다시 열리기 시작했고, 6장에서 논의한 바와 같이 시민권 획득 시험도 도입되었다. 지난 20여 년 동안 오스트레일리아가 점점 더 민족주의적으로 변해가는 이유를 이해하려고 수업 시간에 학생들과 이러한 변화에 대해 논의하곤 했다. 학생들의 의견 중 가장 그럴듯한 주장은 민족주의는 세계화와 이민 증가에 대한 반대의 편향이라는 것이다. 급속한 변화 시기에 하나의 문화를 가진 민족을 상상하면 상징적으로 안정감을 줄 수 있다는 것이다.

반대로 오스트레일리아와 같이 다양한 민족으로 구성된 사회 구성원은 상대적으로 덜 세계화된 사회 구성원보다 민족 중심적이고, 애국적이며, 국가를 위해 싸우고자 하는 경향이 낮을 것이라는 주장도 있다. 몇몇 학자들은 심지어 민족주의는 세계화에 대한 반편향이 아니라 세계화로 실제로 민족주의가 약화하고 있다고 주장하기도 한다. 세계화와 그로 인한 다양성의 증가는 실제로 민족주의의 종말로 이어질 수 있다는 식의 주장이 되풀이되곤 한다.[21]

세계화와 민족주의 모두 광의의 개념이다. 따라서 세계화가 민족주의를 강화한다는 주장과 약화한다는 주장이 양립할 수 있는 것은 세계화와 민족주의라는 개념에 대한 이해가 다르기 때문이다. '세계화'를 한 사회에 존재하는 다양성의 정도가 아니라 신자유주의라는 이데올로기적 기조 아래 진행되는 자본주의 확장의 최신 단계로 정의한다면, 세계화는 국가 지원을 통해 민족주의 강화를 가져올 것이라는 주장이 타당하다. 이는 지난 수십 년간 튀르키예에서 정치적 정당성을 확보하기 위한 전략으로 이슬람주의가 부상한 사례에서 볼 수 있다. 이를 연구한 사회학자 코리 블래드(Cory Blad)와 바누 코체르(Banu Koçer)는 아래와 같이 주장한다.

정치적 이슬람주의가 근대화와 서구 제국주의에 대한 문화적 대응으로 세계화 시대 국가가 약해지면서 촉진된 것이라는 분석과 달리, 튀르키예에서 정치적 이슬람주의의 부상은 국가가 신자유주의적이며 현대적

인 통치력을 가지고자 하는 전략의 하나로 국가의 권위를 유지하고자 하는 것과 관련이 있다.[22]

신자유주의 경제 세계화 아래서 국가는 경제적 정당성을 잃게 된다. 20세기 대부분에 튀르키예 국가 체제의 정당성은 세계 다른 국가들처럼 경제적 불평등이 야기한 부정적인 영향으로부터 국민을 보호하는 것에 기반해 있었다. 이러한 정당성 아래 국가 주도 개발과 사회복지 정책을 펼쳤다. 하지만 1970년대 들어 외환 부채가 증가하자 튀르키예는 국제통화기금의 구제 금융이 필요하였다. 지원에 대한 대가로 수출을 위한 생산을 늘리고 공공 지출을 줄이기 위해 통화 절상과 일련의 긴축 정책이 요구되었다. 특히 공공 지출 감소는 튀르키예 정부가 경제적 불평등 완화를 통해 사회 안정성을 확보할 수 있는 능력의 감소를 의미했다. 1980년대 군사쿠데타가 일어나면서 무력으로 사회적 안정을 확보했지만, 문제는 경제적 보호 정책을 펼칠 능력이 없는 상태에서 어떻게 민주 정부로 이양하는가였다. 바로 이 지점에 '문화'라는 요소가 개입했다.

신자유주의적 튀르키예 정부는 경제 개혁이 효과를 발휘하려면 사회적 안정을 유지할 수 있는 권위가 필요하다는 것을 분명히 알고 있었다. 동시에 튀르키예 정부는 보호주의적 권위가 주는 지위는 포기해야 할 필요도 있었다. 그 해결책이 이슬람주의라는 문화를 기반으로 한 사회 통합 정당성 확보 전략이었다. 이는 두 가지 영역에서 진행되었다. 하나는 튀르키예 정부가 전통적으로 해왔듯이 계급이 아닌 문화에 기반한 노동 조합을 옹호하여 튀르키예 노동자를 이슬람주의화하는 것이었다. 다른 하나는 국가가 운영하는 사회 복지 서비스를 줄이고 이슬람의 종교적 지원 아래 민영화하는 것이었다.[23]

튀르키예 정부는 경제적 영역에서 정부의 역할을 하지 않으면서 자신의 정당성을 유지하기 위한 수단으로 이슬람주의를 의도적으로 채택한 것이다. 특히 두 번째 정책은 정부가 사회적 안정은 유지하면서 경제적 규제력은 포기하도록 요구하는 전 지구적 이데올로기인 신자유주의가 직접적으로 요구한 것이었다.

튀르키예의 사례는 특별한 것이 아니다. 지역적 특수성이 있지만 전 세계적으로 경제적 안정을 확보하고자 하는 국가의 능력은 손상되었다. 그 결과 사회적 안정을 유지하기 위한 체계로서 국가의 정당성은 곳곳에서 위협받았다. 이를 해결하기 위해 '문화적 정당성'에 기대게 되면서 언어 정의에 대한 투쟁은 항상 경제적 투쟁이 되었다. 같은 민족이라는 상상적 공동체가 신자유주의적 자본주의와 연결되면서, 다양성을 정상적이고 자연스러우며 정당한 것으로 상상하는 것은 경제적으로 가장 영향력이 큰 제도와 통치 구조가 경쟁과 불평등을 주요한 사회적 특징으로 여기지 않는 질서 속에서만 가능해졌다.

점점 더 많은 사람이 신자유주의적 자본주의를 극복할 수 있는 방법을 찾으려 한다. 이에 조 힐(Joe Hill)의 이야기로 이 책을 마무리하고자 한다. 시를 통해 미국 노동 운동을 고양한 조 힐의 사회적 실천과 언어 학습은 모범으로 삼을 만하다.[24] 오늘날 그를 아는 사람이 많지 않지만, 그는 20세기 미국의 가장 영향력 있는 작곡가 중 한 명이었다. 스웨덴 이민자인 그는 제2 언어 작가이기도 했다.

조 힐은 '노동 계급의 음유시인'으로 알려져 있는데, 노동 운동의 전성기였던 20세기 초반 세계산업노동자연맹이 출판하고 불렀던 민중가요 선집인 『노동자를 위한 작은 노래집(The Little Red Songbook)』에 많은 노래를 작곡한 시인이다. '설교자와 노예(The Preacher and the Slave)', '부랑자(The Tramp)', '구사대 케이시 존슨(Casey Jones, the Union Scab)' 같은 고전들이 그의 작품이다. 조 힐은 노동 운동에 대한 가사를 써서 기존에 잘 알려진 포크 음악이나 찬가에 입히는 데 특별한 재능이 있었다.

조 힐의 본명은 요엘 혜글룬드(Joel Hägglund)로 스웨덴의 조그만 마을에서 태어났다. 그는 양친이 세상을 떠나자 보다 나은 미래에 대한 희망을 품고 1902년 23세의 젊은 나이에 미국으로 이민했다. 그의 초기 삶에 대해서는 거의 알려진 바가 없지만, 스웨덴을 떠나기 전에 수업을 듣거나 사전을 보면서 영어를 조금 익힌 듯하다. 그의 영어 대부분은 스스로 익힌 것이 틀림없어 보인다.

요엘 혜글룬드를 조 힐로 바꾸게 한 그의 이민 경험은 이름 하나를 바꾼 것보다 훨씬 의미심장하다.

요엘 혜글룬드는 모국인 스웨덴을 떠나 원하면 부자가 될 수 있고 이에 대한 기회가 평등하게 주어질 것이라고 믿었던 미국으로 건너왔다. 하지만, 조 힐에게 미국은 외국인과 이주 노동자에 대한 억압으로 악명 높은 땅이었다. 힘든 기억밖에 남은 것이 없었다. 보수적인 기독교 가정에서 '주이자 모든 권위이신 신'에 대한 복종을 배웠던 어린 청년은 '반역의 진짜 노동자(rebel true-blue)'가 되어, 기존 사회 경제적 불평등과 불의를 정당화하는 법의 권위와 이른바 기독교 정신에 반대하였다.[25]

비슷한 경험을 가진 다른 이민자들과 달리, 조 힐은 자기 경험에 바탕을 두되 연대, 평등, 정의에 대한 요구가 울려 퍼지는 글과 시로 자신을 단련시켰다.

1915년 그는 36세의 나이에 유타에서 살인 혐의로 기소당해, 논쟁이 많았던 재판에서 사형 선고를 받았다. 윌리엄 애들러(William Adler)가 쓴 2011년 전기에 따르면 그는 무죄였다. 시카고에서 열린 그의 장례식에는 3만 명이 넘는 사람들이 모여 추모했는데, 이는 지금껏 가장 큰 장례 행렬 중 하나이다. 화장터로 가는 길에서 그의 노래가 울려 퍼졌는데, 한 곳에서 끝나면 다른 곳에서 시작되었다. 노래 가사로 수많은 사람을 연대, 평등, 정의를 위해 모이게 했던 그에 대한 추모사는 9개의 언어로 낭독되었다.

조 힐은 오늘날 노동 운동의 순교자로 기억되고 있다. 그는 영감을 불러일으키는 제2 언어 작가이기도 했다. 그 자신은 정작 자신의 글이 정규 교육을 받지 못해 부족함이 많다고 느꼈지만, 그의 시는 오늘날까지 남아 여러 사람에게 영감을 주고 있다. 조 힐의 글은 연대, 평등, 정의를 위한 투쟁에 함께할 용기를 준다. 그의 글은 많은 제2 언어 작가들의 모범이기도 하다. 조 힐을 기억하는 것은 언어 다양성을 새롭게 상상하려는 집단적 의지이기도 하다. 언어 다양성을 인정하지 못하면 불평등은 공고해질 수밖에 없다. 언어 다양성을 인정하며 더 평등하고 공정한 언어 사회로 나아가기 위한 상상력이 우리에게는 필요하다.

주

1장

1   시드니는 Ting & Walters(2014), 멜버른은 Butt & Worrall(2014), 캐나다는 Murphy(2012), 미국은 Brombacher(2013), 맨체스터는 J. Brown(2013), 런던은 Buncombe & MacArthur(1999)를 참고.

2   오스트레일리아 내 차별적 고용에 관해서는 Sutton(2014), 미국 학교의 다양성과 인종 분리에 대해서는 Hefling(2014), 영국의 통·번역 비용에 관해서는 Brooke(2014), Lintin(2014)을 참고.

3   Schelling(1892, p. 64)에서 인용함. 나는 과거 작가를 현재의 정치적 올바름의 기준으로 평가하는 것이 적절하지 못하다고 밝혀 왔다. 따라서 존슨이 인간을 지칭하며 남성형을 사용한 것에 그리고 다른 곳에서도 오늘날의 감수성에 부합하지 않는 용법이 사용되더라도 [sic]을 붙이지 않았다(인용된 존슨의 원문은 'Language most shows a man: Speak, that I may see thee'로, '한 사람'을 지칭하는 명사로 'a man'을 사용하였다. [sic]은 인용에서 '원문 그대로 임'라는 의미로 인용자의 의도가 아님을 나타낼 때 사용한다.—옮긴이).

4   '언어'가 오스트레일리아와 유럽의 사회 통합 정책 논쟁에서 어떻게 다루어지는지는 Musgrave & Bradshaw(2014), Piller & Takahashi(2011) 참고.

5   Asscher & Widger(2008); Fraser(2012).

6   Fraser(1995, 2005).

7   Fraser(2012); Sen(2009).

8   'The International Forum for Social Development. Social Justice in an Open World. The Role of the United Nations'(2006, p. 6); Barry(2005, p. 261).

9   'The International Forum for Social Development. Social Justice in an Open World. The Role of the United Nations' (2006, p. 17 ff.). 이 문서는 불평등이 만연한 다른 영역으로 수입과 자산을 제시한다. 슈퍼 리치와 '상위 1%'의 지배도 중요한 문제이지만, 수입과 자산 분배에서의 불평등과 언어 다양성의 관계는 쉽게 파악할 수 있는 것이 아니라서 이 책의 논의에서는 제외하였다.

10   이에 관한 자세한 논의는 Soutphommasane(2012), 특히, 1장과 2장 참고.

11   'The International Forum for Social Development. Social Justice in an Open World. The Role of the United Nations'(2006, p. 12).

2장

1   언어 차별에 관해 가장 예리한 분석을 한 저작 중 하나인 Lippi-Green(2012)은 미국 영어 내 다양한 언어 사용이 초래하는 사회적 결과를 잘 보여 준다(Lippi-Green(2012)의 책 제목이 『악센트 있는 영어(English with an accent)』이다.—옮긴이).

2   유럽평의회(The Council of Europe)는 한 개인이 사용하는 언어가 손쉽게 구획되지 않는다는 사실을 강조하기 위해 '복수언어주의(plurilingualism)'라는 용어를 제안한다('Common European Framework of Reference for Languages: Learning, Teaching, Assessment,' 2001). 다른 학자들은 언어 간 구분이 유동적이라는 점을 강조하기 위해 '횡단언어하기(translanguaging)'(Gar-

cia, 2009b)나 '메트로링구얼리즘(metrolingualism)'(Otsuji & Pennycook, 2011) 같은 용어를 사용하기도 한다.

3 아프리칸스어와 네덜란드어 관계에 대해서는 Berdichevsky(2004, 10장), 오어와 표준 중국어의 관계에 대해서는 Thurgood & LaPolla(2003) 참고.

4 빌통의 역사와 현재에 대해서는 Witepski(2006) 참고.

5 Reck(1964, p. 359).

6 영어권 국가가 겪고 있는 외국어 능력 부족은 Swain(2014), 외국어 능력 부족에 따른 고용 기회 상실은 Codrea-Rado(2014), Hyslop(2012), 외국어 능력 부족에 따른 경제 문제는 Apps(2014), Brann & Locke(2012), 외국어 능력 부족에 따른 국제 사회 영향력과 국가 안보의 문제는 Boffey(2013), Crotty(2012), 유학 장학금을 위한 언어 자격 조건의 부족은 Trounson(2014) 참고.

7 영어권 국가 도시에서 사용되는 다양한 언어들에 대한 미디어 보도와 영어권 국가의 외국어 능력 부족을 탄식하는 미디어 보도 사이의 모순을 어떻게 설명해야 할까? 다음 대화에 참여해 보자. https://www.languageonthemove.com/language-deficit-in-super-diversity/

8 Swain(2014)에서 인용.

9 C. A. Ferguson(1959)은 아랍어의 양층언어(diglossia)에 대한 고전이 된 연구를 수행하였다(양층언어는 한 언어 공동체 내에서 다른 언어 혹은 다른 스타일의 언어가 사용되는 현상을 일컫는 사회언어학 개념이다. 이중 공식적으로 사회적으로 중요한 역할을 하는 언어를 상위 언어라고 하며, 비공식적이며 친목과 유대감을 위해 주로 사용되는 언어를 하위 언어라고 한다.―옮긴이). 이와 더불어, Haeri(2003)와 Suleiman(2011)은 아랍 지역의 언어 다양성에 대한 흥미로운 현재 상황을 설명한다.

10 'Main Language by Ethnic Group, 2011'(2013).

11 de Swaan(2001, p. 4).

12 자세한 정보는 '인터넷 영화 데이터베이스(the Internet Movie Database)'의 정보를 참고(www.imdb.com/title/tt0907831/).

13 '2011년도 인구 및 가정 총조사: 오번 지역 기본 정보(2011 Census of Population and Housing: Basic Community Profile, Auburn'(2012) 자료에 기반하였다. 이 책에서는 조사에서 사용된 '이란어(Iranic languages)' 범주를 '페르시아어'로 대체하였고(자세한 논의는 6장 참고), 논의를 간명하게 하려고 '기타 언어' 범주는 제외하였다.

14 www.designa.com 참고.

15 다음 사례 연구에 대한 대화에 참여해 보자. https://www.languageonthemove.com/multilingual-mismatch/ 자신이 익숙한 맥락에서 지역 언어 피라미드에 관한 연구를 수행해 볼 수도 있을 것이다.

16 이 인용과 이후 인용의 출처는 'Terminology and Concepts: Principles of Multiculturalism'(n.d.).

17 'What if a CALD Client Should Walk in Our Door? A Guide for Service Providers'(n.d.).

18 다양성 정책의 이데올로기적 작용과 다양성 담론과 불평등과의 관계에 대한 자세한 분석으로는 Anthias(2013) 참고.

19 저자를 위해 이 논문의 서지 정보를 밝히지 않는다. 다만, 동료 검증이 이루어지는 학술지(peer-reviewed journal)에 출판되었다는 점을 미루어 보면, 이러한 용어의 사용이 저자는 물론 심사자나 편집자에게 문제가 되었던 것 같지는 않다.

20 Katz(1996); Skinner(2003).

21 Holmes(1991) 참고. Holmes는 영국 역사를 이민의 역사로 보지 않는다. 유럽 이민자들이 역사
    적으로 우세해 보이지만, 많지 않은 영국 이민사 문헌의 초점은 유럽 이민자보다 비유럽 이민
    자이다.

22 영국으로 이주한 유대인, 무슬림, 시크교도 후손들을 다양성의 예로 보는 것은 아주 자연스럽
    지만, 앵글로색슨족, 켈트족, 노르만족, 로마인, 바이킹, 위그노교도 후손들을 다양성의 대표
    집단으로 보는 것은 이상해 보인다. 의도는 좋지만 어떤 집단은 기준이 되고 다른 집단은 그렇
    지 않은 다양성 담론에 대한 다음 대화에 참여해 보자. https://www.languageonthemove.com/
    the-diversity-of-the-other/

23 Homer(1996, Book Nineteen, ll. 172-175), 로버트 파글스(Robert Fagles)의 1996년 번역판에
    서 인용.

24 Goodenough(1976).

25 '초다양성'이라는 용어가 처음 사용된 논문은 Vertovec(2007)이다. 해당 인용은 베르토벡의 웹
    사이트(https://www.mmg.mpg.de/220150/super-diversity)에 올라온 '초다양성'에 관한 소개글
    에서 가져왔다.

26 Grin, Sfreddo & Vaillancourt(2010, p. 12).

27 http://data.worldbank.org/data-catalog/global-bilateral-migration-database.

28 Czaika & de Haas(2014).

29 Czaika & de Haas(2014, p. 32). 19세기 말 20세기 초 '초다양성'의 도시였던 당시 우루과이 몬
    테비데오에 대해 읽어 보고 다음 대화에 참여해 보자. https://www.languageonthemove.com/
    superdiversity-another-eurocentric-idea/

30 로마넘은 이전에 트루크제도(Truk Islands) 혹은 호골레우제도(Hogoleu Islands)로 알려진 추
    크섬(Chuuk Islands) 16개 중 하나이다. 추크섬은 서태평양 미크로네시아 연방의 일부이다.
    2010년 기준으로 16개의 추크섬 인구는 4만 8,654명이다('Chuuk Islands', 2013). 워드 구디너
    프가 1940년에서 60년대까지 로마넘에서 현지 조사를 할 때, 섬에는 수백 명 정도만 살았다고
    한다. 해당 시기 추크섬에 관한 인류학 연구에 대해서는 Kiste & Marshall(1999) 참고.

31 Knirk(1999); Svärdström(1970).

32 D'Amato(2010).

33 『멀티링구아(Multilingua)』 특별호 '다중언어주의와 초다양성 연구: 아래로부터의 행동과 책무
    (Researching multilingualism and super-diversity: Grassroots actions and responsibilities)'에는 '초
    다양성' 개념을 사회언어학 연구에 적용한 사례가 담겨 있다(Li, 2014).

34 Rautman(2006, p. 85).

35 Runciman(2012, p. 56).

36 Feldman(2008, p. 109)에 인용된 역사학자 Aşıkpaşazade의 당시 설명.

37 Ergin(2009).

38 Lewis(1999).

39 Lewis(1999).

40 이스탄불의 언어 경관을 살펴보고 다음 대화에 참여해 보자. https://www.languageonthemove.
    com/erasing-diversity/

3장

1   Bourdieu(1993, p. 53); Clyne(2005); Ellis, Gogolin & Clyne(2010); Gogolin(1994).

2   Lumby(2006, De incolarum linguis. Capitulum quinquagesimum nonum); 'Middle English Dictionary'(2001)를 이용하여 현대 영어로 번역하였다.

3   'Constitution de la République Française[Constitution of the French Republic]'(1958).

4   벨기에 언어 영토와 지도에 관한 자세한 논의는 Tabouret-Keller(1999), 벨기에의 '비전통적' 언어 다양성, 특히, 헨트(Ghent)시에 초점을 맞춘 자세한 논의는 De Bock(2014) 참고.

5   'European Charter for Regional and Minority Languages'(1992a); 'European Charter for Regional and Minority Languages: Explanatory Report'(1992b). 헌장 조항에 대한 법률적 분석에 대해서는 Mowbray(2012) 참고.

6   유럽 전문가 위원회(The European Committee of Experts)는 핀란드의 이러한 정책을 비판하며 핀란드는 모든 러시아어 화자에게 유럽의 법률적 권리를 보장할 의무가 있다고 주장한다(Mowbray, 2012, p. 48). 민족주의와 소수 언어 권리 사이의 연관성에 대한 논의는 May(2011) 참고.

7   이란 내 폴란드인 난민에 관해서는 Antolak(n.d.), Faruqi(2000), 스타니스와프 코시아우코브스키의 전기는 Stanisław Kościałkowski(2015), 폴란드-이란 관계사는 Kościałkowski(1943), 이란 내 폴란드인 묘지에 관해서는 Przewoźnik(2002) 참고. 테헤란 가톨릭 공동묘지의 구역 지도는 공동묘지 웹사이트(www.doulabcemetery.org) 참고.

8   테헤란 두랩 공동묘지의 언어 경관에 관한 사진과 자세한 묘사를 보고 다음 대화에 참여해 보자. https://www.languageonthemove.com/polish-cemetery-in-tehran/ 이 책을 읽고 있는 독자들도 각자 사는 도시의 공동묘지를 방문해서 종교, 민족, 언어에 따른 유사한 언어 분리를 발견할 수 있는지 연구를 수행할 수도 있을 것이다. 중세 덴마크인 묘지에 관한 연구(Petersen, Boldsen & Paine, 2006)에서처럼, 죽음으로 오래된 이민자와 새로운 이민자를 구분하는 관행은 종교와 민족은 같지만 도시 인근 지방처럼 가까운 거리에서 온 이주민에게도 나타난다. Eckert(2002, 2006)는 텍사스의 체코인 공동묘지에 나타나는 언어와 정체성에 관한 흥미로운 연구 사례이다.

9   Fuller(2012, p. 23)에서 인용.

10   예시는 Subtirelu(2013)의 연구에 근거한다. 203조에 함의된 언어 이데올로기에 대한 다음 대화에 참여해 보자. https://www.languageonthemove.com/is-speaking-english-a-civic-duty/

11   Subtirelu(2013, p. 54)에서 인용.

12   Subtirelu(2013, p. 53)에서 인용.

13   해당 설명은 다음과 같은 미디어 보도에 근거해 있다. 'California Valedictorian Gives Speech in Spanish, Sparking Debate'(2012); 'Graduation Speech in Spanish Riles O'Reilly'(2012); 'Newman Teen Taking Heat for Giving Valedictorian Speech in Spanish'(2012); Starnes(n.d); Wise(2012). 이 사례에 대한 다음 대화에 참여해 보자. https://www.languageonthemove.com/monolingual-media-beat-up/

14   이는 https://www.facebook.com/photo.php?fbid=1015092 2980055000&set=a.153347189999.117346.68751504999& type=1과 http://radio.foxnews.com/toddstarnes/top-stories/student-delivers-graduation-speech-in-spanish.html에 대한 페이스북 댓글 701개를 분석한 결과에 근거해 있다(현재 이 링크는 열리지 않아 댓글을 확인할 수 없다.―옮긴이). 인

용은 페이스북 댓글에서 그대로 가져온 것으로 철자, 문법, 다른 언어적 측면에 수정을 가하지 않았다. 뉴미디어에서의 언어 다양성에 관한 논쟁은 Androutsopoulos & Juffermans(2014) 참고.

15 미국 공항과 비행기에서 언어를 이유로 서비스를 거부당한 사례는 Baron(2010) 참고. 애틀랜타 애플 스토어에서의 페르시아어 화자에 대한 서비스 거부에 대해서는 다음을 참고하며 대화에 참여해 보자. https://www.languageonthemove.com/shopping-while-bilingual-can-make-you-sick/ 언어 차별을 경험한 아시아계 미국인에 대한 설문조사는 H. C. Yoo, Gee & Takeuchi(2008) 참고.

16 Kiffmeier(2010). 저자 번역.

17 미국외교연수원 추정치는 Archibald et al.(2006), 몰입 환경에서 학술 언어 능숙도 습득에 소요되는 시간에 대한 메타 분석은 Collier(1989); Hakuta, Butler, & Witt(2000) 참고. 성인과 아동의 몰입 언어 학습에 대한 논의는 4장과 5장을 각각 참고할 것.

18 '1만 시간 법칙'은 Eaton(2011, 2012), 영국의 추정치는 de Castella(2013), 오스트레일리아의 추정치는 Moore, Nicholas & Deblaquiere(2008) 참고.

19 Collier(1989, p. 513). 강조는 저자.

20 나이는 Birdsong(2006), 과거 교육 경험은 Bigelow(2010), 사회경제적 조건은 Block(2014), 성별은 Pavlenko & Piller(2001), 인종은 J. Miller(2003), 종교는 H. Han(2011), 운은 G. C.-L. Chang(2015) 참고.

21 Barry(2005).

22 비만에 대한 낙인과 사회 정의로서 비만에 대한 분석은 Puhl & Heuer(2010) 참고. 언어 교육에서 개인 책임 숭배 현상에 대한 다음 대화에 참여해 보자. https://www.languageonthemove.com/the-cult-of-personal-responsibility/

23 국제 학생의 상호작용 기회에 대해서는 G. C.-L. Chang(2015); Takahashi(2013). 직장에서의 상호작용 기회에 대해서는 H. Han(2011); Major, Terraschke, Major & Setijadi(2014); Yates(2011) 참고.

24 해당 사례 연구는 H. Han(2013)에 근거해 있다. 아프리카타운의 인구 구성에 대해서는 Fauna(2011) 참고. 광저우 아프리카타운의 언어 학습에 대한 다음 대화에 참여해 보자. https://www.languageonthemove.com/grassroots-multilingualism/

25 '풀뿌리 다중언어주의'라는 용어는 Blommaert(2008), '파편화된', '잘린', '불완전한' 레퍼토리라는 용어는 Blommaert(2010)에서 가져왔다.

26 H. Han(2013, p. 90)에서 인용.

27 Bourdieu(1977, p. 652).

28 Rubin(1992); Rubin & Smith(1990). 문화 간 의사소통에서의 행동과 인식에 대한 개론서로는 Piller(2011) 참고. 오스트레일리아에 있는 아시아, 유럽 출신 영어 화자의 언어 능숙도를 평가하는 방식에 대한 최근의 문화기술지 연구로는 Butorac(2011, 2014) 참고. 아시아 출신 영어 화자의 언어 능숙도 인식에 대한 다음 대화에 참여해 보자. https://www.languageonthemove.com/seeing-asians-speaking-english/

29 해당 사례는 다음과 같은 미디어 보도에 근거해 있다. Cochrane(2012); Colvin(2009); Kelly(2010); 'Tamil Asylum Seekers Caught in Indonesian Waters Say They Face Genocide in Sri Lanka'(2009); 'What Happened to the Oceanic Viking Refugees?'(2010). 이 사건에 대한 다음

대화에 참여해 보자. https://www.languageonthemove.com/when-your-english-is-too-good/

30 Colvin(2009).

31 'Tamil Asylum Seekers Caught in Indonesian Waters Say They Face Genocide in Sri Lanka'(2009).

32 해당 표지를 보고 다중언어로 된 금기문에 대한 다음 대화에 참여해 보자. https://www.languageonthemove.com/multilingual-prohibitions/

33 화장실 표지를 보고 해당 사례 연구에 관한 대화에 참여해 보자. https://www.languageonthemove.com/toiletology/

34 Pavlenko(2005); Villenas(2001).

35 Carrick(2014).

4장

1 The International Forum for Social Development(2006, p. 33 f.).

2 Lester(2011); Lester & Young(2011); Patriots & Traitors(2011). 이 사례에 대한 다음 대화에 참여해 보자. https://www.languageonthemove.com/patriots-and-traitors/

3 이민자의 이른바 언어 능력 부족 담론이 고용에 대한 체계적인 장벽을 은폐하고 이민자를 유연한 신자유주의적 주체로 만들어 내는 방식에 대한 분석으로는 Haque(2014) 참고.

4 Booth, Leigh & Varganova(2009); Pinkerton(2013); Schneider(2014). 정치에서 민족 이름에 대한 글을 읽고, 민족 이름을 가진 이민자 차별에 대한 다음 대화에 참여해 보자. https://www.languageonthemove.com/whats-in-a-name/

5 Mencken(1980, p. 280)

6 Biavaschi, Giulietti & Siddique(2013)

7 Arai & Skogman Thoursie(2009)

8 Gamba & Makeny(2007)

9 Goddard(2009)가 주장하듯, 오스트레일리아에서 유머는 불편한 상황을 모면하는 아주 중요한 방식이다.

10 Roberts(2013). 다음 대화에 참여해 보자. https://www.languageonthemove.com/patriots-and-traitors/

11 이러한 규범적인 내러티브 구조는 Labov & Waletzky(1967)가 처음 제시하였다. Labov & Waletzky(1967)의 내러티브 구조에는 해당 요소 외에도 요약(abstract), 해결(resolution), 종결(coda)이 포함된다.

12 Roberts(2013, p. 87)

13 Roberts(2013, pp. 91 f.)

14 Roberts, Davies & Jupp(1992, p. 366)

15 일터에서의 교차성 연구에 대한 개괄로는 Browne & Misra(2005); Case, Iuzzini & Hopkins(2012); Kirk(2009) 참고.

16 Colic-Peisker(2011a). 노동 시장에서 언어 능숙도와 정체성의 교차성에 대한 다음 대화에 참여해 보자. https://www.languageonthemove.com/human-capital-on-the-move/

17 오스트레일리아 인구조사 질문은 가정 언어가 영어가 아니라고 답한 응답자에게 영어 능숙도를 '매우 잘함', '잘함', '잘하지 못함', '못함'으로 자기 평가하도록 한다.

18 해당 표현은 아프리카계 이민자의 노동 시장에서의 경험에 대한 오스트레일리아와 캐나다 연구에서 가져왔다(Colic-Peisker, 2005; Creese & Kambere, 2003).

19 고자격 택시 기사 이민자의 전형적인 인물은 리처드 플래너건(Richard Flanagan)의 소설『미지의 테러리스트(The Unknown Terrorist)』(2006) 참고. 여기서 언급된 캐나다의 이민자 면담 연구는 Creese(2011)와 Creese & Wiebe(2012)에 근거함. 생계 노동의 사회적 결과에 대한 다음 대화에 참여해 보자. https://www.languageonthemove.com/bad-faith-migration-programs/

20 Creese & Wiebe(2012, p. 61).

21 Creese & Wiebe(2012, p. 63 f.).

22 Creese & Wiebe(2012, p. 59).

23 2007년 노동당(야당) 이민 대변인 토니 버크(Tony Burke)의 발언. Hart(2007)에서 인용.

24 Schumann(1978)

25 Schumann(1978, p. 97). Block(2005) 혹은 Norton(2013)의 최근 연구는 언어 수업을 수강하지 않고 부수입을 위해 일자리를 가지는 것은 알베르토처럼 '선택'이 아니라 그의 불안정한 경제 상황 때문이라고 지적한다.

26 Perdue(1993b, p. 227). 연구에 대한 보다 자세한 내용은 Perdue(1993a) 참고.

27 'World Migration in Figures'(2013).

28 Piller & Lising(2014). 직장에서의 언어 학습에 대한 다음 대화에 참여해 보자. https://www.languageonthemove.com/is-language-learning-on-the-job-the-best-way-to-learn-a-new-language/

29 Piller & Lising(2014, p. 48)에서 인용.

30 Goldstein(1996)은 직장 영어 연수 프로그램을 가진 캐나다 공장에 관한 문화기술지 연구이다.

31 Lahti & Valo(2013).

32 Alcorso(2003, p. 31).

33 Döhner, Mertens, Carstensen, Korol & Stallbaum (2014)

34 Alcorso(2003, p. 30).

35 Jaleco(2010); Mongaya(2010); Relos(2011); Reyes(2010); 'US Hospital Settles with Pinay Nurses Fired for Speaking Tagalog'(2012). 해당 병원의 영어 사용 정책에 대한 다음 대화에 참여해 보자. https://www.languageonthemove.com/english-only-at-bon-secours/

36 Reyes(2010).

37 Relos(2011).

38 언어에 기반하여 미국 회사에 차별 소송을 제기한 사례에 대한 논의는 Lippi-Green(2012) 참고. Mowbray(2012)의 '노동과 언어(language at work)' 장은 유럽 사례를 다루고 있다.

39 Cameron(1995, p. 12).

40 '6 Sa 158/09'(2009); '8 AZR 48/10 Diskriminierung—Ethnische Herkunft—Deutschkurs'(2011); 'Keine Diskriminierung: Zum Deutschkurs Aufgefordert'(2010); 'Rechtsprechung BAG, 22.06.2011—8 AZR 48/10'(2011); 'Rechtsprechung LAG Schleswig-Holstein, 23.12.2009—6 Sa 158/09'(2009). 해당 사건에 대한 다음 대화에 참여해 보자. https://www.languageonthemove.com/linguistic-discrimination-at-work/

41 '6 Sa 158/09'(2009). 저자 번역.

42 전일제 고용 상태에 있는 여성의 불균형적인 무급 재생산 노동에 논의로는 Hochschild(2003); Latshaw(2011) 참고.

43 'Ist das Bad noch offen Dienst?' instead of 'Gehört das Bad noch zum öffentlichen Dienst?'('6 Sa 158/09,' 2009, p. 6). 독일어에서 öffentlich('public', 공공)는 offen('open', 열려진)의 파생어로, 두 단어는 형식적으로 유사하다.

44 Lindemann(2002); Lindemann & Subtirelu(2013).

45 해당 사례는 Eckstein & Nguyen(2011)에 근거해 있다. 네일 케어 산업의 사회언어학에 대한 다음 대화에 참여해 보자. https://www.languageonthemove.com/the-sociolinguistics-of-nail-care/

46 Tran(2008).

47 'Nail Technician'(2015).

48 Eckstein & Nguyen(2011, p. 654).

49 Eckstein & Nguyen(2011, p. 666).

50 'Fairwork Ombudsman'(2015); 'Labour Trafficking in Australia'(2013).

51 S. Brown(2015); Mitchell & Graham(2015).

52 오스트레일리아의 2014년 기준 업종별 연간 소득은 'Employees Paid by Award Only'(2014), 중국의 2014년 연간 소득은 Kuo(2014) 참고.

53 해당 사례는 Sabaté i Dalmau(2014)에 근거함. 로쿠토리오의 언어 노동에 대한 다음 대화에 참여해 보자. https://www.languageonthemove.com/language-work-in-the-internet-cafe/

54 Sabaté i Dalmau(2014, p. 170)

5장

1 '11th EFA(Education for All) Global Monitoring Report'(2014, p. 19).

2 Hymes(1996, p. 84).

3 'Der monolinguale Habitus der multilingualen Schule'(Gogolin, 1994). 3장도 참조. 사회 재생산 수단으로서의 교육 체계에 대한 기초 문헌으로는 Bourdieu & Passeron(1990)이 대표적이다.

4 해당 사례는 Kiss(2011)에 근거해 있으며, 인구에 대한 추가적인 정보는 Árus(2009)와 'Populatia Stabila Dupa Etnie—Judete, Municipii, Orase, Comune[Resident Population by Ethnicity—Counties, Cities, Towns, Communities]'(2011)를 참고하였다. 세케이 지역의 이중언어 교육에 대한 다음 대화에 참여해 보자. https://www.languageonthemove.com/bilingualism-bane-or-boon/

5 Kiss(2011, p. 256)에서 인용.

6 Baker(2006, p. 219).

7 'Lau v. Nichols'(1974).

8 Green(2014). 교육에서 '헤엄쳐 나오거나 아니면 물에 빠져 죽어라(sink-or-swim)'는 식의 접근법에 대한 다음 대화에 참여해 보자. https://www.languageonthemove.com/sink-or-swim-for-international-students/

9 Green(2014, p. 8).

10 Collier(1989).

11 Levin & Shohamy(2007, 2008).

12 Takenoshita, Chitose, Ikegami & Ishikawa(2014). 일본의 이주 배경 학생의 교육 결과에 대한 다음 대화에 참여해 보자. https://www.languageonthemove.com/educational-outcomes-of-migrant-children/

13 세대 간 불평등 대물림에 대한 자세한 분석으로는 Barry(2005) 참고.

14 Takenoshita et al.(2014, p. 95).

15 이중언어 교육에 대한 문헌은 상당히 많다. 전 세계 이중언어 교육의 다양한 맥락에 대한 최근 저작으로는 García(2009a), García, Skutnabb-Kangas & Torres-Guzman(2006), McCarty(2011), Menken & García(2010), Shin(2013), Tollefson(2013)을 추천한다. 다양한 언어적 배경을 가진 학생에 대한 학교 문화기술지 저서로는 Heller(2006), Martín Rojo(2010), J. Miller(2003)가 있다.

16 'Statutory Framework for the Early Years Foundation Stage: Setting the Standards for Learning, Development and Care for Children from Birth to Five'(2014). 이 장에서 제시하는 분석 내용은 Robertson, Drury & Cable(2014)에 근거해 있다. 오스트레일리아의 유아 교육에서의 언어 다양성에 대한 자세한 분석으로는 Benz(2015) 참조. '유아 교육에 관한 국가 기준'이 언어 다양성을 간과하는 방식에 대한 다음 대화에 참여해 보자. https://www.languageonthemove.com/paying-lip-service-to-diversity/

17 'Statutory Framework for the Early Years Foundation Stage: Setting the Standards for Learning, Development and Care for Children from Birth to Five'(2014, p. 9).

18 'Statutory Framework for the Early Years Foundation Stage: Setting the Standards for Learning, Development and Care for Children from Birth to Five'(2014, p. 9).

19 해당 일화는 Winerip(2010)에서 가져왔다. 오스카의 읽기 수행에 대한 다음 대화에 참여해 보자. https://www.languageonthemove.com/refugee-children-left-behind-as-eagle-lands-on-the-moon/

20 표준화된 평가가 소외되거나 불리한 공동체에 사는 학생에 대한 낙인이 되는 방식을 개괄한 연구로는 Ruairc(2009) 참고.

21 난민 배경의 아프리카계 학생의 교육 경험에 관한 연구로 미국 사례로는 Bigelow(2010), 오스트레일리아 사례로는 Tetteh(2015) 참고.

22 2012 NAPLAN 결과는 'National Assessment Program—Literacy and Numeracy Achievement in Reading, Persuasive Writing, Language Conventions and Numeracy: National Report for 2012'(2012)에 근거함. NAPLAN 자료의 언어 분석은 Wigglesworth, Simpson & Loakes(2011), '기준 미달 학교'와 '사회경제적 불이익'에 대한 분석은 각각 H. Hughes & Hughes(2012)와 Fogarty(2012)를 참고. 언어 평가에서 문해력과 수리 능력에 대한 다음 대화에 참여해 보자. https://www.languageonthemove.com/language-test-masquerading-as-literacy-and-numeracy-test/

23 오스트레일리아 원주민이 영어를 말하는 방식에 대한 개괄적 분석으로는 Eades(2013) 참고.

24 LBOTE와 학교가 사용하는 다른 언어 범주에 대한 논의는 Dixon & Angelo(2014)에 근거함. 이에 대한 다음 대화에 참여해 보자. https://www.languageonthemove.com/dodgy-data-and-language-misdiagnosis/

25 Dixon & Angelo(2014, p. 229).

26 더 자세한 논의로는 Menken & Kleyn(2010), Menken, Kleyn & Chae(2012) 참고. 장기 언어 학습자에 대한 다음 대화에 참여해 보자. https://www.languageonthemove.com/long-term-english-language-learners/

27 '감가적 언어 학습'에 대한 고전이 된 중요한 논문으로는 Wong Fillmore(1991) 참고.

28 W. J. Han & Huang(2010). 이중언어주의와 정신 건강에 대한 다음 대화에 참여해 보자. https://www.languageonthemove.com/bilingualism-is-good-for-your-mental-health/

29 Kouritzin(1999).

30 Agirdag(2013). 가정 언어를 유지하는 것이 장기적으로 가져올 수 있는 경제적 혜택에 대한 다음 대화에 참여해 보자. https://www.languageonthemove.com/monolingualism-is-bad-for-the-economy/

6장

1 해당 사례에 대한 논의는 'Azizi v. the Queen'(2012), 'DPP v. Azizi'(2013), Jones(2010), 'R v. Azizi'(2010)에 근거해 있음. 다중언어 사회의 가정 폭력에 대한 다음 대화에 참여해 보자. https://www.languageonthemove.com/domestic-violence-in-a-multilingual-world/

2 모든 오스트레일리아 인구조사 자료는 오스트레일리아 통계청의 「인구조사(Census Home)」(2012) 자료를 바탕으로 했다.

3 오스트레일리아 인구조사 자료에서 자신의 영어 능숙도를 어떻게 평가하는지에 대해서는 4장 참고.

4 전화 통역 서비스(The Telephone Interpreter Service)라 불리는 전국 통·번역 서비스는 1973년부터 제공하기 시작했다. 통·번역 서비스에 대한 자세한 사항은 'Multicultural Language Services Guidelines for Australian Government Agencies'(2013) 참고.

5 'R v Azizi'(2010, §11).

6 Raymond(2014). 다양한 언어가 사용되는 사회의 긴급 서비스 제공에 대한 다음 대화에 참여해 보자. https://www.languageonthemove.com/emergency-service-provision-in-linguistically-diverse-societies/

7 'A Long Way to Equal: An Update of 'Quarter Way to Equal: A Report on Barriers to Legal Services for Migrant Women''(2007).

8 '2014년 평균적으로 의료에서 96%, 교육에서 94%, 경제 참여에서 60%, 정치적 권한에서 21%의 젠더 격차가 줄어들었다. 세계에서 아직 온전히 성평등을 달성한 국가는 없다.'(Schwab et al., 2014, p. 46).

9 'World Migration Report 2013'(2013)

10 Butorac(2011). Schwab et al.(2014)에 따르면 142개국 중 성평등과 관련하여 오스트레일리아는 세계 24위지만, 연구 참여자의 출신국은 54위(세르비아)에서 137위(이란) 사이에 속한다.

11 이에 대해서는 Extra, Spotti & Van Avermaet(2009), Shohamy & McNamara(2009) 참고.

12 McNamara & Ryan(2011, p. 175).

13 K. Ryan(2012).

14 Beaudrie & Fairclough(2012, p. 13). 이 책은 미국 내 스페인어에 대한 유용한 개괄적인 내용을 담고 있다.

15 Semple(2014)이 보고하듯, 이민 전에 스페인어를 배울 기회가 없었던 남미 원주민 여성은 훨씬 더 고립된다.

16 Dreby & Schmalzbauer(2013), Schmalzbauer(2009). 도시 이주 여성의 자율성에 대한 다음 대화에 참여해 보자. https://www.languageonthemove.com/migrant-womens-empowerment-in-the-city/

17 Chu(2005) 연구에 토대를 둠. 인구학적 정보는 「인구조사」(2012)에서 추가. 이주 여성의 산후 우울증에 대한 다음 대화에 참여해 보자. https://www.languageonthemove.com/postnatal-de-pression-and-language-proficiency/

18 H. C. Yoo et al.(2008).

19 해당 이야기는 R. Hughes(1986)에 근거함. 언어와 관련된 폭력에 대한 다음 대화에 참여해 보자. https://www.languageonthemove.com/can-foreign-languages-drive-you-crazy/

20 R. Hughes(1986, p. 227).

21 R. Hughes(1986, p. 188). 종교와 언어적 배제의 역사에 대한 다음 대화에 참여해 보자. https://www.languageonthemove.com/muslims-catholics-foreign-language-speakers-and-other-traitors/

22 R. Hughes(1986, p. 188)에서 인용.

23 Medhora(2015).

24 사건의 비디오는 유튜브에서 확인할 수 있다(Nayna, 2012). 사건은 또한 많은 미디어에서 다루어졌다(e.g., Ivett, 2012; Lowe, 2012; 'Man Questioned About Racist Rant on Bus', 2012; Pearson, 2012; Rourke, 2012). 재판 과정이 뉴스로 다루어지기도 하였다(e.g., Cooper, 2014; 'Pair in Bus Rant Face Possible Jail,' 2014). 이 사건에 대한 다음 대화에 참여해 보자. https://www.languageonthemove.com/speak-english-or-die/

25 Butler(Since 2003, s.v. 'ding').

26 Pearson(2012).

27 해당 여성은 이후 8개월의 징역형을 선고받았다('Theresa Maree Hillier to Give Birth Behind Bars for Racial Attack on Asylum Seeker in Hobart', 2013).

28 Grin(2013).

29 Sue et al.(2007, p. 271).

30 Sue et al.(2007, p. 274).

31 Basford, Offermann & Behrend(2014, p. 341).

32 Sue(2010).

33 G. C.-L. Chang(2015), Takahashi(2013). 유학생에 대한 언어적 지배를 위한 수단으로써의 미세 공격에 대한 다음 대화에 참여해 보자. https://www.languageonthemove.com/exclu-sion-on-campus/

34 G. C.-L. Chang(2015, p. 122)에서 인용.

35 S. Wright & Lander(2003, p. 237).

36 Yosso, Smith, Ceja & Solórzano(2009).

37 Yosso et al.(2009, p. 667)에서 인용.

38 L. Ryan & Sales(2013). 인구학적 정보에 대한 추가 자료는 Sherwood(2014) 참고. 다음 대화에 참여할 수도 있다. https://www.languageonthemove.com/learn-english-make-friends/

39 L. Ryan(2011, p. 716)에서 인용.

40 Qureshi(2012). 몸의 이동성과 소속감에 대한 다음 대화에 참여해 보자. https://www.language-onthemove.com/home-is-where-im-alienated/

41 Qureshi(2012, p. 486).

42 Qureshi(2012, p. 498)에서 인용.

43 Kim(2011a, 2011b). 소속감과 미디어 사용에 대한 다음 대화에 참여해 보자. https://www.lan-

guageonthemove.com/where-is-home/

44 Kim(2011a, pp. 139; 142; 148)에서 인용.

45 Bourdieu(1991, p. 55).

7장

1 언어와 관련하여 사회 정의의 국가 내외적 부분이 동시에 고려되어야 하는지에 대해서는 Pill-er(2012) 참고. 추가로 관련 연구로는 Djité(2008), Reinert(2008), Sassen(2001) 참고.

2 국제어로서의 영어의 동심원 모형은 Kachru(1985)가 처음 제안하였다. 최근 모형의 정교화와 비판으로는 Kachru, Kachru & Nelson(2009), Jenkins(2003) 참고.

3 Taylor & Hudson(1972).

4 Pool(1990).

5 영어교육의 사회경제적 혜택에 대한 언론 보도로는 de Lotbinière(2011), 사회 개발을 위한 영어에 대한 보고서로는 'Partners for Change: English for Development'(2013)가 있다. 영어와 국제 원조 및 개발과의 관계에 대한 최근 학술 연구로는 Bolton, Graddol & Meierkord(2011), Coleman(2011), Erling & Seargeant(2013), Widin(2010) 참고.

6 Phillipson(1992, p. 47). Mohanty, Panda, Phillipson & Skutnabb-Kangas(2009), Phillip-son(2009a)도 참고.

7 해당 논의는 S. Clayton(2008)에 근거하고 있으며, Bruthiaux(2008), 'Cambodia'(2014), 'Cam-bodia'(2015), T. Clayton(2002)에서 추가 정보를 가져옴. 캄보디아의 국제 개발 원조로서의 영어교육에 대한 다음 대화에 참여해 보자. https://www.languageonthemove.com/free-language-choice/

8 해당 논의는 Karmani(2005)에 근거함. 추가 배경 설명은 「아랍 인간개발보고서(Arab Human Development Report)」(2009)의 'Challenges to Human Security in the Arab Countries' 참고. '자원의 저주'에 대해서는 Reinert(2008) 참고. '오일 영어(Petro-English)'에 대한 다음 대화에 참여해 보자. https://www.languageonthemove.com/happy-birthday-uae/

9 지대 추구 국가는 경제적으로 천연자원 수출과 같은 외부 지대에 의존하는 국가를 일컫는다. 그 결과 지대 추구 국가의 생산 영역은 저개발 상태에 머무르게 되고 생산직에 참여하는 인구 비율도 낮다. 국가가 외부 지대 수입의 일차적 수혜자이다(Beblawi 1990).

10 Reinert(2008, p. 116).

11 웨이 류는 가명이다. 해당 사례 연구는 Zhang(2011, forthcoming)에 근거해 있다. 나나이/헤즈헤족에 대한 배경 정보는 Schwarz(1984), Tsumagari, Kurebito & Endo(2007), Vajda(2009) 참고. 웨이 류의 언어 교육 경험에 대한 다음 대화에 참여해 보자. https://www.languageon-themove.com/access-denied/

12 Quoted from Zhang(2011, p. 198 f.).

13 L. T. Chang(2009). 영어 교육과 열풍에 대한 다음 대화에 참여해 보자. https://www.language-onthemove.com/language-learning-and-height/

14 L. T. Chang(2009, p. 255).

15 Kaimann(2013); B. Smith(2014)

16 Price(2014, p. 585 f.).

17 Pasassung(2004, p. 145)에서 인용. 인도네시아 술라웨시(Sulawesi)섬 벽촌의 영어교육에 대

해 알아보고 다음 대화에 참여해 보자. https://www.languageonthemove.com/is-english-improving-lives-in-a-remote-indonesian-village/

18 Hu & Alsagoff(2010). '모두를 위한 영어'의 부당함에 대한 다음 대화에 참여해 보자. https://www.languageonthemove.com/english-for-everyone-is-unfair/

19 언어 권리에 대한 논의는 Mohanty et al.(2009), Skutnabb-Kangas(2001), Skutnabb-Kangas & Phillipson(1998, 1994) 참고.

20 Hu & Alsagoff(2010, p. 375).

21 예를 들어, 방글라데시는 Hamid(2010), 인도네시아는 Pasassung(2004), 페루는 Niño-Murcia(2003), 대만은 Price(2014) 참고.

22 전 세계 고등 교육에서 영어 전용 수업 사례에 관한 최근 연구는 Doiz, Lasagabaster & Sierra(2012) 참고.

23 'Times Higher Education World Reputation Rankings'(2015).

24 대학 순위 산정 방식에 따라 영어 전용 수업을 제공하면 대학 순위를 올릴 수 있다. 영어 전용 수업과 대학 순위 향상을 위한 정책 사이의 상관관계에 대한 면밀한 분석은 Piller & Cho(2013) 참고. 대학 순위에서 영어의 역할에 대한 다음 대화에 참여해 보자. https://www.languageonthemove.com/internationalization-and-englishization-in-higher-education/

25 학술 국제어로서의 영어에 대한 개관으로는 Ammon(2001) 참고.

26 G. Ferguson, Pérez-Llantada & Plo(2011) 혹은 Flowerdew(2008) 참고.

27 Choi(2010, p. 244). 학술 자본주의와 수업 언어로서 영어의 확산에 대한 다음 대화에 참여해 보자. https://www.languageonthemove.com/academic-capitalism-and-the-spread-of-english/

28 Piller & Cho(2013)에 근거함. 학문적 우수성의 표시로 영어를 당연하게 여기는 것에 대한 다음 대화에 참여해 보자. https://www.languageonthemove.com/english-is-excellence.

29 Erkkilä(2014)에서 인용.

30 Kang(2009). 영어 출판 압력이 연구 형태에 미치는 영향에 대한 다음 대화에 참여해 보자. https://www.languageonthemove.com/does-internationalization-change-research-content/

31 https://www.languageonthemove.com/academic-capitalism-and-the-spread-of-english/#comment-1625.

32 차량의 모습도 보고 중심부와 주변부의 학문적 연관성에 대한 다음 대화에 참여해 보자. https://www.languageonthemove.com/banal-nationalism-and-the-internationalization-of-higher-education/

33 라스 알 카이마의 해외 대학 분교에 대한 추가적인 정보는 Bardsley(2008), Stripling(2009), Swan(2010, 2014) 참고. 전 세계 해외 분교에 대한 통계는 Alexander(2007), Homay-ounpour(2012), M. Miller(2005) 참고.

34 Altbach & Knight(2007).

35 The International Forum for Social Development(2006, p. 35).

36 'Korea'(2015); B. Yoo, Kim & Kim(2011). 언어 비용에 대한 다음 대화에 참여해 보자. https://www.languageonthemove.com/language-costs/

37 Phillipson(2008, p. 28).

38 Gazzola & Grin(2013). 다중언어서비스 제공의 비용에 대한 다음 대화에 참여해 보자. https://www.languageonthemove.com/multilingual-provision-is-cheaper-than-english-only/

39   빈곤과 수치심에 대해서는 Dorling(2014), Sen(1983), Townsend(1979), 인종주의와 식민주의의 기형적인 심리에 대해서는 Fanon(1963, 1967), Hook(2012) 참고.

40   Phillipson(2009b, p. 80)에서 인용.

41   Fanon(1967, p. 17 f.).

42   Babaii(2010). 학계에서의 식민지적 비굴함에 대한 다음 대화에 참여해 보자. https://www.languageonthemove.com/the-colonial-cringe-in-academia/

43   Babaii(2010, p. 102).

44   Song(2010). 국제어로서의 영어와 정신 건강에 관한 다음 대화에 참여해 보자. https://www.languageonthemove.com/warning-global-english-may-harm-your-mental-health/

45   Song(2010, p. 30)에서 인용.

46   Morarji(2010). 주변화되는 배움에 대한 다음 대화에 참여해 보자. https://www.languageonthemove.com/learning-to-be-marginal/

47   Morarji(2010, p. 58).

48   'Issues in Globalisation: How Fair Is Fashion?'(2011). 자막의 정치와 적법하지 못한 영어에 대한 다음 대화에 참여해 보자. https://www.languageonthemove.com/the-politics-of-subtitling/과 https://www.languageonthemove.com/illegitimate-english/

49   Minney(2008).

50   Bourdieu(1991, p. 66).

51   다큐멘터리 예고편을 보고 한번 판단해 보라. https://www.youtube.com/watch?v=3YAUvDm-MGMI

52   Appleby, Copley, Sithirajvongsa & Pennycook(2002, p. 326).

53   언급된 기사는 Busacca & Allert(2010), Jacobs(2010). 칭글리시에 대한 다음 대화에 참여해 보자. https://www.languageonthemove.com/give-chinglish-a-break/

54   Darlington & Ford(2015). 트위터 원문은 'vinieron sólo por el aloz y el petlóleo?'('Have they only come for the rice and oil?', 과연 쌀과 기름 때문에 왔을까?). 여기서 aroz('rice', 쌀)는 aloz(영어로 'rice' 대신 'lice'[머리에 사는 '이']로 쓰인 것과 비슷)로, petróleo('oil', 기름)는 petlóleo('petloleum'[석유]와 비슷)로 바뀌었다.

55   Rapatahana & Bunce(2012) 혹은 Mustafa(2011).

56   de Swaan(2001). 2장 참고.

57   Ives(2010, p. 530).

8장

1   Fraser(2012, p. 43).

2   Van Parijs(2011). 언어 정의에 관한 또 다른 정치 이론 저작으로는 2003년에 출간된 편저 『Language Rights and Political Theory』(Kymlicka & Patten, 2003b)가 있다.

3   학술지 『Language Policy』 2014년 특별호는 'Language policy and political theory'(Peled, Ives & Ricento, 2014)라는 주제로 해당 주장을 심도 있게 다룬다. 특히, Ricento(2014)를 보라. 사회언어학적 관점으로 언어 권리라는 개념을 자세하게 살펴본 연구로는 Wee(2010) 참고.

4   'Universal Declaration of Human Rights'(1948).

5   Kymlicka & Patten(2003a, p. 16).

6   McIntosh(2012, p. 195). McIntosh(1989)도 참고. 특권 연구에 대한 개론으로는 Case et al.(2012)이 유용하다.

7   예를 들어, Gallagher-Geurtsen(2007).

8   블로흐는 미국 망명 시기인 1930년대, 1940년대 초반 「희망의 원리」를 썼고, 1950년대 동독에서 처음 발간되었다. 영문 번역본은 Bloch(1995)이다.

9   예를 들어 Moss(2014), Spannos(2008), E. O. Wright(2014).

10   Olearius(1662). 이스파한의 아르메니아 역사에 대해서는 Gregorian(1974), 오늘날 이란 내 아르메니아어 유지 정책에 대해서는 Nercissians(2001) 참고. 이스파한 황금시대의 다중언어주의에 대한 다음 대화에 참여해 보자. https://www.languageonthemove.com/a-golden-age-of-multi-culturalism/

11   Gregorian(1974, p. 662).

12   Nercissians(2001).

13   Busch(2009). 진보적인 언어 정책을 위한 시민 참여라는 주제로 다음 대화에 참여해 보자. https://www.languageonthemove.com/multiculturalism-alive-and-well-in-austria/

14   Busch(2009, p. 139).

15   Busch(2009, p. 147).

16   Bourdieu(1991); Bourdieu & Passeron(1990); Sapiro(2010). 다른 참고할 만한 이론가로는 Voloshinov(1986)와 그람시(Gramsci)가 있다. 이들이 언어를 어떻게 개념화했는지에 대해서는 Ives(2009, 2014) 참고.

17   Colic-Peisker(2011b). 관련 통계를 보고 오스트레일리아의 다문화 배경 중산층에 대한 다음 대화에 참여해 보자. https://www.languageonthemove.com/rising-multicultural-middle-class/

18   Jamal & Chandab(2005); Topçu, Bota & Pham(2012). 민족을 다양하게 상상하는 것에 대한 다음 대화에 참여해 보자. https://www.languageonthemove.com/growing-up-between-cultures/

19   Jamal & Chandab(2005, p. 1).

20   Jamal & Chandab(2005, pp. 1, 179 f.).

21   앤잭 추모 재개에 대해서는 Lake, Reynolds, McKenna & Damousi(2010) 참고. 세계화와 민족주의가 역관계를 보인다는 연구로는 Ariely(2012), Machida(2012) 참고. 경제적 신자유주의와 담론적 민족주의에 대한 논의는 Blad & Koçer(2012)를 바탕으로 함. 세계화와 민족주의에 대한 다음 대화에 참여해 보자. https://www.languageonthemove.com/globalisation-and-national-ism/

22   Blad & Koçer(2012, p. 37).

23   Blad & Koçer(2012, p. 45).

24   조 힐의 전기로는 Adler(2011), Rosemont(2003), G. Smith(1984)가 있다. 링크된 그의 노래를 듣고 조 힐의 유산에 대한 대화에 참여해 보자. https://www.languageonthemove.com/i-dreamed-i-saw-joe-hill-last-night/

25   G. Smith(1984, p. 47).

참고문헌

6 Sa 158/09. (2009). Landesarbeitsgericht Schleswig-Holstein. Retrieved from http://www.sit.de/lagsh/ehome.nsf/6EB33198161840A6C12576BC0078CEE 7/$file/U_6Sa158-09_23-12-2009.pdf

8 AZR 48/10 Diskriminierung—Ethnische Herkunft—Deutschkurs[Discrimination—Ethnic Origin—German Language Class]. (2011). Bundesarbeitsgericht. Retrieved from http://juris.bundesarbeitsgericht.de/cgi-bin/rechtsprechung/document.py?Gericht=bag&Art=en&nr=15454

11th EFA (Education for All) Global Monitoring Report. (2014). Paris: Unesco. Retrieved from http://unesdoc.unesco.org/images/0022/002256/225660e.pdf

Adler, William M. (2011). *The Man Who Never Died: The Life, Times, and Legacy of Joe Hill, American Labor Icon*. London: Bloomsbury.

Agirdag, Orhan. (2013). The Long-Term Effects of Bilingualism on Children of Immigration: Student Bilingualism and Future Earnings. *International Journal of Bilingual Education and Bilingualism, 17*(4), 449–464. doi: 10.1080/13670050.2013.816264

Alcorso, Caroline. (2003). Immigrant Employees in Hotels. *Labour and Industry, 14*(1), 17–40.

Alexander, Harriet. (2007, June 14). Debt Climbing for Uni's Failed Campus. *Sydney Morning Herald*. Retrieved from http://www.smh.com.au/news/national/debt-climbing-for-unis-failed-campus/2007/06/13/1181414383789.html

Altbach, Philip G., & Knight, Jane. (2007). The Internationalization of Higher Education: Motivations and Realities. *Journal of Studies in International Education, 11*(3–4), 290–305. doi: 10.1177/1028315307303542

Ammon, Ulrich (Ed.). (2001). *The Dominance of English as a Language of Science: Effects on Other Languages and Language Communities* (Vol. 84). Berlin and New York: Mouton de Gruyter.

Androutsopoulos, Jannis, & Juffermans, Kasper (Eds.). (2014). *Superdiversity and Digital Language Practices [Special Issue of Discourse, Context and Media]* (Vol. 4–5). Amsterdam: Elsevier.

Anthias, Floya. (2013). Moving Beyond the Janus Face of Integration and Diversity Discourses: Towards an Intersectional Framing. *The Sociological Review, 61*(2), 323–343. doi: 10.1111/1467-954x.12001

Antolak, Ryszard. (n.d.). Iran and the Polish Exodus from Russia 1942, *Pars Times*. Retrieved from http://www.parstimes.com/history/polish_refugees/exodus_russia.html

Appleby, Roslyn, Copley, Kath, Sithirajvongsa, Sisamone, & Pennycook, Alastair. (2002). Language in Development Constrained: Three Contexts. *TESOL Quarterly, 36*(3), 323–346. doi: 10.2307/3588416

Apps, Peter. (2014, July 14). Lack of Foreign-Language Skills 'Threatens the UK Economy.' *The Independent*.

Arab Human Development Report 2009: Challenges to Human Security in the Arab Countries. (2009). New York: United Nations Development Programme (UNDP). Retrieved from http://www.arab-hdr.org/publications/other/ahdr/ahdr2009e.pdf

Arai, Mahmood, & Skogman Thoursie, Peter. (2009). Renouncing Personal Names: An Empirical Examination of Surname Change and Earnings. *Journal of Labor Economics, 27*(1), 127–147.

Archibald, John, Roy, Sylvie, Harmel, Sandra, Jesney, Karen, Dewey, Emily, Moisik, Scott, & Lessard, Pascale. (2006). *A Review of the Literature on Second Language Learning*. Calgary, Alberta: University of Calgary Language Research Centre.

Ariely, Gal. (2012). Globalisation and the Decline of National Identity? An Exploration across Sixty-three Countries. *Nations and Nationalism, 18*(3), 461–482. doi: 10.1111/j.1469–

8129.2011.00532.x

Arus, Zsolt. (2009). The Szeklers and Their Struggle for Autonomy. Retrieved from http://sznt.sic.hu/en/?option=com_content&view=article&id=210

Asscher, Sue, & Widger, David (Eds.). (2008). *The Project Gutenberg Ebook of the Republic, by Plato.*

Azizi v. the Queen (2012). Supreme Court of Victoria. Retrieved from https://jade.barnet.com.au/Jade.html#article=270732

Babaii, Esmat. (2010). Opting Out or Playing the 'Academic Game'? Professional Identity Construction by Off-center Academics. *Critical Approaches to Discourse Analysis across Disciplines, 4*(1), 93–105.

Baker, Colin. (2006). *Foundations of Bilingual Education and Bilingualism* (4th ed.). Bristol: Multilingual Matters.

Bardsley, Daniel. (2008, September 15). British Rankings Upset University Opening in RA K. *The National.* Retrieved from http://www.thenational.ae/news/uae-news/education/british-rankings-upset-universityopening-in-rak

Baron, Denis. (2010). Arabic Flashcards Bump Student from Plane. Retrieved from https://illinois.edu/blog/view/25/22101

Barry, Brian. (2005). *Why Social Justice Matters.* Oxford: Polity.

Basford, Tessa E., Offermann, Lynn R., & Behrend, Tara S. (2014). Do You See What I See? Perceptions of Gender Microaggressions in the Workplace. *Psychology of Women Quarterly, 38*(3), 340–349. doi:10.1177/0361684313511420

Beaudrie, Sara M., & Fairclough, Marta (Eds.). (2012). *Spanish as a Heritage Language in the United States: The State of the Field.* Washington, DC: Georgetown University Press.

Beblawi, Hazem. (1990). The Rentier State in the Arab World. In G. Luciani (Ed.), *The Arab State* (pp. 85–98). London: Routledge.

Benz, Victoria. (2015). *Dynamics of Bilingual Early Childhood Education: Parental Attitudes and Institutional Realisation.* PhD, Macquarie University. Retrieved from http://www.languageonthemove.com/wp-content/uploads/2015/07/CORRECTE D-PhD-Thesis-Victoria-Benz-DIGITA LCOPY.pdf

Berdichevsky, Norman. (2004). *Nations, Language and Citizenship.* Jefferson, NC, and London: McFarland & Co.

Biavaschi, Costanza, Giulietti, Corrado, & Siddique, Zahra. (2013). The Economic Payoff of Name Americanization. *IZA Discussion Paper, 7725.* doi:ssrn.com/abstract = 2363212

Bigelow, Martha H. (2010). *Mogadishu on the Mississippi: Language, Racialized Identity, and Education in a New Land.* Malden, MA: Wiley-Blackwell.

Birdsong, D. (2006). Age and Second Language Acquisition and Processing: A Selective Overview. *Language Learning, 56,* 9–49.

Blad, Cory, & Kocer, Banu. (2012). Political Islam and State Legitimacy in Turkey: The Role of National Culture in Neoliberal State-Building. *International Political Sociology, 6*(1), 36–56. doi: 10.1111/j.1749–5687.2012.00150.x

Bloch, Ernst. (1995). *The Principle of Hope* (N. Plaice, S. Plaice, & P. Knight, Trans.). Cambridge, MA: MIT Press.

Block, David. (2005). *Multilingual Identities in a Global City: London Stories.* London: Palgrave Macmillan.

Block, David. (2014). *Social Class in Applied Linguistics.* London: Routledge.

Blommaert, Jan. (2008). *Grassroots Literacy: Writing, Identity and Voice in Central Africa.* London: Routledge.

Blommaert, Jan. (2010). *The Sociolinguistics of Globalization.* Cambridge: Cambridge University Press.

Boffey, Daniel. (2013, August 18). Lack of Language Skills Is Diminishing Britain's Voice in the World.

The Observer. Retrieved from http://www.theguardian.com/education/2013/aug/17/languageskills-universities-business-hague

Bolton, Kingsley, Graddol, David, & Meierkord, Christiane. (2011). Towards Developmental World Englishes. *World Englishes, 30*(4), 459–480. doi: 10.1111/j.1467-971X.2011.01735.x

Booth, Alison, Leigh, Andrew, & Varganova, Elena. (2009). Does Racial and Ethnic Discrimination Vary across Minority Groups? Evidence from Three Experiments. *Australian Policy Online*. Retrieved from http://apo.org.au/research/does-racial-and-ethnic-discrimination-vary-across-minority-groups-evidence-three

Bourdieu, Pierre. (1977). The Economics of Linguistic Exchanges. *Social Science Information, 16*(6), 645–668.

Bourdieu, Pierre. (1991). *Language and Symbolic Power*. Cambridge: Polity.

Bourdieu, Pierre. (1993). *Outline of a Theory of Practice*. Cambridge: Cambridge University Press.

Bourdieu, Pierre, & Passeron, Jean-Claude. (1990). *Reproduction in Education, Society and Culture* (2nd ed.). London: Sage.

Brann, Matt, & Locke, Sarina. (2012, October 25). Lack of Language Skills Will Hurt Australian Trade with Indonesia. *ABC Rural*. Retrieved from www.abc.net.au/site-archive/rural/nt/content/201210/s3618677.htm

Brombacher, Britt. (2013). New York Is (Not Surprisingly) America's Most Multilingual City. Retrieved from http://blog.doortodoor.com/new-york-isnot-surprisingly-americas-most-multilingual-city/

Brooke, Chris. (2014, June 5). Farce of "'5,000 Bill to Prosecute Lithuanian Who Stole Two 10p Bags: Court Hired Latvian Translator by Mistake. *Daily Mail*. Retrieved from http://www.dailymail.co.uk/news/article-2649599/Trial-Lithuanian-immigrant-stole-two-plastic-bagsworth-10p-cost-3-000-court-hired-Latvian-translator-mistake.html

Brown, Jonathan. (2013, August 13). 200 Languages: Manchester Revealed as Most Linguistically Diverse City in Western Europe, *The Independent*. Retrieved from www.independent.co.uk/news/uk/home-news/200-languages-manchester-revealed-as-most-linguistically-diverse-cityin-western-europe-8760225.html

Brown, Simon. (2015, January 21). Work at Manildra Site Suspended after CFMEU Alleges 457 Visa Abuse. *South Coast Register*. Retrieved from www.southcoastregister.com.au/story/2831710/foreign-workersunderpaid-living-in-worrigee-dosshouse-says-union/

Browne, Irene, & Misra, Joya. (2005). Labor-Market Inequality: Intersections of Gender, Race, and Class. In M. Romero & E. Margolis (Eds.), *The Blackwell Companion to Social Inequalities* (pp. 165–189). Oxford: Blackwell.

Bruthiaux, Paul. (2008). Language Education, Economic Development and Participation in the Greater Mekong Subregion. *International Journal of Bilingual Education and Bilingualism, 11*(2), 134–148. doi: 10.2167/beb490.0

Buncombe, Andrew, & Macarthur, Tessa. (1999, March 29). London: Multilingual Capital of the World. *The Independent*. Retrieved from www.independent.co.uk/news/london-multilingual-capital-of-theworld-1083812.html

Busacca, Allison, & Allert, Marcia. (2010, May 11). Strange Signs from Abroad. *New York Times*. Retrieved from http://www.nytimes.com/interactive/2010/05/11/travel/funny-signs.html

Busch, Brigitta. (2009). Local Actors in Promoting Multilingualism. In G. Hogan-Brun, C. Mar-Molinero, & P. Stevenson (Eds.), *Discourses on Language and Integration* (pp. 129–151). Amsterdam: John Benjamin Publishing.

Butler, Susan (Ed.). (Since 2003). *Macquarie Dictionary Online*. https://www.macquariedictionary.com.au/

Butorac, Donna. (2011). *Imagined Identity, Remembered Self: Settlement Language Learning and the*

Negotiation of Gendered Subjectivity. PhD, Macquarie University. Retrieved from http://www. languageonthemove.com/wp-content/uploads/2012/03/DButorac_PhD.pdf

Butorac, Donna. (2014). 'Like a Fish Not in Water': How Language and Race Mediate the Social and Economic Inclusion of Women Migrants to Australia. *Australian Review of Applied Linguistics, 37*(3), 234–248.

Butt, Craig, & Worrall, Allison. (2014, July 11). Melbourne Language Study Reveals a Cacophony of Diversity. *The Age.* Retrieved from http://www.theage.com.au/victoria/melbourne-language-study-reveals-acacophony-of-diversity-20140711-zt4b4

California Valedictorian Gives Speech in Spanish, Sparking Debate. (2012, June 13). *Fox News Latino.* Retrieved from http://latino.foxnews.com/latino/news/2012/06/13/california-valedictoriangives-speech-in-spanish-sparking-debate/

Cambodia. (2014). *The World Fact Book.* Washington, DC: Central Intelligence Agency.

Cambodia. (2015). *Ethnologue: Languages of the World.* Dallas, TX: SI L International.

Cameron, Deborah. (1995). *Verbal Hygiene.* London and New York: Routledge.

Carrick, Damien. (2014, May 13). Volunteering in the Justice System, *ABC Radio National.* Retrieved from http://www.abc.net.au/radionational/programs/lawreport/volunteering/5445876

Case, Kim A., Iuzzini, Jonathan, & Hopkins, Morgan. (2012). Systems of Privilege: Intersections, Awareness, and Applications. *Journal of Social Issues, 68*(1), 1–10. doi: 10.1111/j.1540–4560.2011.01732.x

Census Home. (2012). Canberra: Australian Bureau of Statistics. http://www.abs.gov.au/websitedbs/censushome.nsf/home/data?opendocumentfrombanner=LN

2011 Census of Population and Housing: Basic Community Profile, Auburn. (2012). Canberra: Australian Bureau of Statistics.

Chang, Grace Chu-Lin. (2015). *Language Learning, Academic Achievement, and Overseas Experience: An Ethnography of Taiwanese Students in Australian Higher Education.* PhD, Macquarie University.

Chang, Leslie T. (2009). *Factory Girls: From Village to City in a Changing China.* New York: Spiegel & Grau.

Choi, Po King. (2010). 'Weep for Chinese University': A Case Study of English Hegemony and Academic Capitalism in Higher Education in Hong Kong. *Journal of Education Policy, 25*(2), 233–252.

Chu, Cordia. (2005). Postnatal Experience and Health Needs of Chinese Migrant Women in Brisbane, Australia. *Ethnicity and Health, 10*(1), 33–56. doi: 10.1080/1355785052000323029

Chuuk Islands. (2013). *Encyclopedia Britannica.* Chicago: Encyclopadia Britannica.

Clayton, Stephen. (2008). The Problem of 'Choice' and the Construction of the Demand for English in Cambodia. *Language Policy, 7*(2), 143–164. doi: 10.1007/s10993-008–9084-9

Clayton, Thomas. (2002). International Languages in Education in Developing Countries: Implications for Cambodia. In J. Lo Bianco (Ed.), *Voices from Phnom Penh. Development and Language: Global Influences and Local Effects* (pp. 87–102). Melbourne: Language Australia.

Clyne, Michael. (2005). *Australia's Language Potential.* Sydney: UNS W Press.

Cochrane, Liam. (2012, January 18). UN Grants Oceanic Viking Asylum Seekers Refugee Status, *ABC Radio National.* Retrieved from http://www.radioaustralia.net.au/international/radio/onairhighlights/un-grants-oceanic-viking-asylum-seekers-refugee-status

Codrea-Rado, Anna. (2014, January 30). Employers Struggle to Fill Vacancies Because of Lack of Languages, *The Guardian.* Retrieved from www.theguardian.com/education/2014/jan/30/employers-struggle-tofill-vacancies-languages

Coleman, Hywel (Ed.). (2011). *Dreams and Realities: Developing Countries and the English Language.* London: British Council.

Colic-Peisker, Val. (2005). 'At Least You're the Right Colour': Identity and Social Inclusion of Bosnian Refugees in Australia. *Journal of Ethnic and Migration Studies, 31*(4), 615–638. doi: 10.1080/13691830500109720

Colic-Peisker, Val. (2011a). 'Ethnics' and 'Anglos' in the Labour Force: Advancing Australia Fair? *Journal of Intercultural Studies, 32*(6), 637–654. doi: 10.1080/07256868.2011.618108

Colic-Peisker, Val. (2011b). A New Era in Australian Multiculturalism? From Working-Class 'Ethnics' to a 'Multicultural Middle-Class.' *International Migration Review, 45*(3), 562–587. doi: 10.1111/j.1747-7379.2011.00858.x

Collier, Virginia P. (1989). How Long? A Synthesis of Research on Academic Achievement in a Second Language. *TESOL Quarterly, 23*(3), 509–531.

Colvin, Mark. (2009, October 19). Asylum Seekers Deny Jumping Queue, *ABC PM*. Retrieved from www.abc.net.au/pm/content/2009/s2718323.htm

Common European Framework of Reference for Languages: Learning, Teaching, Assessment. (2001). Strasbourg: Council of Europe. Retrieved from http://www.coe.int/t/dg4/linguistic/Source/Framework_EN.pdf

Constitution de la Republique Francaise [Constitution of the French Republic] (1958).

Cooper, Adam. (2014, January 17). Man Jailed for Racist Bus Rant. *The Age*. Retrieved from www.theage.com.au/victoria/man-jailed-for-racistbus-rant-20140117-30zyx.html

Creese, Gillian. (2011). *The New African Diaspora in Vancouver: Migration, Exclusion and Belonging*. Toronto: University of Toronto Press.

Creese, Gillian, & Kambere, Edith Ngene. (2003). What Colour Is Your English? *Canadian Review of Sociology and Anthropology, 40*(5), 565–573.

Creese, Gillian, & Wiebe, Brandy. (2012). 'Survival Employment': Gender and Deskilling among African Immigrants in Canada. *International Migration, 50*(5), 56–76. doi: 10.1111/j.1468-2435.2009.00531.x

Crotty, James M. (2012, March 26). 7 Signs That U.S. Education Decline Is Jeopardizing Its National Security, *Forbes*. Retrieved from http://www.forbes.com/sites/jamesmarshallcrotty/2012/03/26/7-signs-thatamericas-educational-decline-is-jeopardizing-its-national-security/

Czaika, Mathias, & de Haas, Hein. (2014). The Globalization of Migration: Has the World Become More Migratory? *International Migration Review, 48*(2), 283–323. doi: 10.1111/imre.12095

D'Amato, Raffaele. (2010). *The Varangian Guard 988–1453*. Oxford: Osprey.

Darlington, Shasta, & Ford, Dana. (2015, February 5). Argentina President Posts Tweet Mocking Chinese Accent, *CNN*. Retrieved from http://edition.cnn.com/2015/02/04/americas/argentina-presidenttweet/

De Bock, Jozefien. (2014). Not All the Same after All? Superdiversity as a Lens for the Study of Past Migrations. *Ethnic and Racial Studies, 38*(4), 583–595. doi: 10.1080/01419870.2015.980290

De Castella, Tom. (2013, July 23). How Many Hours Does It Take to Be Fluent in English?, *BBC News*. Retrieved from http://www.bbc.com/news/magazine-23407265

De Lotbiniere, Max. (2011, July 5). Research Backs English as Key to Development, *Guardian*. Retrieved from http://www.theguardian.com/education/2011/jul/05/research-backs-english-language-delotbiniere

De Swaan, Abram. (2001). *Words of the World: The Global Language System*. Cambridge, UK: Polity.

Dixon, Sally, & Angelo, Denise. (2014). Dodgy Data, Language Invisibility and the Implications for Social Inclusion: A Critical Analysis of Indigenous Student Language Data in Queensland Schools. *Australian Review of Applied Linguistics, 37*(3), 213–233.

Djite, Paulin G. (2008). *The Sociolinguistics of Development in Africa*. Clevedon: Multilingual Matters.

Dohner, Annette, Mertens, Beate, Carstensen, Christiane, Korol, Alla, & Stallbaum, Sabine. (2014).

Abschlussdokumentation 'Komma-NR W' [Final Documentation of North-Rhine Westphalian Communication Project]. Bielefeld: Arbeiterwohlfahrt KV Bielefeld. Retrieved from http://www.komma-nrw.de/wp-content/uploads/2015/02/DEF-FEBAbschlussdokumentation-komma-NR W.pdf

Doiz, Aintzane, Lasagabaster, David, & Sierra, Juan Manuel (Eds.). (2012). *English-Medium Instruction at Universities: Global Challenges.* Bristol: Multilingual Matters.

Dorling, Danny. (2014). *Inequality and the 1%.* London: Verso.

DPP v. Azizi (2013). High Court of Victoria. Retrieved from https://jade.barnet.com.au/Jade.htmlarticle=289735

Dreby, Joanna, & Schmalzbauer, Leah. (2013). The Relational Contexts of Migration: Mexican Women in New Destination Sites. *Sociological Forum, 28*(1), 1–26. doi: 10.1111/socf.12000

Eades, Diana. (2013). *Aboriginal Ways of Using English.* Canberra: Aboriginal Studies Press.

Eaton, Sarah Elaine. (2011). *How Long Does It Take to Learn a Second Language? Applying the '10,000-Hour Rule' as a Model for Fluency.* Calgary, Alberta: Onate Press.

Eaton, Sarah Elaine. (2012). How Will Alberta's Second Language Students Ever Achieve Proficiency? ACT FL Proficiency Guidelines, the CE FR and the '10,000-Hour Rule' in Relation to the Alberta K-12 Language-Learning Context. *Notos, 12*(2), 2–12.

Eckert, Eva. (2002). From Moravia to Texas: Immigrant Acculturation at the Cemetery. *Markers, 19,* 174–211.

Eckert, Eva. (2006). *Stones on the Prairie: Acculturation in America.* Bloomington, IN : Slavica Publishers.

Eckstein, Susan, & Nguyen, Thanh-Nghi. (2011). The Making and Transnationalization of an Ethnic Niche: Vietnamese Manicurists. *International Migration Review, 45*(3), 639–674. doi: 10.1111/j.1747–7379.2011.00861.x

Ellis, Elizabeth M., Gogolin, Ingrid, & Clyne, Michael. (2010). The Janus Face of Monolingualism: A Comparison of German and Australian Language Education Policies. *Current Issues in Language Planning, 11*(4), 439–460.

Employees Paid by Award Only. (2014). Canberra: Australian Bureau of Statistics. Retrieved from http://www.abs.gov.au/ausstats/abs@.nsf/Latestproducts/6306.0Main%20Features5May%202014

Ergin, Murat. (2009). Cultural Encounters in the Social Sciences and Humanities: Western Emigre Scholars in Turkey. *History of the Human Sciences, 22*(1), 105–130. doi: 10.1177/0952695108099137

Erkkila, Tero. (2014). Global University Rankings, Transnational Policy Discourse and Higher Education in Europe. *European Journal of Education, 49*(1), 91–101. doi: 10.1111/ejed.12063

Erling, Elizabeth J., & Seargeant, Philip (Eds.). (2013). *English and Development: Policy, Pedagogy and Globalization.* Bristol: Multilingual Matters.

European Charter for Regional and Minority Languages. (1992a). Strasbourg: Council of Europe.

European Charter for Regional and Minority Languages: Explanatory Report. (1992b). Strasbourg: Council of Europe. Retrieved from http://conventions.coe.int/treaty/en/Reports/Html/148.htm

Extra, Guus, Spotti, Massimiliano, & Van Avermaet, Piet (Eds.). (2009). *Language Testing, Migration and Citizenship: Cross-national Perspectives on Integration Regimes.* London: Continuum.

Fairwork Ombudsman. (2015) Retrieved from www.fairwork.gov.au/

Fanon, Frantz. (1963). *The Wretched of the Earth: The Handbook of the Black Revolution That Is Changing the Shape of the World* (C. Farrington, Trans.). New York: Grove Weidenfeld.

Fanon, Frantz. (1967). *Black Skin, White Masks.* London: Pluto Press.

Faruqi, Anwar. (2000). Forgotten Polish Exodus to Persia. *Washington Post.* Retrieved from www.library.cornell.edu/colldev/mideast/polsirn.htm

Fauna. (2011). Africans in Guangzhou: Opportunities and Discrimination. Retrieved from www.

chinasmack.com/2011/pictures/africans-inguangzhou-opportunities-discrimination.html

Feldman, Ruth T. (2008). *The Fall of Constantinople: Pivotal Moments in History.* Minneapolis, MN: Twenty-First Century Books.

Ferguson, Charles A. (1959). Diglossia. *Word, 15,* 325–340.

Ferguson, Gibson, Perez-Llantada, Carmen, & Plo, Ramon. (2011). English as an International Language of Scientific Publication: A Study of Attitudes. *World Englishes, 30*(1), 41–59. doi: 10.1111/j.1467-971X.2010.01656.x

Flanagan, Richard. (2006). *The Unknown Terrorist.* Sydney: Picador.

Flowerdew, John. (2008). Scholarly Writers Who Use English as an Additional Language: What Can Goffman's 'Stigma' Tell Us? *Journal of English for Academic Purposes, 7*(2), 77–86.

Fogarty, Bill. (2012, July 3). Indigenous Education Report Misses the Big Picture. *The Conversation.* Retrieved from https://theconversation.com/indigenous-education-report-misses-the-big-picture-8024

Fraser, Nancy. (1995). From Redistribution to Recognition? Dilemmas of Justice in a 'Post-Socialist' Age. *New Left Review, 212,* 68–93.

Fraser, Nancy. (2005). Reframing Justice in a Globalizing World. *New Left Review, 36,* 69–88.

Fraser, Nancy. (2012). On Justice: Lessons from Plato, Rawls and Ishiguro. *New Left Review, 74,* 41–51.

Fuller, Janet M. (2012). *Bilingual Pre-teens: Competing Ideologies and Multiple Identities in the U.S. and Germany.* London: Taylor & Francis.

Gallagher-Geurtsen, Tricia. (2007). Linguistic Privilege: Why Educators Should Be Concerned. *Multicultural Perspectives, 9*(1), 40–44. doi: 10.1080/15210960701334094

Gamba, Barry, & Makeny, Bernard Amour. (2007). The Applicant. *Africa on Screen.* Parramatta, NS W: Information and Cultural Exchange.

Garcia, Ofelia. (2009a). *Bilingual Education in the 21st Century: A Global Perspective.* Malden, MA, and Oxford: Wiley-Blackwell.

Garcia, Ofelia. (2009b). Education, Multilingualism and Translanguaging in the 21st Century. In A. K. Mohanty, M. Panda, R. Phillipson, & T. Skutnabb-Kangas (Eds.), *Multilingual Education for Social Justice: Globalising the Local* (pp. 128–145). New Delhi: Orient BlackSwan.

Garcia, Ofelia, Skutnabb-Kangas, Tove, & Torres-Guzman, Maria E. (Eds.). (2006). *Imagining Multilingual Schools.* Clevedon: Multilingual Matters.

Gazzola, Michele, & Grin, Francois. (2013). Is ELF More Effective and Fair Than Translation? An Evaluation of the EU 's Multilingual Regime. *International Journal of Applied Linguistics, 23*(1), 93–107. doi: 10.1111/ijal.12014

Goddard, Cliff. (2009). Not Taking Yourself Too Seriously in Australian English: Semantic Explications, Cultural Scripts, Corpus Evidence. *Intercultural Pragmatics, 6*(1), 29–53.

Gogolin, Ingrid. (1994). *Der monolinguale Habitus der multilingualen Schule [The Monolingual Habitus of the Multilingual School].* Munster: Waxmann.

Goldstein, Tara. (1996). *Two Languages at Work: Bilingual Life on the Production Floor.* Berlin and New York: Mouton de Gruyter.

Goodenough, Ward H. (1976). Multiculturalism as the Normal Human Experience. *Anthropology and Education Quarterly, 7*(4), 4–7.

Graduation Speech in Spanish Riles O'Reilly. (2012, June 20). *News10.* Retrieved from http://www.abc10.com/story/news/local/myneighborhood/2014/01/20/4688883/

Green, James. (2014). The Effect of English Proficiency and Ethnicity on Academic Performance and Progress. *Advances in Health Sciences Education,* 1–10. doi: 10.1007/s10459-014–9523-7

Gregorian, Vartan. (1974). Minorities of Isfahan: The Armenian Community of Isfahan 1587–1722. *Iranian Studies, 7*(3/4), 652–680. doi: 10.2307/4310181

Grin, Francois. (2013). *Questioning Tolerance: When Are Immigrant Linguistic and Cultural Rights Tolerable?* Lecture, Macquarie University.

Grin, Francois, Sfreddo, Claudio, & Vaillancourt, Francois. (2010). *The Economics of the Multilingual Workplace*. London: Routledge.

Haeri, Niloofar. (2003). *Sacred Language, Ordinary People: Dilemmas of Culture and Politics in Egypt*. Basingstoke: Palgrave Macmillan.

Hakuta, Kenji, Butler, Yuko Goto, & Witt, Daria. (2000). How Long Does It Take English Learners to Attain Proficiency? Stanford University. Retrieved from http://escholarship.org/uc/item/13w7m06g

Hamid, M. Obaidul. (2010). Globalisation, English for Everyone and English Teacher Capacity: Language Policy Discourses and Realities in Bangladesh. *Current Issues in Language Planning, 11*(4), 289–310. doi: 10.1080/14664208.2011.532621

Han, Huamei. (2011). Social Inclusion through Multilingual Ideologies, Policies and Practices: A Case Study of a Minority Church. *International Journal of Bilingual Education and Bilingualism, 14*(4), 383–398.

Han, Huamei. (2013). Individual Grassroots Multilingualism in Africa Town in Guangzhou: The Role of States in Globalization. *International Multilingual Research Journal, 7*, 83–97.

Han, Wen-Jui, & Huang, Chien-Chung. (2010). The Forgotten Treasure: Bilingualism and Asian Children's Emotional and Behavioral Health. *American Journal of Public Health, 100*(5), 831–839. doi: 10.2105/AJPH.2009.174219

Haque, Eve. (2014). Neoliberal Governmentality and Canadian Migrant Language Training Policies. Globalisation, *Societies and Education*, 1–18. doi: 10.1080/14767724.2014.937403

Hart, Cath. (2007, May 14). Refugees' Job Hunt Time Halved, *The Australian*.

Hefling, Kimberly. (2014, August 9). White students aren't going to be majority in schools, *Las Vegas Review Journal*. Retrieved from http://www.reviewjournal.com/news/education/white-students-aren-tgoing-be-majority-schools

Heller, Monica. (2006). *Linguistic Minorities and Modernity: A Sociolinguistic Ethnography* (2nd ed.). London: Continuum.

Hochschild, Arlie Russell. (2003). *The Second Shift*. New York: Penguin.

Holmes, Colin. (1991). Immigrants and Refugees in Britain. In W. E. Mosse & J. Carlebach (Eds.), *Second Chance: Two Centuries of German-Speaking Jews in the United Kingdom* (pp. 11–30). Tubingen: Mohr Siebeck.

Homayounpour, Cyrus. (2012, May 3). Will They Come If You Build It? The Future of International Branch Campuses, *The evolllution*. Retrieved from www.evolllution.com/distance_online_learning/will-they-comeif-you-build-it-the-future-of-international-branch-campuses/

Homer. (1996). *Odyssey* (R. Fagles, Trans.). New York: Viking.

Hook, Derek. (2012). *A Critical Psychology of the Postcolonial: The Mind of Apartheid*. London: Routledge.

Hu, Guangwei, & Alsagoff, Lubna. (2010). A Public Policy Perspective on English Medium Instruction in China. *Journal of Multilingual and Multicultural Development, 31*(4), 365–382.

Hughes, Helen, & Hughes, Mark. (2012). Indigenous Education 2012. Sydney: Centre for Independent Studies. Retrieved from http://www.cis.org.au/app/uploads/2015/07/pm129.pdf

Hughes, Robert. (1986). *The Fatal Shore: A History of the Transportation of Convicts to Australia, 1787–1868*. London: The Harvill Press.

Hymes, Dell. (1996). *Ethnography, Linguistics, Narrative Inequality: Toward an Understanding of Voice*. London: Taylor & Francis.

Hyslop, Leah. (2012, August 31). Lack of Language Skills Is Biggest Obstacle for Expats, *The Telegraph*. Retrieved from http://www.telegraph.co.uk/expat/expatnews/9511398/Lack-of-language-skills-isbiggestobstacle-for-expats.html

The International Forum for Social Development. (2006). Social Justice in an Open World. The Role of the United Nations. New York: United Nations. Retrieved from http://www.un.org/esa/socdev/documents/ifsd/SocialJustice.pdf

Issues in Globalisation: How Fair Is Fashion? (2011). Bristol: Pumpkin Interactive.

Ives, Peter. (2009). Global English, Hegemony and Education: Lessons from Gramsci. *Educational Philosophy and Theory, 41*(6), 661–683. doi: 10.1111/j.1469–5812.2008.00498.x

Ives, Peter. (2010). Cosmopolitanism and Global English: Language Politics in Globalisation Debates. *Political Studies, 58*(3), 516–535. doi: 10.1111/j.1467–9248.2009.00781.x

Ives, Peter. (2014). De-politicizing Language: Obstacles to Political Theory's Engagement with Language Policy. *Language Policy, 13,* 335–350.

Ivett, Alex. (2012, November 21). YouTube Video of Racist Abuse Captures Australia's Darker Side, *Australian Times.* Retrieved from http://www.australiantimes.co.uk/youtube-video-of-racist-abuse-capturesaustralias-darker-side/

Jacobs, Andrew. (2010, May 2). Shanghai Is Trying to Untangle the Mangled English of Chinglish, *New York Times.* Retrieved from http://www.nytimes.com/2010/05/03/world/asia/03chinglish.html

Jaleco, Rodney J. (2010, July 22). 4 Pinoys Lose US Jobs for Speaking in Tagalog, *ABS CBN.*

Jamal, Nadia, & Chandab, Taghred. (2005). *The Glory Garage: Growing Up Lebanese Muslim in Australia.* Crows Nest: Allen & Unwin.

Jenkins, Jennifer. (2003). *World Englishes: A Resource Book for Students.* London: Routledge.

Jones, Kate. (2010, April 8). Judge Slams 000 Operator's Reaction to Afghan Woman's Call for Help Days before Her Death at Hands of Husband, *Herald Sun.*

Kachru, Braj B. (1985). Standards, Codification and Sociolinguistic Realism: The English Language in the Outer Circle. In R. Quirk & H. G. Widdowson (Eds.), *English in the World: Teaching and Learning the Language and Literatures* (pp. 11–30). Cambridge: Cambridge University Press.

Kachru, Braj B., Kachru, Yamuna, & Nelson, Cecil (Eds.). (2009). *The Handbook of World Englishes.* Malden, MA, and Oxford: Blackwell.

Kaimann, Jonathan. (2013, October 22). China to Downgrade English Section of College Admissions Test, *Guardian.* Retrieved from http://www.theguardian.com/world/2013/oct/22/china-english-collegetest-gaokao

Kang, Myungkoo. (2009). 'State-Guided' University Reform and Colonial Conditions of Knowledge Production. *Inter-Asia Cultural Studies, 10*(2), 191–205. doi: 10.1080/14649370902823355

Karmani, Sohail. (2005). Petro-linguistics: The Emerging Nexus between Oil, English, and Islam. *Journal of Language, Identity, and Education, 4*(2), 87–102. doi: 10.1207/s15327701jlie0402_2

Katz, David S. (1996). *The Jews in the History of England, 1485–1850.* Oxford: Clarendon Press.

Keine Diskriminierung: Zum Deutschkurs Aufgefordert. (2010, January 15). *taz.* Retrieved from www.taz.de/!46834/

Kelly, Joe. (2010, December 17). ASIO Rejects Sri Lankan Refugees from Oceanic Viking Stand-off, *The Australian.* Retrieved from http://www.theaustralian.com.au/national-affairs/asio-rejectssri-lankan-refugees-from-oceanic-viking-stand-off/story-fn59niix-1225972655960

Kiffmeier, Jens. (2010, March 30). Interview with Collien Fernandes, *News.* Retrieved from www.news.de/politik/855050398/man-darf-sichnicht-verzetteln/1/

Kim, Youna. (2011a). Diasporic Nationalism and the Media: Asian Women on the Move. *International Journal of Cultural Studies, 14*(2), 133–151. doi: 10.1177/1367877910382184

Kim, Youna. (2011b). *Transnational Migration, Media and Identity of Asian Women: Diasporic Daughters.* London: Routledge.

Kirk, John. (2009). Using Intersectionality to Examine the New Complexities of Work Identities and

Social Class. *Sociology Compass, 3*(2), 234–248.

Kiss, Zsuzsanna Eva. (2011). Language Policy and Language Ideologies in Szekler Land (Rumania): A Promotion of Bilingualism? *Multilingua, 30*(2), 221–264. doi: 10.1515/mult.2011.010

Kiste, Robert C., & Marshall, Mac. (1999). *American Anthropology in Micronesia: An Assessment.* Honolulu, HI: University of Hawai'i Press.

Knirk, James E. (1999). Runer i Hagia Sofia i Istanbul [Runes in Hagia Sofia in Istanbul]. *Nytt om runer, 14,* 26–27.

Korea. (2015). *Gross Domestic Product.* Washington, DC: World Bank Publications.

Kościałkowski, Stanisław. (1943). *L'Iran et la Pologne a travers les siecles [Iran and Poland through the Ages].* Tehran: Societe Polonaise des Etudes Iraniennes.

Kouritzin, Sandra G. (1999). *Face[t]s of First Language Loss.* Mahwah, NJ: Lawrence Erlbaum Associates.

Kuo, Lily. (2014, January 24). The Average Chinese Private-Sector Worker Earns About the Same as a Cleaner in Thailand, *Quartz.* Retrieved from http://qz.com/170363/the-average-chinese-private-sector-workerearns-about-the-same-as-a-cleaner-in-thailand/

Kymlicka, Will, & Patten, Alan. (2003a). Language Rights and Political Theory. *Annual Review of Applied Linguistics, 23,* 3–21. doi: doi:10.1017/S0267190503000163

Kymlicka, Will, & Patten, Alan (Eds.). (2003b). *Language Rights and Political Theory.* New York and Oxford: Oxford University Press.

Labour Trafficking in Australia. (2013). Brisbane: University of Queensland. Retrieved from http://www.law.uq.edu.au/labour-trafficking-in-australia

Labov, William, & Waletzky, Joshua. (1967). Narrative Analysis. In J. Helm (Ed.), *Essays on the Verbal and Visual Arts* (pp. 12–44). Seattle, WA: University of Washington Press.

Lahti, Malgorzata, & Valo, Maarit. (2013). The Development of Intercultural Relationships at Work: Polish Migrant Workers in Finland. *Journal of Intercultural Communication, 13*(31).

Lake, Marilyn, Reynolds, Henry, McKenna, Mark, & Damousi, Joy. (2010). *What's Wrong with ANZAC?* Sydney: UNS W Press.

Latshaw, Beth A. (2011). The More Things Change, the More They Remain the Same? *Sociology Compass, 5*(7), 653–665. doi: 10.1111/j.1751–9020.2011.00391.x

Lau v. Nichols (1974). Retrieved from http://www.languagepolicy.net/archives/lau.htm

Lester, Tim. (2011, June 6). 'We Couldn't Fit In. They Didn't Give Us a Chance to Fit In.' *Sydney Morning Herald.* Retrieved from http://www.smh.com.au/national/we-couldnt-fit-in-they-didnt-give-us-a-chanceto-fit-in-20110605-1fniw

Lester, Tim, & Young, Tim. (2011, June 6). Betrayed: Jobless Iraqis in Despair. *Sydney Morning Herald.* Retrieved from http://www.smh.com.au/national/betrayed-jobless-iraqis-in-despair-20110605-1fnjb.html

Levin, Tamar, & Shohamy, Elana. (2007). The Role of Academic Language in Understanding the Mathematics Achievements of Immigrant Students in Israel. In C. S. Sunal & K. Mutua (Eds.), *The Enterprise of Education: Research on Education in Africa, the Caribbean, and the Middle East* (pp. 313–336). Tuscaloosa, AL: Information Age Publishing.

Levin, Tamar, & Shohamy, Elana. (2008). Achievement of Immigrant Students in Mathematics and Academic Hebrew in Israeli School: A Large Scale Evaluation Study. *Studies in Educational Evaluation, 34,* 1–14.

Lewis, Geoffrey. (1999). *The Turkish Language Reform: A Catastrophic Success.* Oxford: Oxford University Press.

Li, Wei (Ed.). (2014). *Researching Multilingualism and Superdiversity: Grassroots Actions and Responsibilities. Special Issue of Multilingua 33 (5/6).*

Lindemann, Stephanie. (2002). Listening with an Attitude: A Model of Native-Speaker Comprehension of Non-native Speakers in the United States. *Language in Society, 31*, 419–441.

Lindemann, Stephanie, & Subtirelu, Nicholas. (2013). Reliably Biased: The Role of Listener Expectation in the Perception of Second Language Speech. *Language Learning, 48*(2), 283–323. doi: 10.1111/lang.12014

Lintin, Alanna. (2014, August 3). Burton Queen's Hospital Translation Bill Goes up by 53 Per Cent, *Burton Mail*. Retrieved from http://www.burtonmail.co.uk/Hospital-translation-goes-53-cent/story-22059443-detail/story.htmltPiZgkLtfCv9HBue.99

Lippi-Green, Rosina. (2012). *English with an Accent: Language, Ideology, and Discrimination in the United States* (2nd ed.). London: Routledge.

A Long Way to Equal: An Update of 'Quarter Way to Equal: A Report on Barriers to Legal Services for Migrant Women.' (2007). Sydney: Women's Legal Services NS W.

Lowe, Adrian. (2012, November 22). 'Speak English or Die'—error on a Suburban Bus, *Sydney Morning Herald*. Retrieved from http://www.smh.com.au/national/speak-english-or-die--terror-on-a-suburbanbus-20121121-29qex.html

Lumby, J. Rawson (Ed.). (2006). *Polychronicon Ranulphi Higden Maonachi Cestrensis; Together with the English Translations of John Trevisa and of an Unknown Writer of the Fifteenth Century; Higden, Ranulf, D. 1364*. Ann Arbor, MI: University of Michigan Library.

Machida, Satoshi. (2012). Does Globalization Render People More Ethnocentric? Globalization and People's Views on Cultures. *American Journal of Economics and Sociology, 71*(2), 436–469. doi: 10.1111/j.1536–7150.2012.00835.x

Main Language by Ethnic Group, 2011. (2013). London: Office for National Statistics.

Major, George, Terraschke, Agnes, Major, Emily, & Setijadi, Charlotte. (2014). Working It Out: Migrants' Perspectives of Social Inclusion in the Workplace. *Australian Review of Applied Linguistics, 37*(3), 249–261.

Man Questioned about Racist Rant on Bus. (2012, November 28). *The Age*. Retrieved from http://www.theguardian.com/lifeandstyle/2008/jul/22/peopletree

Martin Rojo, Luisa. (2010). *Constructing Inequality in Multilingual Classrooms*. Berlin: Mouton de Gruyter.

May, Stephen. (2011). *Language and Minority Rights: Ethnicity, Nationalism and the Politics of Language* (2nd ed.). London: Routledge.

McCarty, Teresa L. (Ed.). (2011). *Ethnography and Language Policy*. London: Routledge.

McIntosh, Peggy. (1989). White Privilege and Male Privilege: A Personal Account of Coming to See Correspondences through Work in Women's Studies. *Wellesley College Center for Research on Women Working Papers, 189.*

McIntosh, Peggy. (2012). Reflections and Future Directions for Privilege Studies. *Journal of Social Issues, 68*(1), 194–206. doi: 10.1111/j.1540–4560.2011.01744.x

McNamara, Tim, & Ryan, Kerry. (2011). Fairness versus Justice in Language Testing: The Place of English Literacy in the Australian Citizenship Test. *Language Assessment Quarterly, 8*(2), 161–178. doi: 10.1080/15434303.2011.565438

Medhora, Shalailah. (2015, March 8). High-Risk Inmates at NS W Supermax Jail Banned from Speaking Arabic. *Guardian*. Retrieved from www.theguardian.com/australia-news/2015/mar/08/high-risk-inmates-atnsw-super-max-jail-banned-from-speaking-arabic

Mencken, H. L. (1980). *The American Language* (4th ed.). New York: Alfred Knopf.

Menken, Kate, & Garcia, Ofelia (Eds.). (2010). *Negotiating Language Policies in Schools: Educators as Policy Makers*. London: Routledge.

Menken, Kate, & Kleyn, T. (2010). The Long-Term Impact of Subtractive Schooling in the Educational Experiences of Secondary English Language Learners. *International Journal of Bilingual Education*

& *Bilingualism, 13*(4), 399–417.

Menken, Kate, Kleyn, Tatyana, & Chae, Nabin. (2012). Spotlight on 'Long-Term English Language Learners': Characteristics and Prior Schooling Experiences of an Invisible Population. *International Multilingual Research Journal, 6*(2), 121–142. doi: 10.1080/19313152.2012.665822

Middle English Dictionary. (2001). Ann Arbor: University of Michigan Library.

Miller, Jennifer. (2003). *Audible Difference: ESL and Social Identity in Schools.* Clevedon: Multilingual Matters.

Miller, Meryl. (2005, August 27). Closing Time for US Q Dubai, *The Chronicle.* Retrieved from www.thechronicle.com.au/news/apn-closing-timefor-us/2315/

Minney, Safia. (2008, July 22). Fair Trade Is a Slow Process. *The Guardian.* Retrieved from http://www.theguardian.com/lifeandstyle/2008/jul/22/peopletree

Mitchell, Thom, & Graham, Chris. (2015, January 30). National Disgrace: CFMEU Forces Govt to Investigate $4 an Hour Foreign Workers. Retrieved from https://newmatilda.com/2015/01/29/national-disgracecfmeu-forces-govt-investigate-4-hour-foreign-workers/

Mohanty, Ajit K., Panda, Minati, Phillipson, Robert, & Skutnabb-Kangas, Tove. (2009). *Multilingual Education for Social Justice: Globalising the Local.* New Delhi: Orient BlackSwan.

Moore, Helen, Nicholas, Howard, & Deblaquiere, Julie. (2008). 'Opening the Door' Provision for Refugee Youth with Minimal/No Schooling in the Adult Migrant English Program Project 2.1: 'Modes of Delivery for SPP Youth.' Canberra: Australian Government: Department of Immigration and Citizenship. Retrieved from http://www.ameprc.mq.edu.au/docs/research_reports/research_report_series/Opening_the_door.pdf

Mongaya, Karlo Mikhail. (2010, July 15). Philippines: Discrimination against Filipinos in Baltimore Hospital, *Global Voices.* Retrieved from https://globalvoices.org/2010/07/15/philippines-discriminationagainst-filipinos-in-baltimore-hospital/

Morarji, Karuna. (2010). Where Does the Rural Educated Person Fit? Development and Social Reproduction in Contemporary India. In P. McMichael (Ed.), *Contesting Development: Critical Struggles for Social Change* (pp. 50–63). London: Routledge.

Moss, Peter. (2014). *Transformative Change and Real Utopias in Early Childhood Education: A Story of Democracy, Experimentation and Potentiality.* London: Routledge.

Mowbray, Jacqueline. (2012). *Linguistic Justice: International Law and Language Policy.* Oxford: Oxford University Press.

Multicultural Language Services Guidelines for Australian Government Agencies. (2013). Belconnen, ACT : Department of Immigration and Citizenship.

Murphy, Jessica. (2012, October 24). Canadian Cities, Households Increasingly Multilingual: Census, *Toronto Sun.* Retrieved from www.torontosun.com/2012/10/24/canadian-cities-householdsincreasingly-multilingual-census

Musgrave, Simon, & Bradshaw, Julie. (2014). Language and Social Inclusion: Unexplored Aspects of Intercultural Communication. *Australian Review of Applied Linguistics, 37*(3), 198–212

Mustafa, Zubeida. (2011). *Tyranny of Language in Education: The Problem and Its Solution.* Karachi: Ushba Publishing.

Nail Technician. (2015). Retrieved from http://www.jobguide.thegoodguides.com.au/occupation/Nail-Technician/NS W

National Assessment Program—Literacy and Numeracy Achievement in Reading, Persuasive Writing, Language Conventions and Numeracy: National Report for 2012. (2012). Sydney: Australian Curriculum, Assessment and Reporting Authority (ACARA). Retrieved from www.nap.edu.au/verve/_resources/naplan_2012_national_report.pdf

Nayna, Mike. (2012). Caught on Camera: Racist Australians Abuse Girl and Smash Bus Window.

Checkpoint Comedy. Retrieved from https://www.youtube.com/watch?v=hp6J6PF47CM

Nercissians, Emilia. (2001). Bilingualism and Diglossia: Patterns of Language Use by Ethnic Minorities in Tehran. *International Journal of the Sociology of Language, 148*, 59–70.

Newman Teen Taking Heat for Giving Valedictorian Speech in Spanish. (2012, June 19). *CBS Sacramento.* Retrieved from http://sacramento.cbslocal.com/2012/06/19/newman-teen-taking-heat-for-givingvaledictorian-speech-in-spanish/

Nino-Murcia, Mercedes. (2003). 'English Is Like the Dollar': Hard Currency Ideology and the Status of English in Peru. *World Englishes, 22*(2), 121–141.

Norton, Bonny. (2013). *Identity and Language Learning: Extending the Conversation* (2nd ed.). Bristol: Multilingual Matters.

Olearius, Adam. (1662). *The Travels of Olearius in Seventeenth-Century Persia* (J. Davies, Trans.). Seattle, WA: Washington University Webserver.

Otsuji, Emi, & Pennycook, Alastair. (2011). Social Inclusion and Metrolingual Practices. *International Journal of Bilingual Education and Bilingualism, 14*(4), 413–426.

Pair in Bus Rant Face Possible Jail. (2014, January 18). *NineMSN.* Retrieved from http://www.9news.com.au/national/2014/01/18/09/37/pair-in-bus-rant-face-possible-jail

Partners for Change: English for Development. (2013). London: British Council. Retrieved from https://www.britishcouncil.org/sites/default/files/british-council-english-for-development.pdf

Pasassung, Nikolaus. (2004). *Teaching English in an 'Acquisition-Poor Environment': An Ethnographic Example of a Remote Indonesian EFL Classroom.* PhD, University of Sydney. Retrieved from http://www.languageonthemove.com/wp-content/uploads/2013/01/Pasassung_English-language-learning-in-Indonesia.pdf

Patriots and Traitors. (2011). *SMH TV.* Retrieved from http://www.smh.com.au/interactive/2011/national/patriots_and_traitors/index.html

Pavlenko, Aneta. (2005). 'Ask Each Pupil about Her Methods of Cleaning': Ideologies of Language and Gender in Americanisation Instruction (1900–1924). *International Journal of Bilingual Education and Bilingualism, 8*(4), 275–297.

Pavlenko, Aneta, & Piller, Ingrid. (2001). New Directions in the Study of Multilingualism, Second Language Learning, and Gender. In A. Pavlenko, A. Blackledge, I. Piller & M. Teutsch-Dwyer (Eds.), *Multilingualism, Second Language Learning and Gender* (pp. 17–52). Berlin and New York: Mouton de Gruyter.

Pearson, Nick. (2012, November 20). Melbourne Comedian Films Racist, Violent Bus Abuse, *NineMSN.* Retrieved from http://www.9news.com.au/national/2012/11/20/15/49/melbourne-comedian-films-racistviolent-bus-abuse

Peled, Yael, Ives, Peter, & Ricento, Thomas. (2014). Introduction to the Thematic Issue: Language Policy and Political Theory. *Language Policy, 13*, 295–300.

Perdue, Clive (Ed.). (1993a). *Adult Language Acquisition: Cross-linguistic Perspectives (Vol. 1: Field Methods).* Cambridge: Cambridge University Press.

Perdue, Clive (Ed.). (1993b). *Adult Language Acquisition: Crosslinguistic Perspectives (Vol. 2: The Results).* Cambridge: Cambridge University Press.

Petersen, Hans Christian, Boldsen, Jesper L., & Paine, Richard R. (2006). Population Relationships in and around Medieval Danish Town. In G. Storey (Ed.), *Urbanism in the Preindustrial World: Cross-cultural Approaches* (pp. 110–120). Tuscaloosa, AL: University of Alabama Press.

Phillipson, Robert. (1992). *Linguistic Imperialism.* Oxford: Oxford University Press.

Phillipson, Robert. (2008). The Linguistic Imperialism of Neoliberal Empire. *Critical Inquiry in Language Studies, 5*(1), 1–43.

Phillipson, Robert. (2009a). *Linguistic Imperialism Continued.* London: Routledge.

Phillipson, Robert. (2009b). The Tension between Linguistic Diversity and Dominant English. In A. K. Mohanty, M. Panda, R. Phillipson & T. Skutnabb-Kangas (Eds.), *Multilingual Education for Social Justice: Globalising the Local* (pp. 79–94). New Delhi: Orient BlackSwan.

Piller, Ingrid. (2011). *Intercultural Communication: A Critical Introduction.* Edinburgh: Edinburgh University Press.

Piller, Ingrid. (2012). Multilingualism and Social Exclusion. In M. Martin-Jones, A. Blackledge, & A. Creese (Eds.), *The Routledge Handbook of Multilingualism* (pp. 281–296). London: Routledge.

Piller, Ingrid, & Cho, Jinhyun. (2013). Neoliberalism as Language Policy. *Language in Society, 42*(1), 23–44.

Piller, Ingrid, & Lising, Loy. (2014). Language, Employment and Settlement: Temporary Meat Workers in Australia. *Multilingua, 33*(1/2), 35–59.

Piller, Ingrid, & Takahashi, Kimie. (2011). Linguistic Diversity and Social Inclusion. *International Journal of Bilingual Education and Bilingualism, 14*(4), 371–381.

Pinkerton, Tiny. (2013). *Recruitment Discrimination against Middle Eastern People in Western Australia: The Case of Accountants.* BSc Honours, Edith Cowan University. Retrieved from http://ro.ecu.edu.au/theses_hons/119/

Pool, Jonathan. (1990). Language Regimes and Political Regimes. In B. Weinstein (Ed.), *Language Policy and Political Development* (pp. 241–261). Westport, CT , and London: Greenwood Press.

Populatia Stabila Dupa Etnie—Judete, Municipii, Orase, Comune [Resident Population by Ethnicity—Counties, Cities, Towns, Communities]. (2011). Bucharest: Romanian National Institute of Statistics.

Price, Gareth. (2014). English for All? Neoliberalism, Globalization, and Language Policy in Taiwan. *Language in Society, 43*(05), 567–589. doi: 10.1017/S0047404514000566

Przewoźnik, Andrzej. (2002). *Polskie Cmentarze Wojenne W Iranie. Polish War Cemeteries in Iran.* Warszawa: Rada Ochrony Pamięci Walk i Męczeństwa.

Puhl, Rebecca M., & Heuer, Chelsea A. (2010). Obesity Stigma: Important Considerations for Public Health. *American Journal of Public Health, 100*(6), 1019–1028. doi: 10.2105/AJPH.2009.159491

Qureshi, Kaveri. (2012). Pakistani Labour Migration and Masculinity: Industrial Working Life, the Body and Transnationalism. *Global Networks, 12*(4), 485–504. doi: 10.1111/j.1471–0374.2012.00362.x

R v. Azizi (2010). Supreme Court of Victoria. Retrieved from https://jade.barnet.com.au/Jade.htmlarticle=140443

Rapatahana, Vaughan, & Bunce, Pauline (Eds.). (2012). *English Language as Hydra: Its Impacts on Non-English Language Cultures.* Bristol: Multilingual Matters.

Rautman, Marcus L. (2006). *Daily Life in the Byzantine Empire.* Westport, CT , and London: Greenwood Press.

Raymond, Chase Wesley. (2014). Negotiating Entitlement to Language: Calling 911 without English. *Language in Society, 43*(01), 33–59. doi: 10.1017/S0047404513000869

Rechtsprechung BAG , 22.06.2011—8 AZR 48/10. (2011). Retrieved from http://dejure.org/dienste/vernetzung/rechtsprechung?Gericht=BAG &Datum=22.06.2011&Aktenzeichen=8%20AZR%2048/10

Rechtsprechung LAG Schleswig-Holstein, 23.12.2009—6 Sa 158/09 (2009). Retrieved from http://dejure.org/dienste/vernetzung/rechtsprechung?Text=6%20Sa%20158/09

Reck, Andrew J. (Ed.). (1964). *Selected Writings of George Herbert Mead.* Chicago: University of Chicago Press.

Reinert, Erik S. (2008). *How Rich Countries Got Rich . . . And Why Poor Countries Stay Poor.* London: Constable.

Relos, Gel Santos. (20181, August 1). Fired for Speaking in Filipino: Filipina Nurses in Maryland Win

Case Vs Hospital! *The Fil-Am Perspective.* Retrieved from http://gelsantosrelos.typepad.com/my-blog/2011/08/fired-for-speaking-in-filipino-filipina-nurses-in-maryland-win-casevs-hospital.html

Reyes, Lemery. (2010, July 1). Fired for Not Speaking English, *News-Desk.* Retrieved from http://newsdesk.org/2010/07/01/fired-for-notspeaking-english/

Ricento, Thomas. (2014). Thinking about Language: What Political Theorists Need to Know About Language in the Real World. *Language Policy, 13,* 351–369.

Roberts, Celia. (2013). The Gatekeeping of Babel: Job Interviews and the Linguistic Penalty. In A. Duchene, M. Moyer, & C. Roberts (Eds.), *Language, Migration and Social Inequalities: A Critical Sociolinguistic Perspective on Institutions and Work* (pp. 81–94). Bristol: Multilingual Matters.

Roberts, Celia, Davies, Evelyn, & Jupp, Tom. (1992). *Language and Discrimination.* London: Routledge.

Robertson, Leena H., Drury, Rose, & Cable, Carrie. (2014). Silencing Bilingualism: A Day in a Life of a Bilingual Practitioner. *International Journal of Bilingual Education and Bilingualism, 17*(5), 610–623. doi: 10.1080/13670050.2013.864252

Rosemont, Franklin. (2003). *Joe Hill: The IWW & the Making of a Revolutionary Workingclass Counterculture.* Chicago, IL: C. H. Kerr Publications.

Rourke, Alison. (2012, November 22). Melbourne Racist Bus Attack Victim Speaks Out, *The Guardian.* Retrieved from http://www.theguardian.com/world/2012/nov/22/racist-bus-attack-victim-australia

Ruairc, Gerry Mac. (2009). 'Dip, Dip, Sky Blue, Who's It? Not You': Children's Experiences of Standardised Testing: A Socio-cultural Analysis. *Irish Educational Studies, 28*(1), 47–66.

Rubin, Donald L. (1992). Nonlanguage Factors Affecting Undergraduates' Judgements of Nonnative English-Speaking Teaching Assistants. *Research in Higher Education, 33*(4), 511–531.

Rubin, Donald L., & Smith, Kim A. (1990). Effects of Accent, Ethnicity, and Lecture Topic on Undergraduates' Perceptions of Non-native English Speaking Teaching Assistants. *International Journal of Intercultural Relations, 14,* 337–353.

Runciman, Steven. (2012). *The Fall of Constantinople 1453* (18th ed.). Cambridge: Cambridge University Press.

Ryan, Kerry. (2012, April 16). Citizenship for Beginners. *Inside Story.* Retrieved from http://insidestory.org.au/citizenship-for-beginners/

Ryan, Louise. (2011). Migrants' Social Networks and Weak Ties: Accessing Resources and Constructing Relationships Post-migration. *The Sociological Review, 59*(4), 707–724. doi: 10.1111/j.1467-954X.2011.02030.x

Ryan, Louise, & Sales, Rosemary. (2013). Family Migration: The Role of Children and Education in Family Decision-Making Strategies of Polish Migrants in London. *International Migration, 51*(2), 90–103. doi: 10.1111/j.1468–2435.2010.00652.x

Sabate i Dalmau, Maria. (2014). *Migrant Communication Enterprises: Regimentation and Resistance.* Bristol: Multilingual Matters.

Sapiro, Gisele (Ed.). (2010). *Sociology Is a Martial Art: Political Writing by Pierre Bourdieu.* New York and London: The New Press.

Sassen, Saskia. (2001). *The Global City: New York, London, Tokyo* (2nd ed.). Princeton and Oxford: Princeton University Press.

Schelling, Felix E. (Ed.). (1892). *Ben Jonson: Timber, or Discoveries Made Upon Men and Matter.* Boston: Ginn & Co.

Schmalzbauer, Leah. (2009). Gender on a New Frontier: Mexican Migration in the Rural Mountain West. *Gender Society, 23*(6), 747–767. doi: 10.1177/0891243209346563

Schneider, Jan. (2014). Bewerberdiskriminierung am Ausbildungsmarkt [Discrimination against Applicants for Apprenticeships]. *HWWI Update, 6.*

Schumann, John H. (1978). *The Pidginization Process: A Model for Second Language Acquisition.* Rowley,

MA: Newbury House.

Schwab, Klaus, Barth Eide, Espen, Zahidi, Saadia, Bekhouche, Yasmina, Padilla Ugarte, Paulina, Camus, Jessica, . . . Tyson, Laura D. (2014). The Global Gender Gap Report 2014. Geneva: World Economic Forum. Retrieved from http://www3.weforum.org/docs/GGGR 14/GGGR_ CompleteReport_2014.pdf

Schwarz, Henry G. (1984). *The Minorities of Northern China: A Survey*. Bellingham, WA: Center for East Asian Studies, Western Washington University.

Semple, Kirk. (2014, July 10). Immigrants Who Speak Indigenous Languages Encounter Isolation, *New York Times*. Retrieved from http://www.nytimes.com/2014/07/11/nyregion/immigrants-who-speakindigenous-mexican-languages-encounter-isolation.html

Sen, Amartya. (1983). Poor, Relatively Speaking. *Oxford Economic Papers, 35*(2), 153–169.

Sen, Amartya. (2009). *The Idea of Justice*. Cambridge, MA: Harvard University Press.

Sherwood, Harriet. (2014, April 27). Ten Years On and Poles Are Glad to Call Britain Home. *Guardian*. Retrieved from http://www.theguardian.com/uk-news/2014/apr/26/polish-immigration-britain-cities-elections

Shin, Sarah J. (2013). *Bilingualism in Schools and Society: Language, Identity, and Policy*. London: Routledge.

Shohamy, Elana, & McNamara, Tim (Eds.). (2009). *Language Tests for Citizenship, Immigration, and Asylum. Special Issue of Language Assessment Quarterly, 6*.

Skinner, Patricia. (2003). *The Jews in Medieval Britain: Historical, Literary, and Archaeological Perspectives*. Martlesham, Suffolk: Boydell & Brewer.

Skutnabb-Kangas, Tove. (2001). The Globalisation of (Educational) Language Rights. *International Review of Education, 47*(3/4), 201–219.

Skutnabb-Kangas, Tove, & Phillipson, Robert. (1998). Language in Human Rights. *The International Communication Gazette, 60*(1), 27–46.

Skutnabb-Kangas, Tove, & Phillipson, Robert (Eds.). (1994). *Linguistic Human Rights: Overcoming Linguistic Discrimination*. Berlin and New York: Mouton de Gruyter.

Smith, Beckie. (2014, May 3). China: Compulsory English Testing to Be Removed from Gaokao. *The Pie News*. Retrieved from http://thepienews.com/news/china-remove-english-language-testing-gaokao/

Smith, Gibbs M. (1984). *Joe Hill*. Layton, UT : Gibbs Smith Publishing.

Song, Juyoung. (2010). Language Ideology and Identity in Transnational Space: Globalization, Migration, and Bilingualism among Korean Families in the USA . *International Journal of Bilingual Education and Bilingualism, 13*(1), 23–42. doi: 10.1080/13670050902748778

Soutphommasane, Tim. (2012). *Don't Go Back to Where You Came From: Why Multiculturalism Works*. Sydney: NewSouth.

Spannos, Chris. (2008). *Real Utopia: Participatory Society for the 21st Century*. Oakland, CA : AK Press.

Stanisław Kościałkowski. (2015) *Wikipedia*.

Starnes, Todd. (n.d). Spanish Graduation Speech Enrages Community, *Fox News Radio*. Retrieved from http://radio.foxnews.com/toddstarnes/top-stories/student-delivers-graduation-speech-in-spanish. html

Statutory Framework for the Early Years Foundation Stage: Setting the Standards for Learning, Development and Care for Children from Birth to Five. (2014). London: Department for Education. Retrieved from https://www.gov.uk/government/uploads/system/uploads/attachment_ data/file/335504/EY FS_framework_from_1_September_2014__with_clarification_note.pdf

Stripling, Jack. (2009, February 7). Gulf Withdrawal. *Inside Higher Ed*. Retrieved from https://www. insidehighered.com/news/2009/02/27/gulf-withdrawal

Subtirelu, Nicholas Close. (2013). 'English . . . It's Part of Our Blood': Ideologies of Language and Nation in United States Congressional Discourse. *Journal of Sociolinguistics, 17*(1), 37–65. doi: 10.1111/josl.12016

Sue, Derald Wing. (2010). *Microaggressions in Everyday Life: Race, Gender, and Sexual Orientation.* Hoboken, NJ: John Wiley & Sons.

Sue, Derald Wing, Capodilupo, Christina M., Torino, Gina C., Bucceri, Jennifer M., Holder, Aisha M. B., Nadal, Kevin, & Esquilin, Marta. (2007). Racial Microaggressions in Everyday Life: Implications for Clinical Practice. *American Psychologist, 62*(4), 271–286.

Suleiman, Yasir. (2011). *Arabic, Self and Identity: A Study in Conflict and Displacement.* Oxford and New York: Oxford University Press.

Sutton, Malcolm. (2014, August 5). Youths from Non-English Speaking Countries Overlooked for Australian Jobs Despite Training: Report, *ABC News.* Retrieved from www.abc.net.au/news/2014–08-05/nonenglish-speaking-youths-overlooked-for-australian-jobs/5649896

Svardstrom, Elisabeth. (1970). Runorna i Hagia Sofia [Runes in Hagia Sofia]. *Fornvannen, 65,* 247–249.

Swain, Harriet. (2014, July 8). Lack of Languages Stifles Brits and Americans. *The Guardian.* Retrieved from http://www.theguardian.com/education/2014/jul/08/lack-of-languages-stifles-brits-americans

Swan, Melanie. (2010, August 31). RA K Free Zone Entices Overseas Colleges. *The National.* Retrieved from http://www.thenational.ae/uae/education/pakistani-university-campus-to-open-in-rak

Swan, Melanie. (2014, July 7). Pakistani University Campus to Open in RA K. *The National.* Retrieved from www.thenational.ae/uae/education/pakistani-university-campus-to-open-in-rak

Tabouret-Keller, Andree. (1999). Western Europe. In J. Fishman (Ed.), *Handbook of Language and Ethnic Identity* (pp. 334–349). New York and Oxford: Oxford University Press.

Takahashi, Kimie. (2013). *Language Learning, Gender and Desire: Japanese Women on the Move.* Clevedon: Multilingual Matters.

Takenoshita, Hirohisa, Chitose, Yoshimi, Ikegami, Shigehiro, & Ishikawa, Eunice Akemi. (2014). Segmented Assimilation, Transnationalism, and Educational Attainment of Brazilian Migrant Children in Japan. *International Migration, 52*(2), 84–99. doi: 10.1111/imig.12057

Tamil Asylum Seekers Caught in Indonesian Waters Say They Face Genocide in Sri Lanka. (2009, October 18). *Thaindian News.* Retrieved from www.thaindian.com/newsportal/world-news/tamil-asylum-seekerscaught-in-indonesian-waters-say-they-face-genocide-in-sri-lanka_100262160.html

Taylor, Charles L., & Hudson, Michael C. (1972). *World Handbook of Political and Social Indicators* (2nd ed.). New Haven, CT : Yale University Press.

Terminology and Concepts: Principles of Multiculturalism. (n.d.) Retrieved from http://www.crc.nsw.gov.au/multicultural_policies_and_services_program_formally_eaps/terminology

Tetteh, Vera Williams. (2015). *Language, Education and Settlement: A Sociolinguistic Ethnography on, with, and for Africans in Australia.* PhD, Macquarie University. Retrieved from http://www.languageonthemove.com/wp-content/uploads/2015/07/Final-PhD-thesis_Vera-Williams-Tetteh.pdf

Theresa Maree Hillier to Give Birth Behind Bars for Racial Attack on Asylum Seeker in Hobart. (2013, December 21). *ABC News.* Retrieved from www.abc.net.au/news/2013–12-20/birth-behind-barsfor-racial-attack/5170478

Thurgood, Graham, & LaPolla, Randy J. (2003). *The Sino-Tibetan Languages.* London: Routledge.

Times Higher Education World Reputation Rankings. (2015). Retrieved from http://www.timeshighereducation.co.uk/world-university-rankings/2015/reputation-ranking/analysis/global-leaders

Ting, Inga, & Walters, Conrad. (2014, July 11). Sydney's Melting Pot of Language, *Sydney Morning*

Herald. Retrieved from www.smh.com.au/datapoint/sydney-languages/index.html

Tollefson, James W. (Ed.). (2013). *Language Policies in Education: Critical Issues* (2nd ed.). London: Routledge.

Topcu, Ozlem, Bota, Alice, & Pham, Khue. (2012). *Wir neuen Deutschen: Wer wir sind, was wir wollen [Us New Germans: Who We Are, What We Want]*. Hamburg: rowohlt.

Townsend, Peter. (1979). *Poverty in the United Kingdom: A Survey of Household Resources and Standards of Living.* Berkeley: University of California Press.

Tran, My-Thuan. (2008, May 5). A Mix of Luck, Polish: Vietnamese Dominance of the Manicure Trade Started with the Help of a U.S. Star. *Los Angeles Times.* Retrieved from http://articles.latimes.com/2008/may/05/local/me-nails5

Trounson, Andrew. (2014, April 2). Lack of Asian 'No Bar to Joining New Colombo Plan.' *The Australian.* Retrieved from www.theaustralian.com.au/higher-education/lack-of-asian-no-bar-to-joining-new-colomboplan/story-e6frgcjx-1226871272846

Tsumagari, Toshiro, Kurebito, Megumi, & Endo, Fubito. (2007). Siberia: Tungusic and Palaeosiberian. In O. Miyaoka, O. Sakiyama, & M. E. Krauss (Eds.), *The Vanishing Languages of the Pacific Rim* (pp. 387–405). Oxford and New York: Oxford University Press.

Universal Declaration of Human Rights. (1948). US Hospital Settles with Pinay Nurses Fired for Speaking Tagalog. (2012, July 10). *GMA News.* Retrieved from http://www.gmanetwork.com/news/story/264870/news/pinoyabroad/us-hospital-settles-withpinay-nurses-fired-for-speaking-tagalog

Vajda, Edward J. (2009). Native Peoples of Russia's Maritime Province. Retrieved from http://pandora.cii.wwu.edu/vajda/ea210/maritime.htm

Van Parijs, Philippe. (2011). *Linguistic Justice for Europe and for the World.* New York and Oxford: Oxford University Press.

Vertovec, Steven. (2007). Super-diversity and Its Implications. *Ethnic and Racial Studies, 30*(6), 1024–1054.

Villenas, Sofia. (2001). Latina Mothers and Small-Town Racisms: Creating Narratives of Dignity and Moral Education in North Carolina. *Anthropology and Education Quarterly, 32*(1), 3–28.

Voloshinov, Valentin N. (1986). *Marxism and the Philosophy of Language* (L. Matejka & I. R. Titunik, Trans.). Cambridge: Harvard University Press.

Wee, Lionel. (2010). *Language without Rights.* New York and Oxford: Oxford University Press.

What Happened to the Oceanic Viking Refugees? (2010, September 25). Green Left Weekly. Retrieved from www.greenleft.org.au/node/45507

What If a CA LD Client Should Walk in Our Door? A Guide for Service Providers. (n.d.) Retrieved from www.ccdn.com.au/resources/57-qwhat-ifa-cald-client-should-walk-in-our-doorq-a-guide-for-service-providers

Widin, Jacqueline. (2010). *Illegitimate Practices: Global English Language Education.* Bristol: Multilingual Matters.

Wigglesworth, Gillian, Simpson, Jane, & Loakes, Deborah. (2011). NAPLAN Language Assessments for Indigenous Children in Remote Communities: Issues and Problems. *Australian Review of Applied Linguistics, 34*(3), 320–343.

Winerip, Michael. (2010, July 18). A Popular Principal, Wounded by Government's Good Intentions. *New York Times.* Retrieved from http://www.nytimes.com/2010/07/19/education/19winerip.html

Wise, Scott. (2012, June 20). Student Gets Heat for Giving Valedictorian Speech in Spanish. *CBS6.* Retrieved from http://wtvr.com/2012/06/20/valedictorian-speech-in-spanish/

Witepski, Lisa. (2006). Biltong Buddies. *Journal of Marketing* (August/September), 14–15.

Wong Fillmore, Lily. (1991). When Learning a Second Language Means Losing the First. *Early*

Childhood Research Quarterly, 6(3), 323–346.

World Migration in Figures. (2013). OECD. Retrieved from http://www.oecd.org/els/mig/World-Migration-in-Figures.pdf

World Migration Report 2013. (2013). Geneva: International Organization for Migration. Retrieved from http://www.oecd.org/els/mig/World-Migration-in-Figures.pdf

Wright, Erik Olin. (2014). *Envisioning Real Utopias.* London: Verso.

Wright, Sue, & Lander, Denis. (2003). Collaborative Group Interactions of Students from Two Ethnic Backgrounds. *Higher Education Research & Development, 22*(3), 237–251. doi: 10.1080/0729436032000145121

Yates, Lynda. (2011). Interaction, Language Learning and Social Inclusion in Early Settlement. *International Journal of Bilingual Education and Bilingualism, 14*(4), 457–471.

Yoo, Byungryul, Kim, Isak, & Kim, Hyekyung. (2011, September 10). 영어교육 강화? 사교육 심화 [Strengthening English Education? Private Tutoring on the Increase]. *Hankook Ilbo.* Retrieved from news.hankooki.com/lpage/society/200903/h2009031002351922020.htm

Yoo, Hyung Chol, Gee, Gilbert C., & Takeuchi, David. (2008). Discrimination and Health among Asian American Immigrants: Disentangling Racial from Language Discrimination. *Social Science and Medicine, 68*(4), 726–732. doi: 10.1016/j.socscimed.2008.11.013

Yosso, Tara J., Smith, William A., Ceja, Miguel, & Solorzano, Daniel G. (2009). Critical Race Theory, Racial Microaggressions, and Campus Racial Climate for Latina/o Undergraduates. *Harvard Educational Review, 79*(4), 659–691.

Zhang, Jie. (2011). *Language Policy and Planning for the 2008 Beijing Olympics: An Investigation of the Discursive Construction of an Olympic City and a Global Population.* PhD, Macquarie University. Retrieved from http://www.languageonthemove.com/wp-content/uploads/2012/03/PhDthesis-Zhang-Jie-library-copy_reduced-size.pdf

Zhang, Jie. (forthcoming). *English Desire in the Olympic Spotlight: Language Policy and Planning for the 2008 Beijing Olympics.* Berlin and New York: Mouton de Gruyter.

찾아보기

언어 다양성과 불평등

정의로운 사회를 위한 사회언어학

2024년 7월 29일 초판 1쇄 찍음
2024년 8월 20일 초판 1쇄 펴냄

지은이 잉그리드 필러
옮긴이 장인철
편집 이근영, 조유리
디자인 김진운
본문조판 토비트

펴낸이 윤철호
펴낸곳 ㈜사회평론아카데미
등록번호 2013-000247(2013년 8월 23일)
전화 02-326-1545
팩스 02-326-1626
주소 03993 서울특별시 마포구 월드컵북로6길 56
이메일 academy@sapyoung.com
홈페이지 www.sapyoung.com

ISBN 979-11-6707-158-3